筑梦江西

——确保江西与全国同步建成小康社会研究

主　编/舒仁庆
副主编/杨　超　陈小林

江西人民出版社
Jiangxi People's Publishing House
全国百佳出版社

编者按

党的十八大明确提出了“两个一百年”的奋斗目标，其中之一便是在中国共产党成立一百年时全面建成小康社会，这也是实现中华民族伟大复兴的中国梦的必由之路。实现中国梦，离不开全国人民的努力奋斗。从江西实际出发，为实现中国梦而努力奋斗的最好答卷就是甩掉“经济欠发达地区”的帽子，与全国同步全面建成小康社会。这就是当前最大的“江西梦”。

改革开放30多年来，江西省广大干部群众坚定走中国特色社会主义道路的信念，坚持改革开放，不断开拓进取，经济社会各项事业取得明显进步，人民生活水平不断跃上新台阶。但同时也必须清醒地看到，江西省经济欠发达的现状仍未得到根本性改变，经济社会发展与发达地区相比有较大差距。改变这种落后面貌是4500万江西人民共同的心愿。简言之，就是要通过7年至8年的艰苦奋斗，与全国同步全面建成小康社会。

为更好地服从服务于全省中心工作和党校干部教育培训事业，中共江西省委党校组织各教研单位科研骨干，联合设立年度全校性重大省情省策课题“确保江西与全国同步建成小康社会研究”，由校主要领导担任课题组组长，分管科研和教学工作的副校长担任课题组副组长，科研管理部负责组织协调。经过参研人员的共同努力，并经校内外专家匿名评审，几易其稿，目前顺利刊印，供广大读者参阅。由于我们掌握的原始资料有限，对省情的把握也可能不太全面，因此报告中的数据可能有遗漏，提供的解决对策可能片面不全，在此表示歉意。欢迎批评指正。

目录

江西全面小康社会建设进程现状实证分析

程家健 周晓红 刘 勇 陈 颉

党的十八大报告提出了到2020年全面建成小康社会的宏伟目标，实现江西与全国同步全面建成小康社会，承载着4500万江西人民的梦想与追求。江西要实现与全国同步全面建成小康社会的目标，首要任务是必须对江西全面建设小康社会的进程现状有一个清楚的认识和定位，从而总结得出江西的发展现状与全面建设小康社会目标之间的差距，找出江西全面建设小康社会的不足与制约因素，并根据江西发展实际提出与全国同步全面建成小康社会的对策建议。

基于上述思路，本课题研究的主要内容分为三大板块：一是系统厘清全面建设小康社会的相关概念及其演变阶段，从小康的由来到新中国成立后党中央对全面建设小康社会的认识和实践深化等内容进行了较为翔实的阐述；二是对江西全面建设小康社会实现程度的实证分析，通过借鉴国家统计局“全面建设小康社会统计监测指标体系”，形成了由“经济发展”、“社会和谐”、“生活质量”、“民主法制”、“文化教育”、“资源环境” 六大方面23项具体指标组成的江西全面建设小康社会统计监测指标体系，并在收集相关年度数据的基础上计算出了历年江西全面建设小康社会的实现程度，继而对江西的实现程度进行了纵向和横向比较，从而明确了江西全面建设小康社会的发展状况；三是从经济建设、社会建设、政治建设和文化建设等方面提出了一些确保江西与全国同步全面建成小康社会的对策建议。

一、全面建设小康社会的相关概念及其演变阶段

（一）“小康”的由来

“小康”一词是个纯中国式的词汇，中国人喜欢这个词，因为在中国人看来它充满韵味且亲切自然温馨踏实。虽然今天是在现代意义上运用这个词汇，但在中国传统文化里，它却有着悠久的历史。

据考证，“小康”一词最早出现在《诗经·大雅·民劳篇》中：“民亦劳止，汔可小康，惠以中国，以绥四方……”意思是说人民已经很劳累了，应该得到康乐和安居的生活，只有这样才能使国家强盛，四方安定。①

“小康”作为社会发展形态的描述，最早见于西汉著名典籍《礼记·礼运》，书中详细记载了孔子的“大同”和“小康”观。孔子认为夏代以前存在着一个大同社会：“大道之行也，天下为公，选贤与能，讲信修睦。故人不独亲其亲，不独子其子。使老有所终，壮有所用，幼有所长，鳏寡孤独废疾者皆有所养。……是谓大同。”孔子所描述的大同社会是一种美好的原始共产主义社会，经济上实行财产公有制，政治上实行广泛的民主，没有犯罪，没有骚乱，更没有战争，人们过着和平安定的生活。这种大同社会是高度理想化的社会形态，也是千百年来中国知识分子努力追求的最终目标，但在现实生活中是很难实现的。

在大同社会遥遥无期、可望而不可即的情况下，小康社会便成为人民追求的现实目标。“今大道既隐，天下为家，各亲其亲，各子其子，货力为己。大人世及以为礼，城郭沟池以为固，礼义以为纪。以正君臣，以笃父子，以睦兄弟，以和夫妇，以设制度，以立田里，以贤勇知。……是为‘小康’也。”可见“小康”是以家庭血缘私有制为基础，以礼仪为纲纪，财产私有、生活宽裕、上下有序、兄弟和睦、夫妻和美、邻里团结、讲究礼仪的另一种理想社会形态。

①王兵：《传统小康社会思想与全面建设小康社会》，东南大学，2004年。

在孔子看来，小康社会是人类在追求最高理想社会过程中由于现实条件所限，退而求其次的一种现实追求，反映了长期处于贫困状态的普通百姓对于衣食无忧、安定踏实生活的向往。从古到今，“小康”、“小康之家”、“小康生活”等词在民间广泛流传，其含义也演变为“略有资财，衣食无忧，自给自足”的生活状况。

（二）全面建设小康社会的演变过程

1.邓小平与小康社会概念的提出

1979 年 12 月 6 日，时任日本首相大平正芳访华，在与邓小平会面时提出了一个问题：“中国根据自己独自的立场提出了宏伟的现代化规划，要把中国建设成为伟大的社会主义国家。中国将来会是什么样？整个现代化的蓝图是如何构思的？”邓小平发表了自己的见解：“我们要实现的四个现代化，是中国式的现代化。我们的四个现代化的概念，不是像你们那样的现代化的概念，而是‘小康之家’。到本世纪末，中国的四个现代化即使达到了某种目标，我们的国民生产总值人均水平也还是很低的。要达到第三世界中比较富裕一点的国家的水平，比如国民生产总值人均一千美元，也还得付出很大的努力。中国到那时也还只是一个小康的状态。”①邓小平用小康来概括中国式的现代化目标，可谓一语中的。

1984 年 3 月 25 日，邓小平在同日本首相中曾根的谈话中明确提出“小康社会”，并称之为“新概念”：“翻两番，国民生产总值人均达到八百美元，就是到本世纪末在中国建立一个小康社会，这个小康社会，叫做中国式的现代化。翻两番、小康社会、中国式的现代化，这些都是我们的新概念。”②

此后，邓小平对小康社会的思考不断深化，又大大丰富了其内涵。据统计，在《邓小平文选》第二、三卷中，“小康之家”、“小康水平”、“小康生活”、“小康社会”、“小康国家”等词汇出现了 40 处之多，可见小康思想在邓小平理论中占有十分重要的位置。

---

①《邓小平文选》（第二卷），人民出版社，1994 年版，第 237 页。

②《邓小平文选》（第三卷），人民出版社，1993 年版，第 54 页。

小康社会新概念从提出到实践的过程,正是中国特色社会主义的具体化,是社会主义在中国实践的必然。邓小平的小康社会的目标,是一个走共同富裕之路的理想社会目标,它和邓小平社会主义本质论——“解放生产力,发展生产力,消灭剥削,消除两极分化,最终达到共同富裕”的目标是完全一致的。小康社会是邓小平理论“中国式现代化”的社会主义初级阶段的社会形式,是邓小平对科学社会主义理论和社会主义实践的伟大贡献。

2.建设小康社会与实现“三步走”战略目标

由小康社会新概念引发出的理论与实践创新,大大加快了中国现代化的进程。党的十二大、十三大、十四大、十五大报告中都写入了“小康”、“小康社会”等概念,并将建设小康社会与实现“三步走”战略目标紧密连接起来。以小康社会界定中国现代化的发展模式和发展阶段,确定发展目标,成为全党共识。

党的十二大把小康作为主要奋斗目标和我国国民经济与社会发展的阶段性标志:“从 1981 年到本世纪末的 20 年,我国经济建设总的奋斗目标是,在不断提高经济效益的前提下,力争使全国工农业总产值翻两番……实现这个目标,城乡人民的收入将成倍增长,人民物质生活可以达到小康水平”。

党的十三大正式将实现小康列为“三步走”发展战略的第二步目标:“第二步,到本世纪末,使国民生产总值再增长 1 倍,人民生活达到小康水平。”

党的十四大提出:“我国经济体制改革的目标是建立社会主义市场经济体制,以利于进一步解放和发展生产力。”确立社会主义市场经济,打开了中国经济起飞的闸门,也为建设小康社会扫清了发展道路上的认识障碍。

党的十五大报告指出:“我们党在改革开放初期提出的本世纪末达到小康的目标,能够如期实现。在中国这样一个十多亿人口的国度里,进入和建设小康社会,是一件有伟大意义的事情。这将为国家长治久安打下新的基础,为更加有力地推进社会主义现代化创造新的起点。”

3.全面建设小康社会的升华

党的十六大确定了“全面建设小康社会”的战略任务和发展目标，表明党对小康社会的理解升华到了新境界，建设小康社会也有了新要求。

十六大报告指出：“我们要在本世纪头20年，集中力量，全面建设惠及十几亿人口的更高水平的小康社会，使经济更加发展、民主更加健全、科教更加进步、文化更加繁荣、社会更加和谐、人民生活更加殷实。这是实现现代化建设第三步战略目标必经的承上启下的发展阶段，也是完善社会主义市场经济体制和扩大对外开放的关键阶段。经过这个阶段的建设，再继续奋斗几十年，到本世纪中叶实现现代化，把我国建设成富强民主文明的社会主义国家。”①

十六大提出的全面建设小康社会的具体奋斗目标主要有：①经济目标。在优化结构和提高效益的基础上，国内生产总值到2020年力争比2000年翻两番，综合国力和国际竞争力明显增强。基本实现工业化，建成完善的社会主义市场经济体制和更具活力、更加开放的经济体系。城镇人口的比重较大幅度提高，工农差别、城乡差别和地区差别扩大的趋势逐步扭转。社会保障体系比较健全，社会就业比较充分，家庭财产普遍增加，人民过上更加富足的生活；②社会目标。社会主义民主更加完善，社会主义法制更加完备，依法治国基本方略得到全面落实，人民的政治、经济和文化权益得到切实尊重和保障。基层民主更加健全，社会秩序良好，人民安居乐业；③科教目标。全民族的思想道德素质、科学文化素质和健康素质明显提高，形成比较完善的现代国民教育体系、科技和文化创新体系、全民健身和医疗卫生体系。人民享有接受良好教育的机会，基本普及高中阶段教育，消除文盲。形成全民学习、终身学习的学习型社会，促进人的全面发展；④生态环境目标。可持续发展能力不断增强，生态环境得到改善，资源利用效率显著提高，促进人与自然的和谐，推动整个社会走上生产发展、生活富裕、生态良好的文明发展道路。

党的十七大报告对全面建设小康社会提出了新的更高要求：“增强发

①江泽民：《全面建设小康社会，开创中国特色社会主义事业新局面》，2002年。

展协调性，努力实现经济又好又快发展，到2020年人均国内生产总值比2000年翻两番。扩大社会主义民主,更好地保障人民权益和社会公平正义。加强文化建设,明显提高全民族文明素质。加快发展社会事业,全面改善人民生活。建设生态文明,基本形成节约能源资源和保护生态环境的产业结构、增长方式、消费模式。”

4.从全面建设小康社会到全面建成小康社会

2012年,胡锦涛同志在十八大报告中提出:“根据我国经济社会发展实际,要在十六大、十七大确立的全面建设小康社会目标基础上努力实现新的要求,到2020年全面建成小康社会”①:①经济持续健康发展。转变经济发展方式取得重大进展,在发展平衡性、协调性、可持续性明显增强的基础上,实现国内生产总值和城乡居民人均收入比2010年翻一番;②人民民主不断扩大。民主制度更加完善,民主形式更加丰富,依法治国基本方略全面落实,法治政府基本建成,司法公信力不断提高,人权得到切实尊重和保障;③文化软实力显著增强。社会主义核心价值体系深入人心,文化产业成为国民经济支柱性产业,社会主义文化强国建设基础更加坚实;④人民生活水平全面提高。基本公共服务均等化总体实现,全民受教育程度和创新人才培养水平明显提高,就业更加充分,收入分配差距缩小,社会保障全民覆盖;⑤资源节约型、环境友好型社会建设取得重大进展。

5.全面建设小康社会与“中国梦”

2012年11月29日,新一届中央领导集体在参观“复兴之路”展览过程中,中共中央总书记习近平发表重要讲话,指出“实现中华民族伟大复兴,就是中华民族近代以来最伟大的梦想!”这一充满时代性的解读,既饱含着对近代以来中国历史的深刻洞悉,又彰显了全国各族人民的共同愿望和宏伟愿景,为党带领人民开创未来指明了前进方向。“中国梦”的本质内涵,是实现国家富强、民族复兴、人民幸福、社会和谐,这与全面建设小康社会的奋斗目标也是一脉相承的。从当前我国所处的现实发展阶段来看,再经过七到八年的艰苦奋斗,到2020年全面建成小康社会就是实现“中国梦”的

①胡锦涛:《坚定不移沿着中国特色社会主义道路前进,为全面建成小康社会而奋斗》,2012年。

根本要求和紧迫任务。

二、江西全面建设小康社会的实现程度分析

（一）江西全面建设小康社会统计指标体系的设计

如前所述，全面建设小康社会是党的十六大提出的在20世纪头20年的奋斗目标，党的十七大、十八大又从实际出发，适应国内外发展形势的新变化，对该目标提出了新的更高要求。为了科学反映我国全面建设小康社会的进程，国家统计局于2008年6月从经济发展、社会和谐、生活质量、民主法制、文化教育、资源环境六个方面研究制定了由23项指标构成的"全面建设小康社会统计监测指标体系"（如表1所示），并据此对全国及各地全面建设小康社会的进程进行监测。本课题的研究借鉴了国家统计局的上述指标体系，并根据这一指标体系来对江西全面建设小康的实现程度进行实证分析。

表1所示的《全面建设小康社会统计监测指标体系》可分为"经济发展"、"社会和谐"、"生活质量"、"民主法制"、"文化教育"和"资源环境"六大部分，总共包括了23项指标。其中，"经济发展"包括人均GDP、R&D经费支出占GDP比重、第三产业增加值占GDP比重、城镇人口比重和失业率（城镇）五项监测指标，主要反映经济方面的发展情况；"社会和谐"包括基尼系数、城乡居民收入比、地区经济发展差异系数、基本社会保险覆盖率和高中阶段毕业生性别差异系数五项监测指标，主要反映社会发展的协调程度；"生活质量"包括居民人均可支配收入、恩格尔系数、人均住房使用面积、5岁以下儿童死亡率和平均预期寿命五项监测指标，主要反映居民生活的发展变化情况；"民主法制"包括公民自身民主权利满意度和社会安全指数两项监测指标，主要反映公民在民主法制环境的相关情况；"文化教育"包括文化产业增加值占GDP比重、居民文教娱乐服务支出占家庭消费支出比重和平均受教育年限三项监测指标，主要反映文化教育方面的发展情况；"资源环境"包括单位GDP能耗、耕地面积指数和环境质量指数三项监测指标，主要反映资源利用状况和环境保护成果。

表1 全面建设小康社会统计监测指标体系

	监测指标	单位		目标值(2020年)
一、经济发展(29%)	1.人均GDP	元	12	≥31400
	2.R&D经费支出占GDP比重	%	4	≥2.5
	3.第三产业增加值占GDP比重	%	4	≥50
	4.城镇人口比重	%	5	≥60
	5.失业率(城镇登记失业率)	%	4	≤6
二、社会和谐(15%)	6.基尼系数		2	≤0.4
	7.城乡居民收入比	以农为1	2	≤2.8
	8.地区经济发展差异系数	%	2	≤60
	9.基本社会保险覆盖率	%	6	≥90
	10.高中阶段毕业生性别差异系数	%	3	100
三、生活质量(19%)	11.居民人均可支配收入	元	6	≥15000
	12.恩格尔系数	%	3	≤40
	13.人均住房使用面积	平方米	5	≥27
	14.5岁以下儿童死亡率	‰	2	≤20
	15.平均预期寿命	岁	3	≥75
四、民主法制(11%)	16.公民自身民主权利满意度	%	5	≥80
	17.社会安全指数	%	6	≥100
五、文化教育(14%)	18.文化产业增加值占GDP比重	%	6	≥5
	19.居民文教娱乐服务支出占家庭消费支出比例	%	2	≥16
	20.平均受教育年限	年	6	≥10.5
六、资源环境(12%)	21.单位CDP能耗	吨标准煤/万元	4	≤0.84
	22.常用耕地面积指数	%	2	≥100
	23.环境质量指数	%	6	=100

说明:①人均GDP、居民人均可支配收入、单位GDP能耗按2000年不变价计算。②因目前城镇调查失业率统计数据还没有对外公开使用,可暂用城镇登记失业率代替。③农村居民人均可支配收入暂用农村居民人均纯收入代替。④主要统计指标的解释参见附录。

上述指标的确定主要是根据党的十六大提出的“六个更加”和十七大、十八大对生态文明建设的相关要求而分类的：将“经济更加发展、社会更加和谐、人民生活更加殷实、民主更加健全”，分别作为本体系中的第一、二、三、四部分；将“科教更加进步、文化更加繁荣”合在一起作为本体系中的第五部分，可基本满足“六个更加”的要求；增加一部分“资源环境”作为本体系中的第六部分，以表示可持续发展的相关状况，即“生态更加文明”。

1.确定指标体系的基本原则

（1）全面性。全面建设小康社会不同于总体小康，它不仅包括物质文明和精神文明，还包括政治文明，甚至生态文明。所以指标体系的遴选和确定全面考虑了物质文明、精神文明、政治文明和生态文明等各个方面的内容。

（2）客观性。全面建设小康社会是我国2020年的奋斗目标，实现现代化是2050年的奋斗目标，而实现总体小康则是发展的基础，是奋斗的起点。因此，在选择监测指标时，既兼顾了三者的连续性，又充分考虑了它们不同的内涵，重点在于充分体现全面建设小康社会“水平更高、发展更科学、更和谐”的要求。

（3）可操作性。为了使全面建设小康社会指标体系能够有效地运用于实际分析，选取的指标具有可操作性，不片面地追求理论层次上的完美。纳入到该体系的各项指标必须概念明确，内容清晰，能够实际计量或测算，以便进行定量分析。过于抽象的分析概念或理论范畴不作为指标引入体系。现阶段还无法实际测定的指标也暂时不予考虑。

2.各项指标目标值确定的依据

（1）“三步走”战略目标。全面建设小康社会是由总体小康走向现代化的一个阶段性目标。这个目标介于总体小康与基本实现现代化两个目标之间，时间跨度是21世纪前20年。因此，全面建设小康社会的标准值既要高于总体小康标准值，又要低于现代化标准值，其标准值的确定要体现出全面建设小康社会内涵的规定性。

（2）十六大、十七大、十八大提出的新要求。如十六大提出国内生产总值到2020年力争比2000年翻两番；十七大提出人均国内生产总值到2020

年比 2000 年翻两番；十八大提出国内生产总值和城乡居民人均收入到 2020 年比 2010 年翻一番。

(3)目前世界中等收入国家有关指标的平均水平。到 2020 年,我国经济发展大体上要相当于中等收入国家的水平。因此,可以把这些国家有关指标的平均水平作为确定全面建设小康社会相关指标标准值的参考依据。

(4)我国人均 GDP 已经达到 31400 元的地区的有关指标水平。我国有部分经济社会比较发达的地区的人均 GDP 已经超过 31400 元。与国外相比,由于这些地区的发展状况更适合我国国情,因而对于确定全国的目标值也更具借鉴意义。

(5)整个指标体系之间的内在逻辑关系。全面建设小康社会指标体系是一个具有内在逻辑关系的统一整体,各个指标之间是相互制约、协调一致的,可以说牵一发而动全身。因此,可以根据各指标之间的逻辑关系确定其标准值。

(6)实现全面小康社会的期望与可能。全面建设小康社会是中国人民向往的美好社会,我们当然希望每个指标都尽善尽美。但如果我们确定的目标无论怎样努力都不可能达到的话,也就失去了确定目标的意义。因此,标准值的确定必须同时考虑期望与可能性,应该是一个经过艰苦努力能够达到的目标。

3.各项指标权重的确定

指标体系中各项指标的权重是根据德尔菲法确定的。其特点是:在集中专家经验和意见的基础上,确定各指标的权数,并通过不断的反馈和修正得到较为满意的结果。其操作的基本步骤是:

第一步:选择专家。一般情况下,选本专业领域中既有实际工作经验又有较深理论修养的专家 10~30 人左右,并征得专家的同意。

第二步：将待定权重的 23 项指标和有关资料以及统一的确定权重的规则发给各位专家,请他们独立给出各指标的权重值。

第三步:回收结果并计算各指标权重的均值与标准差。

第四步:将计算的结果及补充资料返还给各位专家,要求所有专家在新的基础上重新确定权重。

第五步：重复上述第三步和第四步，直到各指标权重与其均值的离差不超过预先给定的标准为止，也就是专家们的意见基本趋于一致，并以此时各指标权重的均值作为该指标的权重。

4.各项指标的评价方法

（1）单指标评价方法

①正指标

在23项指标中，正指标共有14个：人均GDP、第三产业增加值占GDP比重、城镇人口比重、基本社会保障覆盖率、居民人均可支配收入、人均住房使用面积、文化产业增加值占GDP比重、居民文教娱乐服务支出占家庭消费支出比重、公民自身民主权利满意度、社会安全指数、R&D经费支出占GDP比重、平均受教育年限、平均预期寿命和环境质量指数。其实现程度计算公式为：

$Z_i=\frac{X_i}{X_{i1}}\times100\%$，其中$Z_i$为$X_i$的无量纲化值，$X_i$为实际值，$X_{i1}$为标准值。

若$\frac{X_i}{X_{i1}}>100\%$，取$Z_i=100\%$

②逆指标

在23项指标中，逆指标共有3个：恩格尔系数、5岁以下儿童死亡率和单位GDP能耗。其实现程度计算公式为：

$$Z_i=\frac{X_{i1}}{X_i}\times100\%$$

其中，Z_i为X_i的无量纲化值，X_i为实际值，X_{i1}为标准值。

若$\frac{X_{i1}}{X_i}>100\%$，取$Z_i=100\%$

③区间指标

在23项指标中，区间指标共有6个：失业率（城镇）、基尼系数、城乡居民收入比、地区经济发展差异系数、高中阶段毕业生性别差异系数和常用耕地面积指数。其实现程度计算公式为：

$$
Z_i=\begin{cases} 0, & \text{如果} X_i \notin [m_1,m_2] \\ \left[-\frac{1}{(q_1-m_1)^2}x^2+\frac{2q_1}{(q_1-m_1)^2}x+\frac{m_1^2-2q_1m_1}{(q_1-m_1)^2}\right]\times 100\%, & \text{如果} X_i \in [m_1,q_1] \\ 100\%, & \text{如果} X_i \in [q_1,q_2] \\ \left[-\frac{1}{(q_2-m_2)^2}x^2+\frac{2q_2}{(q_2-m_2)^2}x+\frac{m_2^2-2q_2m_2}{(q_2-m_2)^2}\right]\times 100\%, & \text{如果} X_i \in [q_2,m_2] \end{cases}
$$

其中 Z_i 为 X_i 的评价值，X_i 为实际值，$[q_1,q_2]$ 为指标 X_i 的目标区间值，m_1、m_2 为指标 X_i 的一个允许下、上界限值。5 个区间指标的目标区间值和允许的上下限分别为：

失业率（城镇）：目标区间为[3,6]，允许下界限值为 0，允许上界限值为 8；

基尼系数：目标区间为[0.3,0.4]，允许下界限值为 0，允许上界限值为 0.5；

城乡居民收入比：目标区间为[1,2.8]，允许下界限值为 1，允许上界限值为 4；

地区经济发展差异系数：目标区间为[0,60]，允许下界限值为 0，允许上界限值为 80；

高中阶段毕业生性别差异系数：目标值为 100，允许下界限值为 80，允许上界限值为 120；

常用耕地面积指数：目标区间为≥100，允许下界限值为 90。

（2）多指标综合评价方法

“全面建设小康社会统计监测指标体系”由经济发展、社会和谐、生活质量、民主法制、文化教育、资源环境 6 个子目标构成，各子目标和全面建设小康社会总体实现程度的计算公式如下：

①全面建设小康社会总体实现程度计算公式为：

$$F=\sum_{i=1}^{23} W_i Z_i$$

②各子目标实现程度计算公式为：

$$F_j=\sum_{i=m_j}^{n_j} W_i Z_i \Big/ \sum_{i=m_j}^{n_j} W_i$$

其中，Z_i 为 X_i 的无量纲化值，X_i 为实际值，W_i 为指标 X_i 的权重，计算时需要将百分数换算成小数，F_j 为第 j 类指数，m_j 为第 j 类第 1 个评价指标在整个评价指标体系中的序数，n_j 为第 j 类最后 1 个评价指标在整个评价指标体系中的序数。

(二)江西全面建设小康社会的实现程度

根据《全面建设小康社会统计监测指标体系》，课题组选择了 2000 年、2001 年、2006 年和 2011 年四个年度作为研究时间节点[①]，通过查阅各年《中国统计年鉴》《江西统计年鉴》《江西经济社会发展统计公报》等统计文献搜集相关数据，同时还采取了实地调研和调查问卷等多种形式，形成了对江西全面建设小康社会实现程度的第一手资料，如表 2 所示。

表 2 各年度江西全面建设小康社会指标体系的指标实现值

指标	2000 年	2001 年	2006 年	2011 年
人均 GDP(元) (按 2000 年不变价格计算)	4851	5232	9030	16228
R&D 经费支出占 GDP 比重(%)	0.41	0.36	0.81	0.95
第三产业增加值占 GDP 比重(%)	40.8	40.6	33.5	31.1
城镇人口比重(%)	27.7	30.4	38.7	45.7
失业率(城镇)(%)	2.9	3.3	3.6	3.0
基尼系数	0.39	0.39	0.47	0.47

①选择这四个年度的理由：2000 年是全面建设小康社会的开局之年，2001 年是“十五”时期的起始年份，2006 年是“十一五”时期的起始年份，2011 年是“十二五”时期的起始之年，同时也是课题组在进行课题研究时搜集数据资料所能找的最新年份。

续表

指标	2000年	2001年	2006年	2011年
城乡居民收入比	2.39	2.47	2.66	2.54
地区经济发展差异系数(%)	39.5	41.0	46.3	51.0
基本社会保险覆盖率(%)	37.9	39.8	54.5	70.3
高中阶段毕业生性别差异系数(%)	138.7	116.2	113.2	105.7
居民人均可支配收入(元)(按2000年不变价格计算)	2957	3217	5559	9629
恩格尔系数(%)	0.51	0.48	0.46	0.43
人均住房使用面积(平方米)	23.9	24	33.3	39
5岁以下儿童死亡率(‰)	43.4	34.2	21.4	17.2
平均预期寿命(岁)	68.95	69.23	71.37	74.89
公民自身民主权利满意度(%)	81	82	83	85
社会安全指数(%)	93	93.5	95	96
文化产业增加值占GDP比重(%)	1.8	1.9	2.2	2.5
居民文教娱乐服务支出占家庭消费支出比重(%)	11.3	11.7	11.7	9.3
平均受教育年限(年)	7.8	7.9	8.4	9.0
单位GDP能耗(吨标准煤/万元)	1.25	1.21	1.02	0.65
常用耕地面积指数(%)	100	99.4	94.4	100
环境质量指数(%)	100	100	100	100

数据来源：各年《中国统计年鉴》、各年《江西省统计年鉴》、各年《全国科技经费投入统计公报》、各年《江西省国民经济和社会发展统计公报》等。

根据表2所示的各年度江西全面建设小康社会指标体系的指标实现值，运用相应的计算方法，可以计算出各年度23个单项指标和六大子目标的实现程度，并在此基础最终得出江西全省全面建设小康社会的总体实现程度，如表3所示。

表 3 各年度江西全面建设小康社会总体实现程度表

指标名称	单位	2000 年	2001 年	2006 年	2011 年
一、经济发展	%	41.7	42.6	50.5	62.1
1.人均 GDP	%	15.45	16.66	28.76	51.68
2.R&D 经费支出占 GDP 比重	%	16.4	14.4	32.4	38.0
3.第三产业增加值占 GDP 比重	%	81.6	81.2	67.0	62.2
4.城镇人口比重	%	46.2	50.7	64.5	76.2
5.失业率(城镇)	%	100	100	100	100
二、社会和谐	%	56.8	64.6	73.9	88
6.基尼系数	%	100	100	87.8	87.8
7.城乡居民收入比	%	100	100	100	100
8.地区经济发展差异系数	%	100	100	100	100
9.基本社会保险覆盖率	%	42.1	44.2	60.6	78.1
10.高中阶段毕业生性别差异系数	%	0	34.4	56.4	91.9
三、生活质量	%	59.3	61.5	72.8	84.5
11.居民人均可支配收入	%	19.7	21.4	37.1	64.2
12.恩格尔系数	%	78	82.9	87.8	93.6
13.人均住房使用面积	%	88.7	88.9	100	100
14.5 岁以下儿童死亡率	%	27.6	35.1	56.7	69.8
15.平均预期寿命	%	91.9	92.3	95.2	99.9
四、民主法制	%	96.2	96.5	97.3	97.8
16.公民自身民主权利满意度	%	100	100	100	100
17.社会安全指数	%	93	93.5	95	96
五、文化教育	%	57.4	59.0	63.6	66.6
18.文化产业增加值占 GDP 比重	%	36.0	38.0	44.0	50.4
19.居民文教娱乐服务 支出占家庭消费支出比重	%	70.6	73.1	73.1	58.1

续表

指标名称	单位	2000年	2001年	2006年	2011年
20.平均受教育年限	%	74.3	75.2	80.0	85.7
六、资源环境	%	89.1	89.7	93.2	100
21.单位GDP能耗	%	67.2	69.4	82.4	100
22.常用耕地面积指数	%	100	99.4	94.4	100
23.环境质量指数	%	100	100	100	100
全面建设小康社会实现程度	%	61.19	63.37	70.35	79.35

由表3可见，2000年、2001年、2006年和2011年江西全面建设小康社会的整体实现程度分别为61.19%、63.37%、70.35%和79.35%，呈现出逐年平稳上升态势，其中失业率（城镇）、城乡居民收入比、地区经济发展差异系数、人均住房使用面积、公民自身民主权利满意度、单位GDP能耗、常用耕地面积指数、环境质量指数8项指标已全部达到目标值，另外，还有高中阶段毕业生性别差异系数、恩格尔系数、平均预期寿命、社会安全指数4项指标实现程度超过90%，有望于近几年内达到目标值。

（三）对江西全面建设小康社会实现程度的综合分析

从整体上看，根据表3的统计数据，从2000年到2011年，江西全面建设小康社会的步伐稳步推进，说明面对日趋复杂的经济社会发展外部环境和多种自然灾害的严峻考验，江西紧扣科学发展主题和加快转变经济发展方式主线，着力推动跨越式发展，在经济发展、社会和谐、生活质量、民主法制、文化教育和资源环境等各方面都取得了明显成效，全面建设小康社会整体实现程度逐年提升，总体实现程度由2000年的61.19%上升到2011年的79.35%，平均每年提高1.65个百分点。"十五"时期年平均提高1.4个百分点，"十一五"时期年平均提高1.8个百分点，呈现出加速发展态势，为实现2020年与全国同步实现小康奠定了坚实的基础。

虽然从各年份的纵向比较看，江西全面建设小康社会实现程度的发展态势良好,且呈现出逐年加快的势头,但与全国平均水平进行横向对比后不难发现,从全面建设小康社会整体实现程度的平均增速来看,从2000年到2011年,全国年均增长2.15个百分点,但同期江西的年均增长速度仅为1.65个百分点,这也导致江西全面建设小康社会的实现程度从2006年以后开始逐渐落后于全国平均水平,如表4所示。

表4 各年度江西全面建设小康社会实现程度与全国平均水平对比表

指标	2000年		2001年		2006年		2011年	
	江西	全国	江西	全国	江西	全国	江西	全国
全面建设小康整体实现程度	61.19	59.6	63.37	60.7	70.35	69.9	79.35	83.2
经济发展	41.7	50.3	42.6	52.2	50.5	63.4	62.1	79.1
社会和谐	56.8	57.5	64.6	59.6	73.9	67.6	88	86.5
生活质量	59.3	58.3	61.5	60.7	72.8	75.0	84.5	88.4
民主法制	96.2	84.8	96.5	82.6	97.3	88.4	97.8	94.1
文化教育	57.4	58.3	59.0	59.1	63.6	64.1	66.6	68.5
资源环境	89.1	65.4	89.7	64.6	93.2	70.6	100	81.9

说明:表中有关全国的数据来源于国家统计局2012年发布的《中国全面建设小康社会进程统计监测报告(2011)》。

1.“经济发展”不尽如人意,实现程度最低

江西“经济发展”实现程度由2000年的41.7%上升到2011年的62.1%,11年间累计提高20.4个百分点,年均增长1.85个百分点。然而,截至2011年,江西在经济发展方面的总体实现程度仅为62.1%,与全国平均水平相比落后17个百分点,差距较大,这也是江西全面建设小康社会六大子目标中与全国平均水平相差最大的一个方面,这与江西作为经济欠发达省份的省情实际是紧密相关的。按照目前的发展水平,预计在从2012年到2020年的9年间,江西要在经济发展方面确保与全国同步实现小康,年均增长率要达到4.21%,而江西在“十一五”期间经济发展方面的年均增长率为2.32%,所以江西未来9年在经济发展方面面临的压力会比较大,但考

虑到江西在 2011 年已成功跻身“GDP 总量万亿俱乐部”,后继发展动力和乘数效应会显现得较为明显，所以到 2020 年江西在经济发展方面与全国同步实现小康应该没有太大问题。

江西在反映经济发展的 5 项指标中,除失业率外,其余指标均未达到全面小康目标。2011 年江西人均 GDP 按 2000 年不变价计算为 16228 元,是 2000 年的 3.35 倍,虽说有了很大的进步,但与全国平均水平相比仍有较大差距。2011 年江西 R&D 经费支出占 GDP 比重为 0.95%，比 2000 年的 0.41%翻了一番还多,但实现程度仍然没有超过 40%,反映出江西在科研经费投入上的不足。2011 年江西第三产业增加值占 GDP 比重为 31.1%,实现程度为 62.2%,与前几年相比呈现出逐年下降的态势,反映出江西第三产业特别是现代服务业发展滞后的突出问题。2011 年江西城镇人口比重由 2000 年的 27.7%上升到 2011 年的 45.7%,反映出江西在此期间城市化的进程迅速推进,到 2011 年的实现程度为 76.2%。从 2000 年到 2011 年,江西城镇登记失业率在 3%左右徘徊, 远低于全面建设小康社会“失业率控制在 6%以下”的目标值要求,实现程度达到了 100%。

2.“社会和谐”逐渐改善,高于全国平均水平

江西“社会和谐”实现程度由 2000 年的 56.8%上升到 2011 年的 88.0%,11 年间累计上升 31.2 个百分点,年均增长 2.84 个百分点。从 2001 年开始到 2011 年,江西在社会和谐方面一直领先于全国平均水平,说明江西的社会建设取得了一定成效,社会和谐程度逐渐改善。按照“十一五”期间社会和谐年均增长 2.82%的速度，预计最快到 2015 年江西在社会和谐方面即可达到目标值。2011 年,江西城乡居民收入比和地区经济发展差异系数的实现程度已实现 100%。

江西在反映社会和谐的 5 项指标中, 基尼系数在 2000 年和 2001 年一直低于 0.4 的目标值,但从 2006 年起开始出现增长态势,突破了目标值,表明江西居民收入的贫富差距呈现出扩大趋势。2011 年江西城乡居民收入比为 2.54:1，与前几年相比有逐年上升的态势，但仍低于目标值规定的 2.80:1。江西地区经济发展差异系数逐年上升,由 2000 年的 39.5%上升到

2011 年的 51.0%，反映出江西各地市之间经济发展的均衡性正被打破，发展差距呈现出拉大态势，但低于目标值规定的 60%。从 2000 年到 2011 年，江西基本社会保险覆盖率逐年上升，由 42.1%上升到 78.1%，说明江西的社会保障体系正在逐步健全和完善。反映性别差异状况的高中阶段毕业生性别差异系数变化明显，2000 年的实现程度为 0，但到 2011 年实现程度已达到 91.9%，反映江西居民在子女生育和子女受教育方面的观念越来越开明。

3."生活质量"明显改观，实现程度较高

江西"生活质量"实现程度由 2000 年的 59.3%上升到 2011 年的 84.5%，11 年间累计上升 25.2 个百分点，年均增长 2.29 个百分点。从 2001 年开始到 2005 年，江西在生活质量方面一直领先于全国平均水平，但 2006 年后逐渐落后于全国平均水平。从理论上讲，生活质量与经济发展有一定的相关度，因此，这也说明随着江西经济发展与全国平均水平差距的拉大，江西人民的生活质量也受到了一定程度的影响。按照"十一五"期间生活质量年均增长 2.34%的速度，预计最快到 2018 年江西在生活质量方面即可达到目标值。2011 年，江西人均住房使用面积的实现程度达到 100%，平均预期寿命也接近于 100%。

江西在反映生活质量的 5 项指标中，2000 年居民人均可支配收入为 2957 元，按照 2000 年的不变价格计算，到 2011 年已经上升到 9629 元，增长了 2.56 倍，但实现程度也仅仅达到 64.2%，因此，加快经济发展速度，努力提高居民收入依然是一项长期而艰巨的任务。恩格尔系数逐年下降，从 2000 年的 0.51%下降到 2011 年的 0.43%，实现程度也由 78%上升到 93.6%，说明江西居民的日常消费选择余地更大，能将更多的消费用于食品以外的开支。人均住房使用面积从 2000 年的 23.9 平方米上升到 2011 年的 39 平方米，增长了 63.2 个百分点，且目前 39 平方米的实现值大大超过了 27 平方米的目标值。平均预期寿命由 2000 年的 68.95 上升到 2011 年的 74.89 岁，已接近于 75 岁的目标值。5 岁以下儿童死亡率由 2000 年的 43.4‰下降到 2011 年的 17.2‰，到 2011 年的实现程度为 69.8%，据统计，目前 5 岁以下儿童死亡原因主要在于出生窒息、早产及低出生体重、肺炎及溺水等各类意外事故等，降低5岁以下儿童特别是婴儿和新生儿死亡率的关键在于要加大宣传优生优育制度，加强出生缺陷预防，强化围产期保健管理，健全产、儿科急救体系，加大各级医疗保健专业队伍的培训与建设等。

4.“民主法制”状况良好，基本实现全面小康目标

江西“民主法制”实现程度由2000年的96.2%上升到2011年的97.8%，11年间累计上升1.6个百分点，由于本身基数较高，年均增长0.15个百分点。截至2011年，江西在民主法制方面的实现程度较高，已接近于目标值，说明江西居民对自身的民主权利满意度和社会安全指数具有较高的认同度。按照目前的增长速度，预计到2020年江西在民主法制方面与全国实现同步小康是没有问题的。2011年，江西公民自身民主权利满意度的实现程度已达到100%。

江西在反映民主法制的2项指标中，公民自身民主权利满意度逐年提高，2000年、2001年、2006年和2011年分别为81%、82%、83%和85%，均超过了2020年80%的目标值。社会安全指数2000年为93%，2001年增长至93.5%，自2006年来稳定在95%以上，2011年更是达到96%的新高，社会治安、交通安全、生活生产安全等各类事故的发生得到有效遏制，反映出江西在推进民主法制进程中情况良好，在建设和谐江西道路上进展喜人。

5.“文化教育”实现程度偏低，需重点关注

江西“文化教育”实现程度由2000年的57.4%上升到2011年的66.6%，11年间累计上升9.2个百分点，年均增长0.84个百分点。与全国平均水平相比，江西在文化教育方面的实现程度相差不大，但略低于全国平均水平。根据目前的实现程度，预计从2012年到2020年的9年间，江西在文化教育方面的年均增长速度要达到3.71%，压力较大。

江西在反映文化教育的3项指标中，文化产业增加值占GDP的比重由2000年的1.8%上升到2011年的2.5%，但到2011年的实现程度刚刚超过50%。文化产业具有消耗少、污染低、附加值高等优势，江西应在发展文化产业方面更有作为。受义务教育免收学杂费等因素的影响，2011年江西居民文教娱乐服务支出占家庭消费支出比重从2000年的11.3%下降到了

9.3%，下降了 2 个百分点，实现程度也由 2000 年的 70.6%下降到 58.1%。15 岁以上人口平均受教育年限由 2000 年的 7.8 年上升到 2011 年的 9 年，实现程度由 74.3%上升到 85.7%。

6.“资源环境”状况良好，提前实现全面小康

江西“资源环境”实现程度由 2000 年的 89.1%上升到 2011 年的 100%，11 年间累计上升 10.9 个百分点，年均增长 0.99 个百分点，提前实现全面小康。这与江西在经济发展过程中，注重生态环境保护是分不开的。进入新世纪以来，历届省委、省政府先后提出了“既要金山银山，更要绿水青山”、“科学发展、绿色崛起”、“建设富裕和谐秀美江西”等一系列科学发展理念，在保持经济快速发展的同时保护了江西的生态环境。

江西在反映资源环境的 3 项指标中，由于大力实施“节能减排”等环保政策，单位 GDP 能耗由 2000 年的 1.25 吨标准煤/万元下降到 2011 年的 0.65 吨标准煤/万元（按 2000 年不变价计算，下同），在 2009 年前后江西单位 GDP 能耗就实现了 0.65 吨标准煤/万元的目标值。以 2000 年为基期计算的常用耕地面积指数在 2011 年的实现程度也达到了 100%，主要得益于近年来江西省各级国土部门在强化耕地保护责任制的基础上，实施“造地增粮富民”工程，使得江西新增耕地面积同比大幅增长。对于从空气、水、绿化等方面综合计算的环境质量指数，江西从 2000 年到 2011 年的实现程度均已实现 100%，这主要得益于江西大力实施“山江湖”工程，着力提高森林覆盖率、加大水土流失治理力度等举措，改善了江西的生态环境，特别值得一提的是，2011 年江西的森林覆盖率已达到 63.1%，居全国第 1 位。

三、江西与全国实现同步全面小康的对策建议

2011 年是“十二五”的开局之年，回顾江西过去 11 年间全面建设小康社会取得的成绩，展望后继几年的小康之路仍然任重道远。江西要在 2020 年与全国同步实现全面小康，今后仍要坚持以科学发展为主题，以转变经济发展方式为主线，抓住和利用好发展的重要战略机遇期，着力推进以下

几个方面的工作：

1.要把经济发展继续作为江西的首要任务

全面建设小康社会的第一要义是发展，物质基础是一个社会得以发展的根本，而且经济发展水平的高低同时也会影响到“生活质量”、“社会和谐”、“民主法制”、“文化教育”和“资源环境”等各方面的发展。当前，发展不足、经济总量较小仍然是江西在发展过程中面临的主要矛盾，做大做强经济总量、实现全国范围内的进位赶超是江西发展的首要目标。因此，江西应坚持以发展为主题，用发展的眼光、发展的思路、发展的办法解决前进中的问题，必须紧紧抓住和用好可以大有作为的重要战略机遇期，坚定不移实施重大项目带动战略，推进新型工业化和城镇化进程，深化改革开放，在新的起点上实现科学发展、进位赶超和绿色崛起。

2.加快转变经济发展方式，推动产业结构升级

要着力构建以现代农业为基础、高新技术和战略性新兴产业为先导、基础制造业为支撑、现代服务业全面发展的现代产业体系。走能源消耗低、环境污染少、经济效益好的新型工业化道路，形成第二产业优化发展、第三产业加快发展，产业结构趋向合理化的良好局面，为今后经济的更好更快发展奠定坚实基础。①

要坚持在发展中促转变，在转变中谋发展，在扩总量、上水平与转方式、调结构的有机统一中赢得主动、抢占先机。要加快运用高新技术和先进适用技术、现代管理技术改造提升传统产业，推进兼并重组，提高企业技术装备水平和市场竞争能力。建立完善以企业为主体、市场为导向、产学研相结合的技术创新体系，促进科技成果向现实生产力转化。

3.统筹城乡协调发展，不断缩小城乡差距

要加强农业的基础地位，走江西特色农业现代化之路，加快建立以工促农、以城带乡长效机制，完善城乡经济社会一体化发展。不断加强农村基础设施建设，健全农村市场和农业服务体系。加大支农惠农力度，增加农业投入，促进农业科技进步，增强农业综合生产能力。大力发展乡镇企业，壮

①《江西省国民经济和社会发展第十二个五年规划纲要》，《江西日报》，2011年3月29日。

大县域经济，促进农民增收。加大转移支付力度，提高扶贫开发水平。稳定和完善土地承包关系，发展多种形式的适度规模经营①。加大对农村基础教育投入，培育有文化、懂技术、会经营的新型农民，不断提高农民素质。

4.保障和改善民生，提升社会和谐指数

坚持民生优先，着力解决影响社会和谐稳定的根本性问题，加快基本公共服务均等化进程，维护社会和谐稳定。把促进就业放在更加突出的位置，千方百计提高社会就业水平。调整政府、企业、居民的收入分配关系，不断提高居民收入在国民收入分配中的比重、劳动报酬在初次分配中的比重，努力扭转收入差距扩大趋势。坚持广覆盖、保基本、多层次、可持续的方针，健全和完善社会保障制度。控制人口总量，提高人口素质，优化人口结构，促进人口长期均衡发展，建设人口均衡型社会。

5.完善社会主义民主，倡导社会和谐价值理念

要不断扩大人民民主，保证人民当家做主。大力发展基层民主，保障人民享有切实的民主权利。不断完善社会主义法律体系建设，落实依法治国方略，切实做到有法可依、有法必依、执法必严、违法必究。进一步加强反腐倡廉，提高政府信用和形象。倡导社会公平正义，形成良好的社会氛围，宣扬社会和谐的价值理念，提高全民的价值认同度，为全面小康社会的实现创造思想价值基础。

6.大力发展文化创意新兴产业

作为战略性新兴产业，文化产业以创意为源头，以内容为核心，以技术为手段，是高技术化和高文化性的统一体，是转变经济发展方式、构建现代产业体系的有力抓手。江西的发展离不开文化产业的支撑，江西的崛起离不开文化产业的振兴。因此，要把发展文化产业、满足群众日益增长的文化需求，作为扩大内需的重要组成部分，将文化产业作为江西省战略性、支柱性产业来培育。要通过培育壮大市场主体，做大做强文化企业集团、培育特色文化品牌，整合文化产业资源要素、优化文化产业发展环境，完善产业发展政策等途径来加快培育江西文化创意新兴产业。②

①韩保江，刘锋：《全面小康社会离我们有多远？》，《中国经济周刊》，2012(45)。

②陶晓红，刘晓青：《江西文化产业发展的对策建议》，《求实》，2012(4)。

文中重要名词和主要统计指标解释

[1]《全面建设小康社会统计监测方案》:2003 年初,国家统计局统计科学研究所开始研究制定全面建设小康社会统计监测指标体系;2007 年又根据党的十七大提出的新要求对指标体系做了重要修订。为了便于各地开展监测工作,2008 年 6 月由国家统计局正式印发了《全面建设小康社会统计监测方案》(国统字[2008]77 号),方案中的指标体系由经济发展、社会和谐、生活质量、民主法制、文化教育、资源环境等 6 个方面 23 项指标组成。

[2]全面建设小康社会实现程度:是一种综合指数,是各监测指标实际值除以标准值,然后再经加权综合而得的。实现程度 60 为总体小康,100 为全面小康,也就是说,全国建设小康社会进程是以 60 为起点,100 为终点。

[3]国内生产总值(GDP):是指一个国家(或地区)所有常住单位在一定时期内生产活动的最终成果。人均 GDP 是指一定时期内按常住人口平均计算的 GDP。计算公式为:人均 GDP=GDP÷年平均常住人口。

[4]研究与试验发展(R&D):指在科学技术领域,为增加知识总量以及运用这些知识去创造新的应用进行的系统的创造性的活动,包括基础研究、应用研究、试验发展三类活动。R&D 经费支出占 GDP 比重指一定时期(通常为一年)科学研究与试验发展(简称 R&D)经费支出占同期 GDP 的比重。计算公式为:R&D 经费支出占 GDP 比重=R&D 经费支出÷当年 GDP×100%。

[5]第三产业增加值占 GDP 比重:指第三产业增加值占国内生产总值(GDP)的比重。计算公式为:第三产业增加值占 GDP 比重=第三产业增加

值÷国内生产总值×100%。

[6]城镇人口比重:指城镇人口数量占总体人口数量的比重。计算公式为:城镇人口比重=城镇人口÷人口总数×100%。城镇人口有几种口径的统计数据,本指标使用的是人口普查中按城乡划分标准统计的城镇人口数。

[7]失业率:是指某时点(期)失业人口与同时点(期)经济活动人口(即劳动力)之比。失业率(城镇)是通过调查城镇失业人数计算出来的。计算公式为:失业率=某时点(期)失业人口÷同时点(期)经济活动人口×100%。

[8]基尼系数:是反映居民收入分配差异程度的指标。它的经济含义是:在全部居民收入中,用于进行不平均分配的那部分收入占总收入的比重。因此,基尼系数最大为“1”,最小等于“0”。前者表示居民之间的收入分配绝对不平均,即100%的收入被一个人占有了;而后者则表示居民之间的收入分配绝对平均,即每个人的收入完全相同。一般情况下,基尼系数处于0和1之间。

[9]城乡居民收入比:指城镇居民人均可支配收入与农村居民人均可支配收入之比(以农村为1)。计算公式为:城乡居民收入比=城镇居民人均可支配收入÷农村居民人均可支配收入。

[10]地区经济发展差异系数:是指各地区经济发展水平(人均国内生产总值)的差异系数。计算公式为:$V_\sigma=\frac{\sqrt{\frac{1}{n}\sum_{i=1}^{n}(PCY_i-\overline{PCY})^2}}{\overline{PCY}}$其中$n$为辖区内地区个数,$PCY_i$为地区$i$的人均GDP,$\overline{PCY}$为$n$个地区的平均人均GDP。地区经济发展差异系数$V_\sigma$反映的是各地区之间经济发展差异情况,$V_\sigma$值越大,各地区之间经济发展差异程度越大,反之亦然。

[11]基本社会保险覆盖率:指已参加基本养老保险和基本医疗保险人口占政策规定应参加人口的比重。计算公式为:

$$\text{基本社会保障覆盖率}=\frac{\text{已参加基本养老保险的人数}}{\text{应参加基本养老保险的人数}}\times50\%+\frac{\text{已参加基本医疗保险的人数}}{\text{应参加基本医疗保险的人数}}\times50\%$$

基本社会保险主要包括基本养老保险、基本医疗保险、失业保险、工伤保险和生育保险等五项，其中基本养老保险、基本医疗保险最为重要，所以在计算基本社会保险覆盖率时只计算基本养老保险和基本医疗保险的覆盖率。

[12]高中阶段毕业生性别差异系数：指高中阶段毕业生性别比与同年龄段人口性别比之比。计算公式为：

$$高中阶段毕业生性别差异系数=\frac{高中阶段毕业生性别比}{同年龄阶段性别比}\times100\%$$

说明：①高中阶段包括高中和中等职业教育。而高中又包括普通高中和成人高中；中等职业教育又包括普通中专、成人中专、职业高中、技工学校。由于技工学校统计资料中不分性别，所以高中阶段分性别统计暂不包括技工学校。②目前高中阶段毕业生年龄约18岁左右。在计算同年龄段人口性别比时用17、18、19岁三个年龄段的性别比代替。

[13]居民人均可支配收入：根据城镇居民人均可支配收入、农村居民人均可支配收入以及城、乡常住人口比重加权平均计算。城镇住户可支配收入是指居民家庭可以用来自由支配的收入。它是家庭总收入扣除交纳的所得税、个人交纳的社会保障费以及调查户的记账补贴后的收入。计算公式为：

城镇住户可支配收入=家庭总收入–交纳所得税–个人交纳的社会保障支出–记账补贴

农村住户可支配收入是指农村住户获得的经过初次分配与再分配后的收入。可用于住户的最终消费、非义务性支出以及储蓄。计算公式为：

农村住户可支配收入=农村住户总收入–家庭经营费用支出–税费支出–生产性固定资产折旧–财产性支出–转移性支出–调查补贴

人均可支配收入=城镇居民人均可支配收入×城镇人口比重+农村居民人均可支配收入×(1–城镇人口比重)

[14]恩格尔系数：指居民用于食品消费的支出占消费性支出(城镇)或生活消费支出(农村)的比重。食品支出是指居民用于主食、副食、其他食品以及在外饮食的支出总和。计算公式为：

恩格尔系数=(城镇居民食品支出÷消费性支出×100%)×城镇人口比

重+(农村居民食品支出÷生活消费支出×100%)×(1-城镇人口比重)。

[15]人均住房使用面积:指城镇人均住房使用面积和农村人均钢筋砖木结构住房面积的加权平均。计算公式为:

人均住房使用面积=城镇人均使用面积×城镇人口比重+农村钢筋砖木结构人均住房面积×(1-城镇人口比重)

[16]5岁以下儿童死亡率:指每千名活产婴儿从出生到满5岁时的死亡概率。

[17]平均预期寿命:指一个人口群体从出生起平均能存活的年龄(岁)。

[18]公民自身民主权利满意度:指公民对自身的政治、经济和文化权益得到切实尊重和保障的满意程度。

[19]社会安全指数:是一个合成指数,表示社会安全的状态。指一定时期内,社会安全的几个主要方面(社会治安、交通安全、生活安全、生产安全等)的总体变化情况。其中,社会治安采用万人刑事犯罪率指标;交通安全采用万人交通事故(含道路交通、水上交通、铁路、民航等)死亡率指标;生活安全采用万人火灾事故死亡率指标;生产安全采用万人工伤事故死亡率指标。计算公式为:

$$\text{社会安全指数}=\frac{\text{2000年全国万人刑事犯罪率}}{\text{当年本地万人刑事犯罪率}}\times 40+$$

$$\frac{\text{2000年全国万人交通事故死亡率}}{\text{当年本地万人交通事故死亡率}}\times W2+$$

$$\frac{\text{2000年全国万人火灾事故死亡率}}{\text{当年本地万人火灾事故死亡率}}\times W2+$$

$$\frac{\text{2000年全国万人工伤事故死亡率}}{\text{当年本地万人工伤事故死亡率}}\times W_3$$

其中:

$$W_1=\frac{\text{当年本地交通事故死亡率}}{\text{当年本地各类安全生产事故死亡人数}}\times 60$$

$$W_2=\frac{\text{当年本地火灾事故死亡人数}}{\text{当年本地各类安全生产事故死亡人数}}\times 60$$

$$W_3=\frac{\text{当年本地工矿商贸企业事故死亡人数}}{\text{当年本地各类安全生产事故死亡人数}}\times 60$$

[20]文化产业增加值占GDP比重：指文化产业增加值占国内生产总值的比重。"文化产业"被界定为：为社会公众提供文化、娱乐产品和服务的活动，以及与这些活动有关联的活动的集合。文化产业的范围包括提供文化产品、文化传播服务和文化休闲娱乐等活动，还包括与文化产品、文化传播服务、文化休闲娱乐活动有直接关联的用品、设备的生产和销售活动以及相关文化产品的生产和销售活动。根据各类文化活动的特征和同质性，将全部文化产业活动划分为9大类别：①新闻服务；②出版发行和版权服务；③广播、电视、电影服务；④文化艺术服务；⑤网络文化服务；⑥文化休闲娱乐服务；⑦其他文化服务；⑧文化用品、设备及相关文化产品的生产；⑨文化用品、设备及相关文化产品的销售。计算公式为：文化产业增加值占GDP比重=文化产业增加值÷国内生产总值×100%

[21]居民文教娱乐服务支出占家庭消费支出比重：指居民用于文化、教育、娱乐方面的服务性支出占家庭消费支出的比重。居民文教娱乐服务支出：是指居民用于教育和文化娱乐方面的支出，包括商品和非商品支出的总和。家庭消费支出：指居民用于家庭日常生活的全部支出，包括食品、衣着、家庭设备用品及服务、医疗保健、交通和通讯、娱乐教育文化服务、居住、杂项商品和服务等八大类。计算公式为：

居民文教娱乐服务支出占家庭消费支出比重=城镇居民文教娱乐服务支出占家庭消费支出的比重×城镇人口比重+农村居民文教娱乐服务支出占家庭消费支出的比重×(1-城镇人口比重)。

[22]平均受教育年限：指一定时期全国15岁及以上人口人均接受学历教育(包括成人学历教育，不包括各种非学历培训)的年数。计算公式为：

$$平均受教育年限=\frac{\sum P_i E_i}{P}$$

式中P为本地区15岁及以上人口，P_i为具有i种文化程度的人口数，E_i为具有i种文化程度的人口受教育年数系数，i则根据我国的学制确定。

[23]单位GDP能耗：指在一定时期内(通常为一年)，每生产万元国内生产总值(GDP)所消耗多少吨标准煤的能源。计算公式为：

$$单位GDP能耗=\frac{能源消耗总量(吨标准煤)}{国内生产总值(GDP)(万元)}$$

注:GDP按2000年不变价计算。

[24]耕地面积指数:指报告期耕地面积与基期耕地面积的比率。计算公式为:

耕地面积指数=报告期耕地面积÷基期耕地面积×100%

当耕地面积增加时,比率大于100%;当耕地面积减少时,比率小于100%。

[25]环境质量:是包括水环境、大气环境、土壤环境、生态环境、地质环境、噪声等环境要素优劣的一个综合概念。由于环境统计数据的限制,环境质量指数的计算目前暂由水环境、大气环境、绿化等环境要素构成,待条件成熟时,再加其他。环境质量综合指数包括:城市空气质量达标率、地表水达标率和国土绿化达标率。计算公式为:

环境质量指数=城市空气质量达标率×40%+地表水达标率×40%+国土绿化达标率×20%

其中:①城市空气质量达标率:指辖区内城市全年空气质量良好以上天数(即空气污染指数API小于或等于100的天数)占总天数比例的平均值。

②地表水达标率:指辖区内各地表水环境功能区断面全年监测结果均值按相应水域功能目标评价达标的断面数占总断面数的比例。计算公式:

地表水达标率=

$$\frac{辖区内各地表水环境功能区断面中全年水质达标的断面数}{辖区内各地表水环境功能区断面总数}\times100\%$$

③国土绿化达标率:指辖区内森林覆盖率与目标值23%的比率。计算公式:国土绿化达标率=森林覆盖率÷23%×100%

影响江西与全国同步全面建成小康社会领导干部思想观念研究

王仕国 赵兴良 姚满林 赖海燕 左乐平

党的十八大明确提出要确保到2020年实现全面建成小康社会宏伟目标,江西省委、省政府提出了江西与全国同步全面建成小康社会的目标和要求。但江西经济总量小、人均GDP水平低、欠发达地位未改变的现状,产业结构不尽合理、资源消耗偏高、城乡居民收入差距较大等突出问题,以及全面建设小康社会总体实现程度低于全国平均水平的现实,都使得江西要实现与全国同步建成小康社会的目标,任务非常艰巨。在影响江西与全国同步全面建成小康社会的诸多因素中,领导干部的思想观念问题是一个非常重要的因素。领导干部是江西推进全面建成小康社会实践的组织者和领导者,他们的思想观念是否达到实现这一宏伟目标的要求,是必须研究解决的一个急迫问题。因为思想是行动的先导,思想观念在一定程度上决定着人的行为,有什么样的思想观念就会表现为什么样的工作态度和工作状况。对领导干部而言,认识是否到位、思想是否解放、观念能否创新、信心是否坚定、思路是否清晰,将在很大程度上决定江西能否与全国同步全面建成小康社会目标的实现。

一、影响江西与全国同步全面建成小康社会领导干部思想观念的问卷调查

为了真实了解影响江西与全国同步全面建成小康社会领导干部思想观念现状,我们设计了问卷调查,主要对全面建成小康社会的目标、任务、难易程度的认知状况以及江西领导干部思想观念的总体状态评价、存在问

题、树立理念等内容进行问卷调查。调查问卷对象为厅级、处级、科级等不同层次的江西省领导干部，共收回367份有效问卷，按级别分：厅级干部61人，处级干部171人，科级干部135人（乡镇党委书记79，普通干部56人）；按工作所在地分：省城129人，地市107人，县城41人，乡镇90人；按年龄段分：35岁以下46人，35—49岁239人，50岁以上82人。现把调查情况汇总如下。

（一）当前大多数领导干部对全面建成小康社会的目标和要求是认知清楚的，但也有相当部分的领导干部对此目标和要求不很清楚，甚至还存在少部分人对此目标和要求完全不了解。同时，对全面建成小康社会的目标和要求的认知状况也往往受到职务级别、任职地域和年龄差异的影响

调查对象中，自认为了解全面建成小康社会的目标和要求的占比为73.30%，不了解的为1.63%，不很清楚的为25.07%。但由于职务级别、地域和年龄的差异，导致当前领导干部对全面建成小康社会的目标和要求的认知状况出现差异。

1.就职务级别而言，厅级和处级干部对全面建成小康社会的目标和要求的认知状况相差不大，科级干部则略差

具体而言，61名厅级干部中没有人不了解全面建成小康社会的目标和要求，持“是”态度的占比为78.69%，持“不很清楚”态度的有13人，占比为21.31%。在处级干部中，持“是”态度的占比为78.36%，持“不很清楚”态度的占比为21.05%，只有1人持“否”态度，占比为0.59%。在科级干部中，持“是”态度的占比为64.45%，持“否”态度和“不很清楚”态度的比例比厅级和处级干部略有上升，分别占比为3.70%和31.85%。详见表1。

表1　各级领导干部认知状况

	厅级干部(人) 占比	处级干部(人) 占比	科级干部(人) 占比	百分比(%)
是	48 78.69%	134 78.36%	87 64.45%	73.30%
否	0 0.00%	1 0.59%	5 3.70%	1.63%
不很清楚	13 21.31%	36 21.05%	43 31.85%	25.07%

2.就任职地域而言，处于省城和地市工作的领导干部对全面建成小康社会的目标和要求认知状况较好，任职于县城和乡镇的基层干部的认知状况则明显有差距

据问卷调查统计分析，在省城工作的129人中，持“是”、“否”以及“不很清楚”态度的分别占比为75.19%、0.07%和24.03%；在地市工作的107人中，持“是”、“否”以及“不很清楚”态度的分别占比为78.50%、0.18%和19.62%；但是，任职于县城和乡镇等基层单位的领导干部的统计数据显示出较大变化，其中，任职于县城和乡镇的分别为41人和90人，持“是”态度的分别占比为65.85%和67.77%，此数据比省城和地市的数据有较大幅度下降，持“否”态度的分别占比为0和0.33%，持“不很清楚”态度的分别占比为34.14%和28.88%，此数据亦比省城和地市的数据有较大幅度上升。见表2：

表2 按任职地域的统计情况表

	省城干部(人) 百分比(%)	地市干部(人) 百分比(%)	县城干部(人) 百分比(%)	乡镇干部(人) 百分比(%)	百分比 (%)
是	97 75.19%	84 78.50%	27 65.85%	61 67.77%	73.30
否	1 0.07%	2 0.18%	0 0%	3 0.33%	1.63
不很清楚	31 24.03%	21 19.62%	14 34.14%	26 28.88%	25.07

3.就年龄而言，总体上年龄较大的干部对全面建成小康社会的目标和要求认知状况较好，而中青年干部对此的认知状况不是很理想

调查显示，35岁至49岁的领导干部有239人，持“是”态度的占比为73.64%，持“否”态度的占比为0.08%，持“不很清楚”态度的占比为25.52%；35岁以下的领导干部有46人，持“是”态度的占比为58.69%，持“否”态度的占比为0.86%，持“不很清楚”态度的占比为32.60%；而50岁以上的有82人，持“是”态度的占比为80.48%，持“否”态度的占比为0，持“不很清楚”态度的占比为19.51%。详见表3。

表 3 按不同年龄的统计情况表

	35 岁以下干部(人) 占比	35—49 岁干部(人) 占比	50 岁以上干部(人) 占比	百分比(%)
是	27 58.69%	176 73.64%	66 80.48%	73.30
否	4 0.86%	2 0.08%	0	1.63
不很清楚	15 32.60%	61 25.52%	16 19.51%	25.07

(二)当前大多数领导干部对确保江西与全国同步建成小康社会的任务是了解的,但有相当多的领导干部对此任务持“不很清楚”的观点,完全不了解此任务的领导干部人数也不少。同时,数据显示大部分领导干部对此任务的完成则持谨慎乐观的态度

调查显示,当前大多数领导干部对确保江西与全国同步建成小康社会的任务是熟悉的、了解的,但也有近四成的干部不是很清楚,甚至有极少数干部不了解此任务。

在所有的调查对象中,超过一半的领导干部了解确保江西与全国同步建成小康社会的任务,占比达到 56.68%,但是也有相当多的领导干部对此任务是不很清楚,此部分人占比为 39.51%,也有极少数人对此任务不了解,占比为3.81%。就职务级别而言,不同级别的领导干部对此问题的回答情况是有差异的。厅级干部对此问题持“是”答案的最多,占比为 70.49%,处级干部和科级干部持“是”答案的逐步减少,分别为 60.82%和45.18%,可见对任务的了解人数是随级别的降低而降低。但是对此任务持“不很清楚”的干部人数却是随级别的降低而上升,厅级干部、处级干部和科级干部分别占比为29.51%、36.26%和 48.15%。见表 4:

表 4 各级干部的认知状况

	厅级干部(人) 占比	处级干部(人) 占比	科级干部(人) 占比	百分比(%)
是	43 70.49%	104 60.82%	61 45.18%	56.68%
否	0 0.00%	5 2.92%	9 6.67%	3.81%
不很清楚	18 29.51%	62 36.26%	65 48.15%	39.51%

就年龄差异而言,不同年龄段的领导干部对此问题的回答情况也不尽相同。不同年龄段的领导干部对此问题的回答持"是"与"不很清楚"两个答案的人数是最多的,可以说是旗鼓相当,而持"否"答案的人数相对来说很少。50 岁以上的干部对此问题持"是"答案的人数最多,达到 68.29%,持"是"答案人数最少的是 35 岁以下的干部,占比为 45.65%。从表格数据来看,35 岁以下年龄段的干部对此问题的回答"是"与"不很清楚"的人数非常接近。见表 5:

表 5 按年龄段的统计情况表

	35 岁以下干部(人) 占比	35—49 岁干部(人) 占比	50 岁以上干部(人) 占比	百分比(%)
是	21 45.65%	131 55.23%	56 68.29%	56.68%
否	5 10.87%	8 3.35%	1 1.22%	3.81%
不很清楚	20 43.48%	100 41.42%	25 30.49%	39.51%

就任职工作地点差异而言,任职于不同地域的领导干部对此问题的回答也有差异。任职于省城和地市的领导干部对此问题持"是"答案的超过了 60.00%,任职于县城与乡镇的领导干部对此问题持"是"答案的没有过半数,最低占比为乡镇干部 45.56%。同时,任职于不同地域的领导干部对此问题的回答持"不很清楚"答案的超过 1/3 多,最多的达到 50.00%,最少占

比已达到34.88%。对此问题持“否”答案的干部平均占比不到4.00%，最高占比为在县城工作的干部7.32%，最低占比为在省城工作的干部1.55%。见表6：

表6 按任职地域的统计情况表

	省城干部（人）占比	地市干部（人）占比	县城干部（人）占比	乡镇干部（人）占比	百分比（%）
是	82 63.57%	65 60.75%	20 48.78%	41 45.56%	56.68%
否	2 1.55%	5 4.67%	3 7.32%	4 4.44%	3.81%
不很清楚	45 34.88%	37 34.58%	18 43.90%	45 50.00%	39.51%

调查显示，当前领导干部对确保江西与全国同步建成小康社会任务难易程度的评价，达到67.30%的人认为是比较难，认为很难的占比为19.35%，认为一般的占比为13.35%。可见，当前大多数领导干部对确保江西与全国同步建成小康社会任务的完成持谨慎乐观的态度。

具体就不同级别干部而言，厅级、处级和科级干部持“较难”答案的占绝大多数，其中最高为处级干部71.93%，最低为科级干部60.74%；各级别干部持“很难”答案的，随级别的降低而逐渐上升，厅级为13.12%、处级为19.30%和科级为22.22%；厅级和科级干部持“一般”答案的占比很接近，但是，处级干部持“一般”答案的占比为8.77%，远低于厅级和科级干部。见表7：

表7 各级干部的认知状况

	厅级干部（人）占比	处级干部（人）占比	科级干部（人）占比	百分比（%）
很难	8 13.12%	33 19.30%	30 22.22%	19.35%
较难	42 68.85%	123 71.93%	82 60.74%	67.30%
一般	11 18.03%	15 8.77%	23 17.04%	13.35%

调查也显示，不同年龄段的领导干部对确保江西与全国同步建成小康社会难易程度的评价，大体上是趋向于较难。其中，持"较难"答案的是绝大多数，35-49 岁和 50 岁以上年龄段的干部占比超过 68.00%，35 岁以下年龄段的干部占比则要低 10 个点，为 58.70%；持"很难"答案最多的是 35-49 岁年龄段干部，为 20.50%，35 岁以下和 50 岁以上年龄段干部占比很接近；持"一般"答案占比最多的是 35 岁以下年龄段干部，为 23.91%，而 35-49 岁和 50 岁以上年龄段干部则要低 10 个点。见表 8：

表 8 按年龄段的统计情况表

	35 岁以下干部(人) 占比	35—49岁干部(人) 占比	50岁以上干部(人) 占比	百分比(%)
很难	8 17.39%	49 20.50%	14 17.07%	19.35%
较难	27 58.70%	164 68.62%	56 68.29%	67.30%
一般	11 23.91%	26 10.88%	12 14.64%	13.35%

任职于不同地域的领导干部对确保江西与全国同步建成小康社会的难易程度评价为"较难"的占据大部分，最少占比是任职乡镇的领导干部为 58.89%，最高占比是任职于地市的领导干部为 75.70%。持"很难"答案人数占比的是任职于乡镇和县城的领导干部，分别占比为 26.67%和 19.51%。持"一般"答案的人数占比最多的是任职于省城的领导干部为 18.60%，人数占比最少的是任职于县城的领导干部为 4.88%。见表 9：

表 9 按任职地域的统计情况表

	省城干部(人) 占比	地市干部(人) 占比	县城干部(人) 占比	乡镇干部(人) 占比	百分比 (%)
很难	23 17.83%	16 14.95%	8 19.51%	24 26.67%	19.35%
较难	82 63.57%	81 75.70%	31 75.61%	53 58.89%	67.30%
一般	24 18.60%	10 9.35%	2 4.88%	13 14.44%	13.35%

（三）在对江西领导干部自身思想状况的评价方面，当前绝大多数领导干部自我评价为“一般”，持“良好”的仅占 1/4，还有一成多持“很差”和“不很清楚”的观念

调查显示，江西领导干部对自身思想观念总体状况的评价持“一般”评价的占比为 61.31%，持“良好”评价的占比为 25.34%，持“较差”评价的占比为 11.44%，持“说不清楚”评价的占比为 1.91%。按不同级别的领导干部自身评价来看，持“一般”评价的占比是随着级别的降低而降低，厅级、处级和科级干部分别占比为 70.49%、60.23%和 58.52%，但是持“良好”评价的占比则随着级别的降低而上升，厅级、处级和科级干部分别占比为 19.67%、25.15%和 28.15%。见表 10：

表 10 各级干部的认知状况表

	厅级干部（人） 占比	处级干部（人） 占比	科级干部（人） 占比	百分比（%）
良好	12 19.67%	43 25.15%	38 28.15%	25.34%
一般	43 70.49%	103 60.23%	79 58.52%	61.31%
较差	6 9.84%	22 12.87%	14 10.37%	11.44%
说不清楚	0 0.00%	3 1.75%	4 2.96%	1.91%

不同年龄阶段的领导干部对此问题所持评价为“一般”的占比最多，超过了一半多，其中最高是 50 岁以上年龄段的干部，占比为 63.41%，最低是 35 岁以下年龄段干部，占比为 52.18%；持“良好”评价最高的是 35 岁以下年龄段的干部，占比为34.78%，最低的是 50 岁以上年龄段干部，占比为 21.98%；持“较差”最高的是 50 岁以上年龄段的干部，占比为 14.64%，最低的是 35 岁以下年龄段干部，占比为 6.52%；持“说不清楚”的干部较少，50 岁以上年龄段干部没有，35 岁以上年龄段干部比 35–49 岁年龄段干部占比要多 5 个点，达到 6.52%。见表 11：

表 11 按年龄阶段的统计情况表

	35 岁以下干部(人) 占比	35—49 岁干部(人) 占比	50 岁以上干部(人) 占比	百分比(%)
良好	16 34.78%	59 24.69%	18 21.98%	25.34%
一般	24 52.18%	149 62.34%	52 63.41%	61.31%
较差	3 6.52%	27 11.30%	12 14.64%	11.44%
说不清楚	3 6.52%	4 1.67%	0 0.00%	1.91%

不同工作所在地的干部对此问题的回答显示,大部分人对江西领导干部思想观念状况总体持一般的评价,持良好评价的不超过三成,持较差评价的不超过二成,持说不清楚评价的不超过一成。

调查显示,江西领导干部对自身评价持“一般”评价的超过了 50.00%,比例最高的是在地市工作的领导干部,达到 64.49%,最低的是县城工作的干部占比为51.22%;持“良好”评价的,最高比例是在县城工作的干部占比为31.71%,最低比例是在地市工作的干部占比为 22.43%;持“较差”评价比例最高的是在县城工作的干部占比为 12.19%, 比例最低的是在省城工作的干部,占比为 10.85%;持“说不清楚”评价的干部较少,最高的是在县城工作的干部占比为4.88%,在地市工作的干部最少,占比为 0.93%。见表 12:

表 12 按任职地域的统计情况表

	省城干部(人) 占比	地市干部(人) 占比	县城干部(人) 占比	乡镇干部(人) 占比	百分比 (%)
良好	31 24.03%	24 22.43%	13 31.71%	25 27.88%	25.34%
一般	82 63.57%	69 64.49%	21 51.22%	53 58.89%	61.31%
较差	14 10.85%	13 12.15%	5 12.19%	10 11.11%	11.44%
说不清楚	2 1.55%	1 0.93%	2 4.88%	2 2.22%	1.91%

（四）影响确保江西与全国同步建成小康社会领导干部在认识方面的主要障碍首先是找不准本地区本部门本单位的发展路子，而其原因最突出的是思想观念陈旧、开拓意识不足

关于认识方面的主要障碍问题，调查对象作出的选择具体表现为：第一是找不准本地区本部门本单位的发展路子，第二是对本地区本部门本单位的发展形势认识不清、把握不准，第三是看不清本地区本部门本单位自身的优势和劣势，第四是看不清本地区本部门本单位的主要矛盾。

从调查结果看，持"找不准本地区本部门本单位的发展路子"选项的干部占比最多，为 53.95%。但从不同职务级别来看，厅级干部占比为 57.38%，处级干部占比为 57.31%，科级干部占比为 48.15%，即是随着级别的降低而占比也是降低的；持"对本地区本部门本单位的发展形势认识不清、把握不准"选项的平均占比为 23.43%，厅级、处级和科级干部的选项占比很接近；持"看不清本地区本部门本单位自身的优势和劣势"选项的平均占比为 14.17%，但是，随着级别的降低而占比却是上升的，最低是厅级干部为 9.84%，最高是科级干部为 15.55%；持"看不清本地区本部门本单位的主要矛盾"选项的平均占比为 8.45%，厅级、处级和科级干部大体一致。见表 13：

表 13　各级干部的认知状况表

	厅级干部（人）占比	处级干部（人）占比	科级干部（人）占比	百分比（%）
对本地区本部门本单位的发展形势认识不清、把握不准	13 21.31%	37 21.64%	36 26.67%	23.43%
看不清本地区本部门本单位自身的优势和劣势	6 9.84%	25 14.62%	21 15.55%	14.17%
找不准本地区本部门本单位的发展路子	35 57.38%	98 57.31%	65 48.15%	53.95%
看不清本地区本部门本单位的主要矛盾	7 11.47%	11 11.47%	13 9.63%	8.45%

从不同年龄段干部看，持"找不准本地区本部门本单位的发展路子"选项的在四个选项中是占比最高的，35 岁以下年龄段干部占比为 43.48%，最高的是 35–49 岁年龄段的干部，占比为 57.74%；持"对本地区本部门本单

位的发展形势认识不清、把握不准”选项的是比较多的，最低占比的是35岁以下年龄段干部为15.22%，最高占比是50岁以上年龄段干部为28.05%；占比相对较少的是“看不清本地区本部门本单位自身的优势和劣势”以及“看不清本地区本部门本单位的主要矛盾”选项，持前一选项的占比超过一成，平均达到14.17%；持后一选项的占比不到一成，平均达到8.45%。见表14：

表14　按年龄段的统计情况表

	35岁以下干部（人）	35–49岁干部（人）	50岁以上干部（人）	百分比（%）
对本地区本部门本单位的发展形势认识不清、把握不准	7 15.22%	56 23.43%	23 28.05%	23.43%
看不清本地区本部门本单位自身的优势和劣势	12 26.08%	28 11.72%	12 14.63%	14.17%
找不准本地区本部门本单位的发展路子	20 43.48%	138 57.74%	40 48.78%	53.95%
看不清本地区本部门本单位的主要矛盾	7 15.22%	17　7.11%	7 8.54%	8.45%

从不同工作所在地干部看，不管是在省城、地市、县城，还是在乡镇工作的领导干部，选项为“找不准本地区本部门本单位的发展路子”是最多的，占比超过百分之五十，其次依次是“对本地区本部门本单位的发展形势认识不清、把握不准”、“看不清本地区本部门本单位自身的优势和劣势”和“看不清本地区本部门本单位的主要矛盾”的选项。见表15：

表15　按任职地域的统计情况表

	省城干部（人）占比	地市干部（人）占比	县城干部（人）占比	乡镇干部（人）占比	百分比（%）
对本地区本部门本单位的发展形势认识不清、把	29 22.48%	24 22.43%	8 19.51%	25 27.78%	23.43%
看不清本地区本部门本单位自身的优势和劣势	17 13.18%	15 14.02%	7 17.07%	13 14.44%	14.17%
找不准本地区本部门本单位的发展路子	67 51.94%	61 57.01%	24 58.54%	46 51.11%	53.95%
看不清本地区本部门本单位的主要矛盾	16 12.40%	7 6.54%	2 4.88%	6 6.67%	8.45%

调查显示,影响江西与全国同步建成小康社会领导干部最突出的思想观念,首先是"思想观念陈旧、开拓意识不足",然后是"缺乏加快发展的信心和信念"以及"宗旨意识淡薄、责任感与使命感不强",而"工作主动性不够,存在着'等靠要'思想"以及"精神状态不佳,存在着'慵懒散'思想"等则处于不重要的位置。

从不同职务级别干部看,厅级、处级和科级干部都认为最突出的思想观念问题首要的是"思想观念陈旧、开拓意识不足",其中:厅级干部占比为49.18%,处级干部占比为59.06%,科级干部占比为50.37%;认为"缺乏加快发展的信心和信念"和"宗旨意识淡薄、责任感与使命感不强"的,则大都占比不到二成,其中:最高占比的是厅级干部的21.31%,最低占比的是处级干部的15.79%;而持"工作主动性不够,存在着'等靠要'思想"以及"精神状态不佳,存在着'慵懒散'思想"选项的,占比都是很少的,不到一成。见表16:

表16　各级干部的认知情况表

	厅级干部(人) 占比	处级干部(人) 占比	科级干部(人) 占比	百分比(%)
缺乏加快发展的信心和信念	11 18.03%	27 15.79%	24 17.78%	16.89%
思想观念陈旧、开拓意识不足	30 49.18%	101 59.06%	68 50.37%	54.22%
宗旨意识淡薄、责任感与使命感不强	13 21.31%	24 14.04%	27 20.00%	17.44%
工作主动性不够,存在"等靠要"思想	5 8.20%	24 14.04%	14 10.37%	7.09%
精神状态不佳,存在"庸懒散"思想	2 3.28%	12 7.02%	2 1.48%	4.36%

从不同年龄段干部看,35岁以下、35–49岁和50岁以上年龄段的干部都认为,"思想观念陈旧、开拓意识不足"是影响江西与全国同步建成小康社会领导干部最突出的思想观念,最高占比的是35–49岁年龄段的干部,为56.07%,最低占比的是35岁以下年龄段的干部,为45.65%;"缺乏加快发展的信心和信念"的比例比"宗旨意识淡薄、责任感与使命感不强"的比例略差些,大概在20.00%左右;而"工作主动性不够,存在着'等靠要'思想"以及"精神状态不佳,存在着'慵懒散'思想"的占比都很少。见表17。

表 17 按年龄段的统计情况表

	35 岁以下干部(人) 占比	35—49 岁干部(人) 占比	50 岁以上干部(人) 占比	百分比(%)
缺乏加快发展的信心和信念	8 17.39%	41 17.15%	13 15.85%	16.89%
思想观念陈旧、开拓意识不足	21 45.65%	134 56.07%	44 53.66%	54.22%
宗旨意识淡薄、责任感与使命感不强	10 21.74%	37 15.48%	17 20.73%	17.44%
工作主动性不够,存在“等靠要”思想	6 13.04%	16 6.70%	4 4.88%	7.09%
精神状态不佳,存在“庸懒散”思想	1 2.18%	11 4.60%	4 4.88%	4.36%

从不同工作所在地领导干部看,都认为“思想观念陈旧、开拓意识不足”是最突出的思想观念问题,最低占比的是省城工作的干部为 49.61%,最高占比的是地市工作的干部为 60.75%;省城和地市工作的干部认为“宗旨意识淡薄、责任感与使命感不强”比“缺乏加快发展的信心和信念”问题更严重些,但是县城和乡镇工作的干部则认为“缺乏加快发展的信心和信念”比“宗旨意识淡薄、责任感与使命感不强”更严重些;对于“工作主动性不够,存在‘等靠要’思想”与“精神状态不佳,存在‘慵懒散’思想”在不同工作地的干部看来,问题不很严重。见表 18:

表 18 按任职地域的统计情况表

	省城干部(人) 占比	地市干部(人) 占比	县城干部(人) 占比	乡镇干部(人) 占比	百分比 (%)
缺乏加快发展的信心和信念	21 16.28%	14 13.08%	9 21.95%	18 20.00%	16.89%
思想观念陈旧、开拓意识不足	64 49.61%	65 60.75%	24 58.54%	46 51.11%	54.22%
宗旨意识淡薄、责任感与使命感不强	23 17.83%	20 18.69%	6 14.63%	15 16.67%	17.44%
工作主动性不够,存在“等靠要”思想	10 7.75%	4 3.74%	2 4.88%	10 11.11%	7.09%
精神状态不佳,存在“庸懒散”思想	11 8.53%	4 3.74%	0 0.00%	1 1.11%	4.36%

（五）在确保江西与全国同步全面建成小康社会当前最需要树立的理念方面，排在前三位的是改革创新、责任与使命感以及科学发展，而攻坚克难处于较次要地位

统计显示，“改革创新”理念在不同级别干部中的占比是最高的，厅级占比为 40.98%，处级干部占比为 42.11%，科级干部占比为 33.33%；他们都认为“责任与使命感”比“科学发展”是更需要树立的理念，并都认为“攻坚克难”理念处于较次要的地位。科级干部认为，“责任与使命感”理念与“改革创新”理念处于同等地位。见表 19：

表 19　各级干部的认知状况表

	厅级干部（人） 占比	处级干部（人） 占比	科级干部（人） 占比	百分比 （%）
科学发展	16 26.23%	37 21.64%	32 23.70%	23.16%
攻坚克难	3 4.92%	13 7.60%	12 8.89%	7.63%
改革创新	25 40.98%	72 42.11%	45 33.33%	38.69%
责任与使命感	17 27.87%	49 28.65%	46 34.08%	30.52%

不同年龄段的干部认为，当前最需要树立的理念是改革创新，其次是责任与使命感，第三是科学发展，最后是攻坚克难。

调查显示，35-49 岁和 50 岁以上年龄段干部持“改革创新”选项的最多，其中35-49 岁年龄段干部为 39.75%，50 岁以上年龄段干部为 37.80%，这两个年龄段干部都是持“责任与使命感”选项是第二多的，其中：35-49 岁年龄段干部为 26.36%，50 岁以上年龄段干部为 32.93%，这两个年龄段干部也都是持“科学发展”选项为第三多，平均占比为 24.13%，而持“攻坚克难”选项是很少的。但是，调查显示 35 岁以下年龄段干部则持“责任与使命感”选项是最多的，达到 47.83%，第二是持“改革创新”选项为 34.78%，第三是持“科学发展”选项为 13.04%，人数最少的是“攻坚克难”，与其他年龄段干部相差不大。见表 20：

表 20 按年龄段的统计情况表

	35 岁以下干部(人) 占比	35—49 岁干部(人) 占比	50 岁以上干部(人) 占比	百分比 (%)
科学发展	6 13.04%	60 25.10%	19 23.17%	23.16%
攻坚克难	2 4.35%	21 8.79%	5 6.10%	7.63%
改革创新	16 34.78%	95 39.75%	31 37.80%	38.69%
责任与使命感	22 47.83%	63 26.36%	27 32.93%	30.52%

不同工作所在地的干部大都趋向于最需要树立的理念排序是改革创新、责任与使命感、科学发展以及攻坚克难理念。在省城、地市和乡镇工作的干部的认知大体一致,具体而言:持“改革创新”选项的,在省城工作干部为39.53%,在地市工作干部为42.06%,在乡镇工作干部为 40.00%;持“责任与使命感”选项的,在省城工作干部为36.44%,在地市工作干部为 27.10%,在乡镇工作干部为22.22%; 持“科学发展” 选项的, 在省城工作干部为19.38%,在地市工作干部为21.49%,在乡镇工作干部为27.78%;持“攻坚克难”选项的不超过一成。但是,在县城工作的干部认为,“责任与使命感”理念是最重要的,排首位,占比为 39.02%;“科学发展”理念排第二位,占比为29.27%;“改革创新”理念排第三位,占比为24.39%;“攻坚克难”理念不被认为是非常短缺的。见表 21:

表 21 按任职地域的统计情况表

	省城干部(人) 占比	地市干部(人) 占比	县城干部(人) 占比	乡镇干部(人) 占比	百分比 (%)
科学发展	25 19.38%	23 21.49%	12 29.27%	25 27.78%	23.16%
攻坚克难	6 4.65%	10 9.35%	3 7.32%	9 10.00%	7.63%
改革创新	51 39.53%	45 42.06%	10 24.39%	36 40.00%	38.69%
责任与使命感	47 36.44%	29 27.10%	16 39.02%	20 22.22%	30.52%

从整个调查问卷以及对问卷情况的分析，我们可以对当前江西领导干部的思想观念情况大致总结如下：

第一，在全面建成小康社会的目标和要求认知方面，多数干部是了解的，但也有相当多的干部并不清楚；

第二，在确保江西与全国同步建成小康社会的任务的认知方面，多数干部是清楚的，但是他们认为完成这个任务是比较难，信心不是很足；

第三，在自身思想观念总体状况评价方面，多数干部评价为一般；

第四，在自身思想观念存在问题认知方面，大部分干部认为找不准本地区本部门本单位的发展子是最主要的认识障碍，思想观念陈旧、开拓意识不足是最突出思想观念；

第五，在需要树立的理念方面，大部分干部认为最需要树立改革创新理念。

二、江西与全国同步全面建成小康社会领导干部思想观念问题的主要表现、原因及影响

（一）主要表现

通过问卷调查以及调查结果的分析，不难发现，就江西与全国同步全面建成小康社会的任务来说，当前在江西各级领导干部当中还存在许多思想观念问题，其中突出的有四个：

1.思想观念陈旧、开拓创新意识不足

从调查结果来看，54.22%的领导干部认为，这是影响江西与全国同步全面建成小康社会最突出的思想观念问题。相比较而言，厅级干部与科级干部中都有一半人认为当前领导干部思想观念陈旧（分别为49.18%、50.37%），而处级干部则高达59.06%。因此，在众多需要树立的理念中，38.69%的领导干部认为当前领导干部最需要树立的理念是改革创新。

2.宗旨意识淡薄、责任感与使命感不强

从调查数据看，17.44%的领导干部将其作为影响江西与全国同步建设

小康社会的最突出思想观念问题，而且厅级干部与科级干部比处级干部认为这一问题更为突出，前者比后者高出了 6–7 个百分点。与此相对应的是，30.52%的领导干部认为最需要树立责任感与使命感。

3.缺乏加快江西发展的信心与信念

信心与信念问题也是影响经济社会发展的重要问题，在接受问卷调查的领导干部当中，16.89%的人认为它是当前干部中最突出的思想观念问题。从统计数据看，部分厅级干部与科级干部相对信心不足，但无论是厅级、处级，还是科级干部，所占比例都超过了 15%，最高的接近两成。

4.精神状态不佳，主动性与积极性不强

在影响江西与全国同步全面建成小康社会领导干部最突出的思想观念问题中，这一问题排位最后，但这并不意味着此一问题可以忽视，调查数据显示在接受问卷调查的领导干部中，有 11%左右认为这是最突出的问题，而且各级干部的认识基本一致。

面对这些影响江西与全国同步全面建成小康社会领导干部思想观念问题，我们必须正确分析这些思想观念产生的原因以及其对江西与全国同步建成小康社会的影响，从而进一步解放思想、增强自信，踏实工作，这对于江西与全国同步全面建成小康具有直接的现实意义。

（二）主要原因

就当前影响江西与全国同步全面建成小康社会领导干部思想观念问题产生的原因而言，主要集中于以下几个方面：

1.缺乏对江西省情的科学分析

如果说正确认识国情是建设中国特色社会主义、推动中国现代化深入发展的前提条件，那么，准确而科学地认识江西省情就是做好江西一切工作的前提条件，因为只有正确认识与把握了省情，我们的工作才能有的放矢。就当前江西领导干部现状来说，大多数领导干部是能够正确认识、分析与把握江西省情的，但也有一些领导干部对省情缺乏全面而科学的认识，这主要体现在：

首先,对江西省情缺乏全面深入的认识。一些领导干部仅立足于本部门、本单位的立场来认识省情,在基层工作的干部就局限于基层的现实,在部门工作的干部就囿于对本部门情况的了解,很少跳出本区域、本部门来认识江西发展的现状,这就不可能有宽阔的视野和全局观念,也不可能找到局部与全局相联系的发展路子。

还有一些领导干部对省情的认识停留在表面,一方面只关注经济社会发展的总指标,只注重纵向的比较不关注经济社会发展的分类指标,缺少横向比较,不能正确评价既有的成就,甚至有些领导干部不敢正视横向差距。另一方面,一些领导干部即使认识到了差距,但由于自身能力不足,而不能找准经济社会发展中的难题,不能找准制约经济社会发展的瓶颈。依照国家统计局 2003 年研制的全面小康体系监测,2010 年江西省全面建设小康社会总体实现程度达到 76%(全国实现程度为 80.1%),比 2009 年提高了 1.7 个百分点;同 2000 年相比,提高了 22.9%。其中"十五"时期提高了 9.3%,"十一五"时期提高了 13.6%,进程明显加快。然而,江西距离全面建成小康社会看似不远,其实下一步发展处于攻坚阶段,后面的路更加艰辛。从各个子目标实现情况来看,发展不平衡,进程有快有慢。在 23 个分项指标中,2010 年实现程度达到 100%的指标有 7 个,如人均住房使用面积、城乡居民收入比、耕地面积指数等,尚有人均 GDP、居民人均可支配收入、科学与实验经费占 GDP 比、文化产业增加值占 GDP 比等 7 个未按时间进度完成,除此之外,其他分项指标基本按时间进度完成。

其次,缺乏对江西省情动态的认识与把握,显然,不认识这些省情,也就不可能找准并有针对性地解决问题。事物是不断变化发展的。世情、国情、党情,乃至省情都在不断变化,甚至在一定意义上说,绝不存在固定不变的省情。就江西与全国的差距来说,后期需要实现的指标难度更大,一方面,这是江西现实基础决定的,另一方面,"马太效应"也会加剧江西与沿海省区之间的差距。但就江西当前一些领导干部的实际来说,他们对这一切认识不准,对省情的认识趋于静止式的把握,很少在动态的视野中来分析省情,没有看到省情也是一个不断发展的过程。

2.思想观念解放力度不够

思想解放实际上就是发挥人的主观能动性,目的在于充分发挥其在认识世界与改造世界中的积极作用。从历史传统来说,江西有着敢于创新的优秀传统,从八一南昌起义到井冈山革命根据地的建立,再到赣南苏区的成立,无不展现了广大赣鄱儿女的实践创新与思想解放。但也必须看到改革开放以来,江西一些领导干部思想解放力度不够,创新意识不强,观念更新不多。

首先,一些领导干部思想观念陈旧,现代意识不强,在实际工作中习惯于传统的思维方式,凭借计划经济条件下形成的老经验、老套路来开展工作,不明白现代社会已经发生了深刻的变化,尤其是在经济层面上的深刻变化,于是,无论是在工作中,还是生活中,一味地依赖老经验、老套路、老模式。这些"老办法"既不能解答现实问题,又不能提高自身对问题的认识能力,从而工作起来被动、滞后。

其次,一些领导干部工作主动性不强,"等靠要"思想严重。"等靠要"既反映了一些领导干部工作积极性的不够, 又表明其对工作紧迫性认识不足,机遇意识不强,一些领导干部眼光只盯过去,不着眼未来,遇事情行动缓慢,缺少谋求发展机遇的主动性,以至于工作打不开局面,甚至错过与丧失了本地区、本部门发展的良好机遇。

再次,一些领导干部畏难情绪突出,闯劲精神不足,在市场经济条件下,市场意识淡薄,创新意识不强。因此,一些领导做起工作来,缩手缩脚,不敢于闯、不善于闯、不勇于闯,看山难、望水愁,甚至少数领导干部存在"不求有功,但求无过"的思想。而畏惧困难,不能积极面对困难,领导干部就难有作为。

最后,一些领导干部精神状态不佳,"庸懒散"现象时有发生。也就是说,少数领导干部缺少开拓进取的激情,安于现状、无欲无为、得过且过,既没有针对现实的改革发展意识,又没有超前谋划、争先创优的意识,既不深入一线了解现实问题,又不敢担当、不敢负责任,因此,不但影响了工作的展开,而且影响了工作的进度。

3.对全面建成小康社会的要求认识不够

党的十八大报告明确提出了“到2020年全面建成小康社会”的宏伟目标,但一些领导干部对全面建成小康社会的要求认识不够,理解不深刻、不全面,这种认识不足,大体表现在以下几个层面:

首先,对国家全面建成小康社会的目标与要求了解不是很清晰。一些干部还停留在建设小康社会的理解层面,没有深刻认识到十八大提出“全面建成小康社会”的新要求。从问卷调查的结果看,就“当前领导干部对全面建成小康社会的目标和要求的了解情况”这一问题来说,1.63%的人认为不了解,25.07%的人认为不是很清楚,科级干部当中超过30%的人对此一问题是不清楚的。从理论上看,从“建设”到“建成”,虽一字之差、一字之改,但其内涵却更加丰富、更加深刻,它既表明了我国全面小康社会的目标更明确、要求更严格,又表明了我们对未来发展的信心更充足。因此,如果说,实现社会主义现代化和中华民族伟大复兴是建设中国特色社会主义的总任务,那么,全面建成小康社会正是承上启下的关键一环。然而,就当前一些领导干部思想认识的实际来说,他们还没有达到这样的认识深度,还停留在一些浅显的表象层面,甚至少数领导干部根本未意识到全面建成小康社会的丰富内涵。

其次,对江西与全国同步全面建成小康社会的任务了解不够准确。就江西各级领导干部来说,大部分领导干部对江西与全国同步全面建成小康社会的任务有较深入的了解,但也有少部分领导干部对这一任务缺乏了解。问卷调查的数据显示:对江西与全国同步全面建成小康社会任务的了解情况中,其中不了解与不很清楚的领导干部超过了四成,达到了43.31%,科级干部高达48.15%。从调查的结果看,这主要表现在:其一,不了解江西与全国同步建成小康社会的重要性。一些领导干部认为,江西是否与全国同步建成小康社会是省委、省政府的事情,跟自己的工作没有直接的联系,更谈不上从政治责任的高度来看待这一问题。其二,对江西与全国同步全面建成小康社会应当树立的观念认识不到位,不知道应当在哪些方面进行理念创新。鹿心社省长在全省领导干部学习贯彻党的十八大精神研讨班上强调了六种理念，即突出加快发展的理念，着力促进经济持续健康较快发展；突出转型发展的理念，着力加快经济结构调整；突出创新发展的理念，着力增强发展的动力活力；突出统筹发展的理念，着力推进城乡发展一体化；突出绿色发展的理念，着力加强生态文明建设；突出富民发展的理念，着力保障和改善民生。但一些领导干部对这六种理念不很清楚。其三，对江西与全国同步建成小康社会的困难缺乏科学分析。江西与全国相比较，既有发展基础上的差距，又有发展的时间滞差，从总体上看，在纵向上虽然比过去有长足的发展，但在横向上却与其他省区有一定的差异，无论是总量还是人均量明显落后于沿海省区，也落后于中部的有些省区；从省内情况看，各市区之间的差异明显，城乡之间不平衡更为突出，在一定意义上讲，江西能否与全国同步全面建成小康社会取决于农村地区的发展，但遗憾的是，当前一些领导干部没有认清与科学分析这一实际，没有准确把握江西全面建成小康社会的主要矛盾，没有找到解决问题的关键。

（三）重要影响

上述一些领导干部思想观念存在的问题，势必对江西与全国同步全面建成小康社会产生消极影响。其表现集中在：

1.在认知程度上，紧迫性的缺乏将导致在"同步"上难以按时

我国正处深化改革，促进社会转型的关键时期，面对新时期的发展机遇，党的十八大报告提出，在发展平衡性、协调性、可持续性明显增强的基础上，到2020年实现国内生产总值和城乡居民人均收入比2010年翻一番。按照中央的部署和要求，结合江西实际，江西省委、省政府提出了与全国同步全面建成小康社会的目标任务，但由于当前各级领导中在不同程度上存在思想观念问题，制约了这一目标任务的完成。可以说，一些领导干部没有看到江西与全国、与沿海省区的差距较大，对江西与全国同步全面建成小康社会的紧迫性认识不足。这种紧迫性既在于形势紧迫，又在时间紧迫。就形势而言，根据国家统计局的统一方案监测显示：2011年江西全面小康社会总体实现程度达到了79.3%，比2010年提高了3.4个百分点；与

2000 年相比提高了 26.2 个百分点，平均每年提高 2.38 个百分点。但与全国比较，2000-2011 年，江西全面建设小康社会实现程度由比全国低 6.5 个百分点缩小到比全国低大约 4 个百分点，差距虽在缩小，但最后阶段需要解决的问题难度更大，需要实现的目标要求更高。就时间而言，现在距离目标时间不到 3000 天，江西不仅要保持经济较快增速，还要在政治、文化、社会、生态文明建设方面同步发展、同步上升，因此，江西的发展等不起，慢不得，必须珍惜每一分每一秒，以倒计时的紧迫感来加快发展。

2.在精神动力上，信心与信念的缺乏将导致在“同步”上难有决心

信心与信念的缺乏既可以是思想观念滞后的表现，同时又是现实条件影响的结果。当前江西一些领导干部之所以对江西与全国同步全面建成小康社会信心不足，既有主观不思进取的原因，又有对客观情况缺乏辩证分析的原因。一些领导干部片面强调江西与全国、与沿海省区的差距，缺乏科学分析差距的态度，因而导致了信心不足。客观地看，在各分项指标中，目前江西有 6 个指标高于全国平均水平，5 个指标与全国一致，其他 12 个指标低于全国水平，总体上，江西全面建设小康社会总体进度虽然达到了 79.3%，但在经济发展方面依然滞后，其中人均 GDP 只完成了 51.6%。这就意味着江西发展虽然存在种种困难，但未来发展仍然是大有可为的。江西各级领导干部作为与全国同步全面建成小康社会的组织者、参与者，其信心与信念是非常重要的，这不但决定了其自身的行为与态度，而且也直接影响了人民群众的信心与信念，坦诚而言，在缺乏信心和决心的领导干部的组织与领导下，人民群众不可能有很高的热情，更谈不上积极参与全面建成小康社会的实践，在这种意义上，没有广大人民群众的参与，江西与全国同步全面建成小康社会最终会变成乌托邦，这绝不是危言耸听。

3.在发展思路上，改革创新意识的缺乏将导致在“同步”上难有开拓

世界知名的管理大师德鲁克认为，当前社会不是一场技术战，也不是软件的速度革命，而是一场观念上的革命。思想是行动的先导，思想观念在一定程度上决定着人的行为，一般而言，有什么样的思想观念就会表现为什么样的工作态度和工作状况，在一定意义上，思路决定出路，思路乃成败

之关键。但从当前江西各级领导干部的实际状况来看,一些干部思想观念陈旧,既缺乏改革创新的意识,又缺乏敢闯敢为的意识,这种思想实际决定了一些领导找不到、看不清本地区、本部门、本单位的发展思路。显然,在江西与全国同步全面建成小康社会的实践中亟待一场新的思想解放运动,从而彻底摆脱旧思想、旧观念的束缚。

4.在宗旨意识上,责任感、使命感的缺乏将导致在"同步"上难有责任担当

江西与全国同步全面建成小康社会是时代发展的要求,也是四千多万赣鄱儿女的期盼,而要在2020年完成这一艰巨而伟大任务,需要江西各级领导干部积极组织与参加,更需要江西人民的艰苦创业。然而,就当前干部实际状况来看,少数领导干部的责任感、使命感有弱化的倾向。一些干部(尤其是领导干部)怯于任事,不能担当、不敢担当,一些领导干部在其位不谋其政,任其职不负其责;一些干部心浮气躁,作风不正,工作不踏实,甚至有的贪图安逸,热衷于表面文章,沉湎于吃喝玩乐。据机关效能暗访小组提供的相关信息,一些干部上班时间躲在茶楼、宾馆内玩牌、消遣娱乐;一些单位管理有漏洞,人员外出没有明确告示;一些单位执行上下班制度不严,迟到、早退现象普遍;甚至,有些工作人员上班时间有上网炒股、看电影等"不务正业"行为,没有工作的责任感与使命感。如果领导干部没有强烈的责任感与使命感,没有为人民服务的宗旨意识,不站在人民群众的立场上去思考经济社会发展的大局问题,不积极投身于全面建成小康社会的历史实践中,江西与全国同步全面建成小康社会的"江西梦"将难以实现。江西各级领导干部必须进一步增强科学发展、加快发展的紧迫感和使命感,进一步增强忧患意识,抢抓机遇,勇于崛起,善于跨越,积极赶超,唯有这样,美好的梦想才能实现。

三、进一步转变领导干部思想观念的对策建议

在影响江西与全国同步建成小康社会的诸多因素中,领导干部的思想

观念问题是一个非常重要的因素。因此,进一步转变领导干部思想观念,是当前各级党委政府一项非常紧迫且重大的工作。根据调研的结果及其深入分析,应在以下几个方面采取有效措施,促进领导干部思想观念的转变:

(一)继续深入学习十八大精神,提高领导干部对全面建成小康社会的目标和要求的认知程度

领导干部对江西确保与全国同步全面建成小康社会目标任务的认知程度,决定了他们对完成这一任务的自觉性。从调研结果来看,相当一部分领导干部对全面建成小康社会的目标和任务的认知程度不高,尤其是年轻领导干部和在县乡基层工作的领导干部。因此,围绕党的十八大关于全面建成小康社会的新部署和新要求,一是重点在年轻领导干部中继续开展学习宣传活动,着重解决这部分干部的认识模糊问题;二是要改变党的十八大精神学习冷热不均现象,重点提高县乡基层干部对全面建设小康社会的目标任务的认识,要把党的十八大精神的学习教育活动推向基层。

(二)通过加强省情教育,引导领导干部全面动态认识江西全面建成小康社会的现实状况和发展趋势

一是通过加强省情教育,引导领导干部客观认识确保江西与全国同步建成小康社会任务的艰巨性。从调研结果来看,有一部分领导干部对江西在全面建成小康社会整体格局中的排位靠后的现状的认识不明确,对与全国同步建成的任务的艰巨性和紧迫性认识不充分,必须跳出江西、站在全国的高度加强对领导干部的省情教育,提高领导干部科学看待差距和准确判断形势的认识能力。

二是通过加强省情教育,引导领导干部动态看待江西经济社会发展的"后发优势"和赶超潜力。回顾江西经济社会发展不平凡的历程,不难发现江西发展的每一步都与思想解放有着密切的联系,思想解放始终是推动我们事业前进的动力源泉。因此,在省情教育中,既要让领导干部认识到江西的差距和不足,也要让领导干部认识到江西经济社会的发展优势和发展潜力;既要立足于现状,让领导干部认识到江西经济社会发展面临的困难和挑战,又要着眼于未来,让领导干部认识到江西经济社会发展的趋势和后劲。

三是通过省情教育,强化领导干部对实现江西与全国同步全面建成小康社会这一艰巨任务的信心。虽然从调研中发现相当多的领导干部对实现这一历史性任务的信心表现出不同程度的不足,但有效的省情教育,能够有针对性地帮助领导干部提升信心,增强勇气。

(三)进一步解放思想,切实解决领导干部中思想观念陈旧,开拓创新意识不足问题

从调研结果来看,领导干部对当前干部队伍思想观念状况总体的评价不算高,其中 54.22%的领导干部认为影响江西与全国同步建成小康社会最突出思想观念问题是思想观念陈旧,开拓创新意识不足。与之相对应的是,有将近 40%的领导干部认为,要确保江西与全国同步全面建成小康社会,当前领导干部最需要树立的理念是改革创新。这个突出问题必须采取有效措施给予解决。

一是继续在领导干部中开展思想解放活动,引导领导干部树立实践发展无止境、思想解放无止境的理念,促使领导干部思想上求新、观念上求变,以新观念来统领发展问题,以新视角来切中发展问题,以新方法来解决发展问题。领导干部不但要勇于和善于破解思想观念的难题,克服墨守成规,而且要勇于和善于大胆创新,勇于和敢于吃“螃蟹”,越过发展的“雷区”,从而真正发挥后发比较优势,实现省委提出的“弯道超车”。

二是通过有针对性的学习讨论活动,帮助领导干部认真疏理自身存在的思想僵化、因循守旧、视野狭窄等具体问题及其深层原因,促使领导干部明确思想解放、观念更新的方向和途径。江西领导干部思想解放,就必须扫除思想上的“拦路虎”,“放下”四个方面的思想“包袱”,即因循守旧、故步自封的思想,萎靡不振、消极悲观的思想,小富即安、小进即满思想和依赖等待、畏难观望的思想。同时,要提振精气神,树立兼容并蓄、海纳百川的志向,奋起直追、争创一流的志向,百尺竿头、再进一步的志向和自力更生、艰苦奋斗的志向,这“四种志向”是确保江西在新一轮发展竞争中不落后、不掉队所需要的新理念。

三是通过建立保障激励措施,尤其是科学完善领导干部的政绩考核机制和任用选拔机制,鼓励领导干部敢试、敢闯,不畏失败,增强领导干部承担失败后果的心理承受能力,使之没有后顾之忧,而不是简单地以成败论英雄,激发领导干部敢于探索、善于创新、勇于竞争的热情。

(四)引导领导干部善于创新发展思路,克服自身在形成科学发展加快发展思路上的主要障碍

在 61 个厅级干部,171 个处级干部,135 个科级干部,共 367 个调查对象中, 高达 53.95%的领导干部均认为影响确保江西与全同步建成小康社会领导干部在认识方面最主要的障碍,是找不准本地区本部本单位的发展路子,由此可见,提高领导干部科学谋划发展思路的能力是一个急迫需要解决的普遍性问题。要解决上述问题,领导干部应着重提高如下几个方面的认识能力:

一是领导干部要努力提高准确认识和把握本地位本部门本单位主要矛盾的能力。只有正确认识到一个地方的主要矛盾,才能找到制约这个地方发展的"瓶颈",只有找到解决这个地方主要矛盾的方法,才能制定出这个地方的未来发展思路。

二是领导干部要努力提高科学认识本地区本部门本单位自身发展优势和差距困难的能力。只有正确认识到一个地方的发展优势何在,现实的差距和面临的挑战何在, 才能找到这个地方未来发展目标的科学定位;只有综合全面认识和评估这个地方各种利弊因素, 才能形成扬长避短的、合理性的发展规划。

三是领导干部要努力提高科学判断本地位本部门本单位的发展趋势,善于抢抓发展机遇的能力。只有正确认识一个地方的发展趋势如何,才能提出有前瞻性的发展蓝图;只有能够动态地把握一个地方的未来发展形势的变化走向,才能有预见性地捕捉到可能的发展机遇,形成有利于抓住未来发展机遇的正确发展思路。

（五）领导干部要率先垂范，做思想解放的先锋

江西各级领导干部尤其是主要领导干部作为地方或部门的领航人，其思想解放的格外重要。主要领导干部思想解放不解放、思想解放到什么程度、取得什么样的成果，绝不只是个人的问题，直接影响一个地方、一个部门单位的发展，关系到江西的发展大局。因此，解放思想的关键在各级领导干部，尤其是主要领导干部。

首先，领导干部在思想解放上要做表率。解放思想切忌坐而论道、空喊口号；切忌形式主义，空对空，切忌花架子、走过场。各级领导干部要率先解放自己的思想，从自我做起，在思想解放上要将自己摆进去；各级领导干部要加强学习，深入实际，勤于思考，切实自身破除思想观念上的难题；各级领导干部在思想解放的深度、广度、力度上，要走在群众的前面，争当思想解放的先锋。

其次，领导干部在思想解放上要有所担当。思想解放就意味着突破旧的思想束缚和各种条条框框，这样一来，思想解放也必然带来了许多阻力和风险。因此，在思想解放过程中，各级领导干部既不能畏惧困难，更不能推卸责任，必须勇于担当、敢于负责，必须不畏艰难、排难而进。同时，领导干部不但自己要有思想解放的热情与勇气，还应始终支持、鼓励为发展敢闯敢干、勇于担当、敢于负责的干部，特别要关心爱护那些在工作上出现一些失误的干部群众。

最后，领导干部在思想解放上要营造氛围。思想解放是一次观念的革新，良好的氛围将有利于思想解放的展开与深入。各级领导干部应努力营造一种有利于解放思想，大家敢干事而且能干成事的氛围。一方面，对不利于甚至阻碍思想解放的现象进行全面而彻底的“大扫除”；另一方面，大力宣传与鼓励改革创新行为，为思想解放鸣锣开道。

（六）强化领导干部的攻坚克难精神，切实解决少数领导干部“等靠要”“庸懒散”思想

调查结果显示，虽然绝大多数领导干部都具备攻坚克难的精神面貌和

思想准备，但在少数干部中仍然存在工作主动性不强，精神状态不佳的“等靠要”和“庸懒散”思想，其负面影响不容小视，需认真加以解决。

一是领导干部要加强理论学习，努力培育自身的精神厚度。少数领导干部的“等靠要”和“庸懒散”思想，实质上是一个“精神贫困”的问题。领导干部要做到自我“精神扶贫”，须通过加强马克思主义理论学习，尤其是中国特色社会主义理论体系的学习，坚定自己的理论自信，进一步改造自己的世界观、人生观和价值观。只有精神面貌的改变，才会有工作局面的改变，才会有工作成绩的提高。

二是通过实施合理的竞争机制，进一步强化领导干部工作的进取心和主动出击意识，提升领导干部的勇于争先的竞争精神。只有建立和落实合理的竞争机制，强化领导干部工作的主动性，可以解决“等”的问题；强化领导干部的进取心，可以解决“靠”的问题；强化领导干部的自信心，可以解决“要”的问题。只有通过竞争机制的优胜劣汰，才能让不等、不靠、不要的领导干部上位，让不思进取、不求有功、不敢担当的领导干部让位，从而在领导干部队伍中形成争先创优的局面。

三是通过实施合理的奖惩机制，努力改变当前少数领导干部精神状态不佳的局面。只有通过建立和实施合理的奖惩机制，让那些思想平庸、能力平庸、工作平庸的领导干部有危机感；让那些懒于学习、懒于做事、懒于深入、懒于创新的领导干部有使命感；让那些纪律散、作风散、形象散的领导干部有责任感，只有通过建立和实施合理的奖惩机制，才能激励那些有德有才、勤奋踏实、求知求进的领导干部脱颖而出。

（七）以开展党的群众路线教育实践活动为载体，增强领导干部思想观念上的先进性和纯洁性

在江西全面推进小康社会建设的关键时期，中央部署开展的党的群众路线教育实践活动正全面展开。通过扎实有效地开展党的群众路线教育，可以促使领导干部树立宗旨意识、转变思想观念，可以在思想观念层面上认识到自身精神懒怠的危险、能力不足的危险、脱离群众的危险、消极腐败的危险，也可以在思想观念上纠正形式主义、官僚主义、享乐主义和奢

靡之风这“四风”,这对江西能否确保与全国同步全面建成小康社会有重大影响。

首先,在教育实践活动中,领导干部要以“照镜子、正衣冠、洗洗澡、治治病”为总要求,在思想观念上来一次动真格的大扫除、大改变。一是通过“照镜子”,深入发展观自己不合时宜的落后的思想观念;二是通过“正衣冠”,敢于触及自己的真实思想问题;三是通过“洗洗澡”,对自己内心思想深处的“灰尘”来次大清洗;四是通过“治治病”,找到解决自己思想观念问题的方法措施,从而让领导干部的思想观念得到自我净化,自我完善,自我革新,自我提高。

其次,在教育实践活动中,领导干部要努力实践为民务实清廉的价值追求,牢固树立旨宗意识。以实践教育活动为契机,领导干部应着重反思自己的为民务实清廉的宗旨意识有没有,群众观点的认识到不到位,责任感和使命感强不强,深入分析自己思想观念局面上的各种问题,正确认识这些问题的危害性及其解决问题的紧迫性和重要性。

最后,在实践教育活动中,领导干部要深入调查研究,密切联系群众,着力解决自己的思想观念问题。只有通过深入调查研究,才能其正找到自己思想观念有哪些不符合实际,达不到实践要求的主观错误认识,才能形成符合实际的科学发展思想路;只有通过密切联系群众,虚心向群众学习,坚持走群众路线,才能找到自己的思想观念与广大群众的要求之间的差距,才能从群众中汲取智慧和力量,从而自己激发创新活力和改革精神,才能增强自身加快发展,进位赶超,确保与全国同步建成小康社会的信心。

促进江西工业化、信息化、城镇化、农业现代化同步发展研究

吴志远、李海鸣、高建设、郭爱萍、李吉雄、刘晓青

以科学发展为主题，以加快转变经济发展方式为主线，是关系我国发展全局的战略抉择。为适应国内外经济形势新变化，加快形成新的经济发展方式，十八大提出坚持走中国特色新型工业化、信息化、城镇化、农业现代化道路，推动信息化和工业化深度融合、工业化和城镇化良性互动、城镇化和农业现代化相互协调，促进工业化、信息化、城镇化、农业现代化同步发展。

新世纪以来，江西工业化、信息化、城镇化、农业现代化方面快速发展，取得了可喜的成绩，全省工业化进程不断推进，信息化水平有了显著提高，城镇化呈加速发展态势，农业现代化水平也取得一定进展。但是，无论是与发达国家和发达地区相比较，还是与江西发展目标要求相对照，江西工业化、信息化、城镇化、农业现代化发展不仅水平相对较低，而且，“四化”之间不协调、不平衡、不同步的问题也突出，在发展过程中仍面临诸多的困难和问题。目前，江西正处在全面建成小康社会的关键时期和经济转型发展的攻坚时期，面临加快发展与加快转型的双重任务，积极促进工业化、信息化、城镇化、农业现代化同步发展，是江西深入贯彻落实党的十八大精神，推进科学发展，加快绿色崛起，建设富裕和谐秀美江西的重要任务和根本途径。

一、“四化”内部逻辑关系及其重要性

工业化、信息化、城镇化和农业现代化不是孤立的，而是在相互关联中

发展的；工业化、信息化、城镇化和农业现代化的作用也不是单独发挥的，而是在融合、互动、协调中实现的。党的十八大报告指出，要“促进工业化、信息化、城镇化、农业现代化同步发展”，这正是基于对“四化”的重要性、关联度和存在问题的科学分析作出的战略决策。

（一）工业化、信息化、城镇化、农业现代化相互关联、不可分割

工业化、信息化、城镇化、农业现代化相互关联、不可分割，是一个有机的整体。主要表现为：一是信息化和工业化需要深度融合。这既是提高经济效益的必由之路，也是提高工业经济和企业核心竞争力的重要手段。因为信息化是工业化的产物，反过来又通过与工业化融合，带动工业化发展。随着信息技术的快速发展和普及应用，信息化与工业化融合正在成为一种全面、动态、优化的资源配置方式，并重塑全球化时代区域产业竞争新优势。信息化必将为工业化插上腾飞的翅膀，工业化无疑又是信息化的坚实基础。二是工业化和城镇化需要良性互动。这是现代经济社会发展的显著特征。城镇化是工业化的产物，工业化创造供给，城镇化创造需求。产业是城镇发展的基础，城镇是制造业和其他非农产业发展的主要场所和载体。江西已进入工业化中后期，只有工业化和城镇化这两个“轮子”相互促进，协调发展，才能不断推动江西的现代化进程。三是城镇化和农业现代化需要相互协调。这也是中国农村发展的大势所趋。城镇化与农业现代化都是农村、农业发展的路径和手段，相互依托，相互促进。仅仅依靠城镇化，忽视农业现代化，很难从根本上改变江西农村的落后面貌，而且容易导致农业萎缩和引发“城市病”。

总之，“四化”的同步协调发展，既是我国社会主义现代化建设的战略任务，也是如期实现全面建成小康社会目标的根本保证。

（二）“四化”协调发展的关键是处理好三对关系

从理论上来讲，工业化、信息化、城镇化、农业现代化这“四化”之间还能衍生出六对两主体关系，四对三主体关系，这些两主体关系和三主体关系的集合，和这个四主体关系，它们共同构成一个完整的“四化”关系。“四化”的协调发展，也应该处理好各个两两关系。然而，根据国内外的经济社会发展的规律和实际情况看，这当中最重点、最突出、矛盾较多的主要是三对关系，即信息化和工业化、工业化和城镇化、城镇化和农业现代化之间的关系。我国经济经历了30多年的高速增长，取得了巨大的成绩，但也逐步产生了不协调、不平衡、不可持续的矛盾，突出表现在以下三个方面：一是信息化与工业化融合不够；二是工业化与城镇化互动不足；三是城镇化、工业化与农业现代化协调不力，农业现代化明显滞后。

与全国普遍的情况一样，江西的“四化”发展进程中也同样存在上述三方面的突出矛盾。结合江西省情，紧紧抓住“四化”中的这三对主要矛盾，促进好“两两整合”，这是推进江西“四化”同步的关键。对处在工业化中后期的江西而言，工业化是城镇化、农业现代化乃至现代服务业实现发展的根本推动力，没有工业的充分发展，江西经济社会全面进步将缺乏基本依托，而“两化”融合的推进既对江西工业化发展模式和路径提出新的要求，又将通过注入信息资源有力地促进江西工业转型升级。同时，以工业为平台和载体推进信息化又将产生明显的外部性，即工业信息化的发展带动信息产业本身的发展，并由此提升经济社会系统的信息化水平，最终实现“四化”同步发展的目标，信息化在首先推动工业化进而影响城镇化及农业现代化的过程中，始终是关键因素和贯穿全过程的主线。

（三）“四化”的同步发展是江西与全国同步建成小康社会的保证

与全国同步建成小康，既是对江西人民的庄严承诺，也是4500万江西人民的热切期盼。根据国家统计局2003年制定的全面小康体系监测体系，2010年江西省全面建设小康社会总体实现程度达到76%。虽然从纵向比较看，比2000年提高了22.9%，但是，从横向看，江西与全国平均水平仍相差了4.1%。因此，加快发展仍是江西的主要任务。

然而，如果一味地追求发展，而不对发展中不平衡、不协调等问题加以重视，则可能会出现欲速则不达的负面后果，因为全面小康包括了经济、政治、社会、文化、生态等各个方面的全面进步，从全面建成小康社会的23个分项指标来看，2010年江西就已经有诸如人均住房使用面积、城乡居民收入比、耕地面积指数等7个指标全面达标。但同时，也仍有如人均GDP、居民人均可支配收入、科学与实验经费占GDP比、文化产业增加值占GDP比等7个指标处于较落后和被动的状态。这些指标的不平衡，正是“四化”内部关系发展不协调的具体表现。可见，在注重加快发展的同时，正确处理好“四化”内部的关系，促进它们相互协调、同步发展，顺利实现与全国同步建成小康社会的目标。

基于上述分析，本课题选择了“推进江西信息化与工业化深度融合”、“推动江西工业化和城镇化互动发展”、“推动江西城镇化和农业现代化相互协调发展”这三个两两关系为重点来进行解剖式的研究。本课题采用了总—分的方式进行，即在对“四化”的内在逻辑关系进行梳理的基础上，将“四化”同步发展细分成了“推进江西信息化与工业化深度融合”、“推动江西工业化和城镇化互动发展”、“ 推动江西城镇化和农业现代化相互协调发展”三部分来进行详细研究。

课题力求更好地结合江西的实际，对江西工业化、信息化、城镇化和农业现代化的发展现状进行深入分析，总结以往发展经验，找出存在的突出问题，在科学把握新的历史时期我国工业化、信息化、城镇化、农业现代化新特点和江西发展新要求的基础上，探寻实现加快促进江西工业化、信息化、城镇化和农业现代化同步发展的路径。

二、推动江西信息化和工业化深度融合

在我国进入工业化中后期阶段并面临全球信息化浪潮的背景下，信息化与工业化深度融合的必要性已成为基本共识，随着观念的逐步更新和实践的渐进积累，我国信息化与工业化的融合日益呈现出加速度趋势，两者深度融合必将成为经济社会跨越转型的强大动力。然而，由于种种原因，我国信息化与工业化的融合在地区、产业部门、企业类型等多个层面上仍表

现出明显的非平衡性。本文以江西信息化与工业化融合为研究对象，在详细客观描述并梳理江西信息化与工业化融合现状的基础上，深入剖析其中的原因、阶段性特征及未来的趋势，进一步明晰江西信息化与工业化融合的困境及影响因素，结合国内外相关经验和江西区域特征，试图既遵循基本规律、原则又富有创造性地提出推动江西信息化与工业化深度融合的对策措施，为实现江西工业由大变强提供较有价值的政策建议。

（一）信息化和工业化深度融合的江西意义

工业化是现代经济社会运行的推动力量，也是对新的经济社会运行状态的总括性表述，即工业化并不仅仅指工业转型变迁本身，还更多地包含工业发展对经济社会的系统性影响，于是，信息化与工业化的融合并不仅限于在工业行业中推行运用信息技术手段，而意味着信息技术及其理念对工业化过程中经济社会的系统性融入。当然，信息化与工业化的融合仍更多地、更直接地表现在工业领域的信息技术利用。基于上述认识，本课题将主要从“信息化与工业融合”的角度看待“信息化与工业化的融合”，以下简称“两化”融合。从后工业化国家工业信息化实践看，信息化对原有工业体系及其运行特征的改造是十分显著的，信息化为社会分工与专业化创造了必要的信息条件，润滑了经济社会运行，而且直接推动并走出了一条可持续的经济发展道路。江西乃至全国的“两化”融合进程起步并不早，“两化”融合的成功案例与经验并不多见，且“两化”融合成果在全国各省呈现较明显的差异，据权威的第三方评估机构评估结果，江西“两化”融合进程在全国位次倒数，如何理解江西“两化”融合特征、进程、阶段性十分重要，而据笔者近期针对“两化”融合问题所开展的调研情况看，各界对“两化”融合的认识、认知状况不容忽视。由此，有必要对信息化与工业化深度融合的江西意义进行必要的分析和判断。

首先，“两化”融合可倒逼并促进工业转型升级，实现江西经济发展方式大转变。归根结底，工业信息化更多地体现为企业的市场行为决策乃至实施过程及结果，工业信息化水平取决于工业信息技术供求格局与均衡结果，其中的主要方面则在于工业信息技术应用需求。囿于工业企业内部管理流程及水平、人员结构、管理文化、企业家精神、企业发展战略等因素的制约，江西省工业企业普遍缺乏信息技术应用需求，传统工业陷入固有的发展路径依赖，竞争力和财富创造能力始终难以提高。然而，信息化浪潮是不可阻挡的，国内外工业信息化的成功案例彰显了信息化对传统工业要素的强有力替代。后工业化国家工业信息化呈现自然发展演变特征，而我国信息化对工业化则具有一定的外生性，似乎是在工业化并未充分发展和充分准备的情况下将信息化强加于其上的，虽可能造成一段时期内工业化与信息化匹配性欠缺，但也极有可能倒逼工业转型升级，使工业化能尽快顺应信息化的要求并与之匹配。当工业化进程主动纳入信息化因素后，信息化显然又将能强有力地支撑工业转型升级，倒逼企业加快实现业务流程规范化、标准化乃至国际化，降低企业内外交易费用、提升企业科学决策能力并优化企业资源配置能力与效果，进而实现经济发展方式转变。对于迫切需要实现跨越发展的江西而言，“两化”融合显然具有杠杆效应。值得强调的是，目前江西工业重型化特征特别明显，据有关部门统计，江西省重工业增加值占工业增加值的2/3，能耗占整个工业能耗的90%，重化工业产能落后，不少重工业企业在上世纪五六十年代建立且以资源开发为主，技术、工艺十分落后，产品单耗高于全国平均水平。更有甚者，江西省重化工业还存在较为严重的产能过剩问题，不少企业已因此陷入困境。这种状况迫切需要得到改善，而工业信息化则是极为重要的途径；其次，“两化”融合有助于优化政府工业经济发展职能。缺乏信息化支撑的工业化显然是不可持续的、粗放的工业化发展模式，而粗放的工业发展模式必然又将放大资源的稀缺性，迫使政府管理职能向资源与生产要素领域延伸，政府与市场之间的关系始终难以厘清、理顺。而工业信息化过程却能在工业企业主动自我改造的同时拓宽市场运行与竞争的视野，使企业顺应集约化经营方向并找到实现集约节约的“钥匙”，企业将更加关注如何在内涵增长中寻找价值和财富空间，逐步摆脱资源消耗的发展模式。“两化”融合背景下的政府工业发展职能将主要集中体现在如何推动“两化”融合，并由此替代过去的忙于生产要素和资源配置的职能。

(二)江西信息化和工业化深度融合的困境及原因

自 1997 年 4 月全国信息化工作会议通过的《国家信息化“九五”规划和 2010 年远景目标(纲要)》提出国家信息化体系的定义、组成要素、指导方针、工作原则、奋斗目标及主要任务后,我国国民经济信息化水平日益提高。20 世纪末我国制定的“十五计划指导思想”中首次提出以信息化带动工业化。党的十五届五中全会提出:“以信息化带动工业化,发挥后发优势,实现社会生产力的跨越式发展”。党的十六大报告明确指出:“坚持以信息化带动工业化,以工业化促进信息化,走出一条科技含量高、经济效益好、资源消耗低、环境污染少、人力资源优势得到充分发挥的新型工业化路子”。为了解决工业化与信息化“两张皮”现象,利用产业融合“1+1>2”的效应,十七大报告提出了“两化”融合。在已有基础上,十八大报告进一步提出:“推动信息化和工业化深度融合”。

客观地讲,在科学发展观思路日益明晰,调结构、转方式实践日益深入的影响下,信息化与工业化相互促进、融合发展态势总体喜人,工业信息化水平不断提高,工业发展质量明显改善,企业发展模式日益更新,核心竞争力不断增强。然而,在全国推进“两化”融合的进程中,囿于认知与实践的不足,部分地区“两化”融合进程往往面临着极大的阻力,甚至出现两者间相互牵制、相互制约的局面,传统工业的发展路径或模式造成低效资源配置的惯性,错误的决策理念放大了工业信息化的机会成本,使得信息化对推进工业化的强大正能量在一些区域和行业始终难以发挥,导致各省市区“两化”融合发展步伐不一致,区域“两化”融合水平差异仍较为明显。

1.江西信息化和工业化融合的困境

作为被国家科技部列入全国首批制造业信息化工程示范省的江西,本世纪初以来十分关注并积极推动“两化”融合工程,2002 年就组建了江西省制造业信息化专家组并确定了《江西省制造业信息化工程发展规划》和《江西省制造业信息化工程实施方案》,在全国“两化”融合如火如荼的推进过程中，江西省也取得了一些成绩，特别是部分大企业信息化水平不断提升且作出了重要的经济贡献。“十一五”期间，全省机械、电子、汽车、航空和船舶等制造业CAD（计算机辅助设计）技术应用普及率达80%以上；100%的大型企业和50%以上的中型企业实现设计研发信息化、生产装备数字化、生产过程自动化和经营管理网络化；全省94个工业园区实现光纤100%到达企业，70多个工业园区建立了数字园区的信息发布平台；企业信息化试点工作取得阶段性成果，洪都航空、江铃集团、昌河飞机公司成为国家级制造业信息化重点试点企业，江铜集团、联创光电等大中型企业的信息化项目列入国家高技术产业化计划；覆盖全省、面向全国的先进高效的物流公共信息服务平台建设快速推进；信息与服务产业也迅速发展。不仅如此，江西省新余市还被国家工信部列为全国八个首批工业能耗在线监测试点城市之一，且已完成一期年综合能耗十万吨标准煤以上企业的在线监测，这些企业都已建立能源管控中心。这是通过政府强制性监管进而直接推动企业信息化的成功范例。作为工业信息化职能部门，江西省工信委也于2013年4月份发布了《江西省信息化和工业化深度融合示范区和示范企业认定办法（试行）》并计划对示范区中示范作用强、效益明显的“两化”融合重大项目在现有的资金渠道和其他政策上给予优先支持。然而，受做大总量和传统工业发展思路的影响，产业承接、招商引资一定程度地出现偏差，工业粗放扩张态势较为明显，工业领域的创新驱动明显不足，企业技术创新活动缺乏动力和基础，“两化”融合进程自然受到严重影响。

在国家工信部信息化推进司的指导下，赛迪研究院制定了区域“两化”融合发展水平评估指标体系和评估方法并首次开展了2010年度、2011年度全国区域“两化”融合发展水平评估，形成了《中国区域“两化”融合发展水平评估报告》，该报告称：通过测算31个省份“两化”融合发展总指数得分情况，目前我国各省份“两化”融合发展水平分为四个梯队，其中，第二梯队以中部地区省份为主，然而，江西却属第四梯队，第四梯队主要由西部省份构成，是我国“两化”融合发展滞后的地区。报告还显示，江西、海南、山西、云南、贵州2011年的排名均比2010年有所下降。报告显示，2011年江西省“两化”融合发展总指数较2010年有所提高，但仍位居全国第24位，该指标在全国的位次显然低于当年江西省GDP在全国的排名。另外，中国计算机用户协会2013年年初在京发布的“2012(第二届)中国信息化和工业化融合五十佳企业”、“2012中国信息化和工业化融合领袖人物“、“2012推进中国信息化和工业化融合杰出贡献企业”、“2012中国信息化和工业化融合示范案例”等荣誉均与江西无缘。由以上权威机构近期发布的评估结论可见，江西“两化”融合的确已面临困境，结合我们的问卷调查及其他渠道获取的资料，可以清楚地看到，企业对“两化”融合已有初步的认识且信息化水平有一定的提升，但总体状况仍不尽如人意。

为更为详实地掌握具体情况，本课题组选择了部分有代表性的工业园区并对相关企业进行问卷调查。[①]90%的被调查企业了解到国家正在推行“两化”融合，且高达65.22%的企业认为工业企业信息化非常重要，而21.74%的企业认为工业信息化对企业的发展比较重要；被调查的企业中，认为企业管理、员工招聘、产品市场销售、企业融资与生产技术等应主要通过信息化来解决的比例分别为52.2%、44.8%、41.8%、32.8%、32.8%；被调查企业中，管理人员的计算机配置率高达80.15%，且联网的计算机占比达87%，68.5%的企业建立了局域网共享平台；96家企业中，实现管理信息化的企业占比64%，实现销售信息化的占比65%，实现采购环节信息化的占比42%，实现生产环节信息化的占比41%，实现研发环节信息化的占比35%。

总体而言，企业认为信息化水平在各环节的重要性排序依次为销售、研发、管理、生产、采购。部分规模较大、效益较好的企业在信息化推进方面起步较早、投入也较大，有的甚至超过亿元，以OA、ERP为核心的办公系统和企业资源管理平台应用广泛，覆盖了生产、研发、仓储、采购、物流这几个环节，且已显现出信息化投入的效益；所调查的96家企业中企业数控设

①为确保调查样本的代表性，课题组选取了分布于上饶、九江、景德镇、赣州及新余等地市县工业园区的96家样本企业，分别来自化工、机械设备制造、纺织及家具制造业、食品加工、能源、环保、采矿及矿加工、医药制造业等多个行业，且均为规模以上工业企业，问卷对象均为该企业负责人或主管信息化的部门负责人。

备、自动化设备数量占生产设备总数量比重为46%;85%的企业建立了标准化研发流程,75%的企业建立了客户关系管理系统;40%的企业建立了环境的监测与污染源监控系统,仅21%的企业建立了能耗监测系统;44.4%的企业设置了信息化部门,59%的企业配备了专门的数据库和软件维护人员,41%没有配备;被调查企业中只有60%的企业制定了信息化投入的常规预算,企业信息化资金投入占技改研发投入比重很低,43.48%的企业投入率低于20%,甚至有42.03%的企业目前还没有信息化资金的投入,这种状况在中小企业普遍存在。我们的进一步调查印证了这种情况,占比22%的企业认为资金紧缺是"企业目前运行所面临的困难"中最为突出的方面;所调查的企业中信息化相关人员占职工总人数比重为11.86%,其中信息化人员中专科占28.6%、本科占28.3%、研究生及以上占3.2%;所调查的企业中,占比57%的企业对员工进行过信息化相关培训。

由上可知,江西省工业信息化水平与企业内综合集成乃至整体供应链协同信息化的要求仍有较大差距。

2.江西信息化和工业化融合困境的原因

(1)实践基础薄弱,"两化"融合缺乏示范带动力。"两化"融合对我国尤其是欠发达地区的江西来说仍属新鲜事物,由于工业化进程与水平的限制,加上因系统性的体制机制不够健全,企业粗放经营现象比比皆是,如何获取资源并粗放扩张成为相当长时期内企业的经营战略选择,据2012年8月江西省工业和信息化委员会开展的关于江西企业技术创新情况的分析,江西省相当一部分近年来引进的企业只是单纯的生产基地,创新欲望与能力不强。多数企业没有形成技术核心竞争力,研发还停留在模仿阶段,产品多以跟踪仿研为主。多数企业缺乏高水平的企业研究开发机构,高端人才匮乏,人才瓶颈制约严重。另外,我们从省科技部门了解到,江西省2012年获国家认证的企业技术创新中心只有7家,处在中部六省最后一位。由此看来,相当长一段时间内,创新驱动显然难以成为江西省工业企业战略的普遍首选模式。因此,企业信息化投入的必要性似乎并不强烈,企业资源配置中信息化投入的机会成本可能被放大。江西省工业化进程滞后还表现在规模以上工业企业数量方面，有资料显示，2012年，浙江省共有规模以上工业企业63459家，企业数量在全国31个省市中居首位，占全国工业企业总数的14%。江苏和广东分别为61242家和53024家，分列第二位和第三位；中部地区河南省、安徽省、湖南省、湖北省和江西省拥有的规模以上工业企业数量分别为18460、12970、12289、11230、6800家。可见，江西省工业经济总量并不大，工业发展还很不充分，过小、过弱的工业难以促进信息化水平的提升。由于实践不充分，典型示范带动不足，导致更多的企业缺乏市场激励与约束，“两化”融合难以形成蓬勃之势。由此可以得到初步启示，“两化”融合困境背后的根源应在于市场经济体制发育仍欠成熟，特别是要素市场发育不够健全，企业的市场约束不够明晰和强烈，从而导致创新驱动意识不强。

（2）政府与企业角色定位不清，“两化”融合缺乏推动力。被调查企业中认为“两化”融合主要由企业自身推动、主要由政府推动与两者共同推动的分别占比46.3%、45%和8.6%。可见，企业界在这个问题上看法不一。即便持企业是“两化”融合推动主体观点的不少企业尤其是中小企业仍认为其自身难以独立实施信息化，原因在于：存在资金困难、专业人才缺乏且引进难、企业管理水平难以适应信息化的要求、市场疲软导致企业运行困难、企业规模小而不具备实力等方面。如前所述，根据我们的调查，部分企业在同样缺乏公共政策支持的情况下建立甚至全面建立了信息化管理体系，其内在驱动力主要来源于企业及其内部组织的力量，如创新意识较强的企业家的推动、较优的企业员工年龄结构及知识结构的推动、关联企业中龙头企业的带动、关联企业之间交易费用节约的需要等，然而，这种状况往往只是出现在部分大企业中，大量因主客观原因而欠缺现代经营理念的企业已成为企业信息化市场化推进机制的阻力。调查发现，62%的企业认为企业领导者的意识理念显著地影响着信息化水平的提升，42.1%的企业认为业务流程与管理结构也会影响企业信息化。

在调研过程中，我们发现，由于种种原因，相关政府职能部门（如工信委）和工业园区管委会对“两化”融合工作缺乏足够的积极性，也缺乏对“两化”融合进行跟踪调研和分析，多数工作人员认为工业信息化应主要表现为企业自身的选择，但政府可以采取一些支持引导措施，不过对应采取何种具体办法却并无明确意见，各地市县近年来鲜有出台有效的相关规划或指导意见。另外，由于地方政府尤其是市县政府自身对工业信息化关注不够，使得公共服务难以改善工业企业与信息化服务商之间信息不对称的状况，地方政府在为企业引荐专业公司、专家方面尚未发挥必要的作用。对于“两化”融合进程中政府与企业谁应成为主角或两者关系如何确立，我们的基本看法是，在现阶段的江西，政府应成为启动并推动“两化”融合的主力，原因在于，发达国家和地区一般是先工业化、后信息化，两者之间的演进次序具有内生性，而我国、我省却是在工业化尚未完成、工业化水平亟待提高的情况下引入信息化并试图以此改善工业运行状况，尽管可能具有后发优势，但工业化与信息化之间由“陌生”变为“融合”却需要消耗一定的时间，短期内，“两化”融合可能难以找到市场基础，市场失灵的存在需要政府这只“看得见的手”来予以弥补，具体采用何种方式有待进一步分析和论证。另外，从目前看，由于政府与企业作用未能正常发挥，“两化”融合中的投融资问题始终未能得到有效解决，金融资源介入“两化”融合仍缺乏足够的激励。

(3)企业人力资源结构不优，“两化”融合缺乏执行力。上述调查显示，高达64.5%的企业认为信息化专业人才是影响企业信息化水平的重要因素。由于制造业信息化涉及多学科的交叉融合，实施信息化不仅需要计算机技术人才，而且还需要治理人才，特别是既懂技术、工艺，又懂计算机技术和治理的复合型人才。从我们的问卷调查看，企业界对影响企业信息化水平的若干因素如资金、信息技术、政府支持、企业高层支持力度、信息化复合人才等有较为明确的看法，大多数观点都支持企业专业技术人员的缺乏是最主要的原因。我们的调查还显示，53.62%的企业认为，企业信息化相关人员数占职工总人数比重居于1%–10%。其实，这种状况由来已有，2004年科技部制造业信息化工程重大项目治理办公室基于山东、四川、浙江及江西制造业信息化的调查就明确指出信息化复合型人才匮乏的严重性，并认为，企业普遍缺乏复合型人才，使企业在决策和实施时缺少“主帅”。

(4)市场化服务缺位,"两化"融合缺乏支持力。由于企业信息化需求不足,不仅企业内部缺乏"两化"融合所需要的复合型人才,而且影响企业外部信息化服务市场的培育,专业技术咨询服务产业组织发育滞后,"我省服务业内部结构层次偏低,竞争力不强。从服务业内部结构看,我省以传统服务业行业为主,而信息、咨询、科技、金融、房地产等新兴现代服务业所占比重偏低"①。工业信息化既需要共性技术,更需要结合企业运行的实际模式与流程进行个性化设计,企业信息化市场需求不足导致供给不足,进一步势必约束有效需求的增强,供求难以实现高水平均衡。尽管目前江西省已有不少大企业独立或基于行业规范要求进行了较大规模的信息化建设和投入,但大多仍处在试运行阶段或技术集成阶段,非常成熟的案例并不多见。同时,据有关统计,江西工业企业规模普遍较小,2012 年江西规模以上工业企业户均资产 1.6 亿元,比全国平均水平 2.1 亿元低 23.8%,全省仅 6 家企业进入中国企业 500 强,居中部六省末位,主营业务收入过百亿的企业只有 13 家,河南有 43 家,是江西的 3.3 倍。大量存在的技术创新能力较弱的中小企业既一定程度地约束了江西工业信息化整体水平的快速提升,又对江西工业信息化路径提出了特定的要求,企业信息化技术的市场化服务体系建设尤显重要。

(三)推动江西信息化和工业化深度融合的对策建议

1.把握欠发达地区"两化"融合规律,实施渐进式推动发展战略

基于对各省工业信息化进程的横向比较及江西省工业信息化现状的分析,在较长时期内可能仍缺乏工业信息化所需的市场驱动以及企业内在的信息化冲动的情况下,江西省工业信息化应有一个较长时期的准备和酝酿,有一个类似经济起飞的积累阶段,在这个阶段,要形成政企共识并构建分层、分阶段、分行业、分规模大小、分区域、有针对性的推进战略,在诸如工业经济总量扩张、工业结构调整、企业文化革新、企业人力资源优化、管理流程优化、企业生产与营销模式创新、供应链整合等非信息技术领域积

①2012 年江西省服务业发展情况分析报告,中商情报网 http://www.askci.com/

极准备，其中，工业经济规模扩张及工业结构调整居于先导地位，切忌不切实际的盲目攀比。其实，早在1993年美国提出“国家信息基础设施行动计划”以及由此掀起的全球信息化热潮之际，我国信息系统也已初具规模，由于当时我国工业基础薄弱，“两化”融合始终难以推进。工业信息化的过程并不是落后工业被动接受信息技术改造的过程，而是在较充分工业化后承接信息技术支持并实现更高水平转型升级的过程，信息技术在工业领域的渗透需要一定的工业化基础来支撑。信息化与工业化是互为条件、互相融合、密不可分的。这或许就是“两化”融合被提出并特别强调以工业化促进信息化的缘由。当然，在避免盲目冒进的同时也要审时度势，找准时机和切入点并有力推进“两化”融合，形成示范效应。当前，要依托国家战略，继续高效推进鄱阳湖生态经济区建设，并以其为载体，打造“两化”融合集聚区。

2.明晰政府职能，有效发挥“看得见的手”的作用

作为欠发达地区，江西仍处在工业化中后期阶段，工业经济规模的扩张和质量的改善成为“两化”融合的基础性条件。从当前看，尽管市场机制在江西工业经济发展中的影响力愈来愈显著，但仍难以独立发挥作用，在今后较长时期内，政府与市场两种机制的匹配在推动江西工业化进程方面有着重要的现实意义，政府职能的正确行使将为市场机制有效运行提供充分的激励。区域工业经济规模的扩张和质量的改善均有赖于地方具有前瞻性的、关系到区域经济总体发展的纲领性设想和谋划，即区域经济发展战略。江西省要根据不同地区生产要素条件的分布情况和本地区在国家经济体系中的地位和作用，对地区未来发展的目标、方向和总体思路进行谋划，特别要在传统工业改造和战略性新兴产业发展上明确思路，按照区域分工和集群发展的模式进行要素配置，进而形成良好健全的产业组织体系并使之发挥组织自我提升、持续发展的功能。政府通过战略和规划向市场提供导向和信息，对市场主体及其资源的配置具有较强的正面引导和影响力，优质企业及其生产要素的集聚将成为江西省“两化”融合的主体，因为优质龙头企业在行业具有足够的公信力，甚至可能成为产业链中“两化”融合的规划者。从这个角度看，政府的区域经济战略可成为“两化”融合的源头推

动力量。随着江西省工业化进程的不断推进，政府在推动“两化”融合若干具体环节上也要发挥积极作用。前述的调查发现，54%的企业认为政府可以通过财政投入予以支持、51%的企业认为政府应加大信息化培训力度、46%的企业认为政府应为中小企业信息化提供公共信息服务平台、31%的企业认为政府应制定相关法律法规政策来提升企业信息化建设水平。

结合前述《中国区域“两化”融合发展水平评估报告》中三项评估指标之一的“基础环境”指标及我们的实地调查情况看，江西“两化”融合的基础环境，即网络基础设施建设、移动电话和互联网应用普及、“两化”融合政策环境建设、中小企业信息化服务体系建设以及工业企业信息化环境建设等方面在全国均属落后，而这与地方政府在提升推进“两化”融合中的职能相对弱化直接相关。

我们在调研中发现，不少市县工业信息化部门和工业园区管理部门仍未针对“两化”融合工作进行详细规划和专门部署，由于尚未形成常规性工作制度，相关职能部门对辖区范围内企业信息化状况、困境、原因等没有形成系统、跟踪性的调研、信息汇总、横纵向分析，也鲜有出台动态的、针对性的诊断和解决方案。有必要在省信息化工作领导小组办公室之下成立“两化”融合推进办公室，负责全省两化融合的组织协调。由省工业和信息化委员会牵头，省科技、财政、商务、国资、金融等部门按各自职责，分工协作，共同推进。充分发挥省信息化专家咨询委员会的作用，为两化融合提供决策支持和规划指导。同时，市县各级政府要建立健全分工合理、责任明确的工作机制，明确工作目标和重点，统筹规划、整合资源，充分发挥各方面积极性。

在优化“两化”融合公共体制机制的前提下务必高效开展具体推进工作，当务之急是在“两化”融合推进部门的统筹下、主导下逐步引入社会力量加大相关基础研究和人才培养力度，形成一批“两化”融合学术带头人、基础研究队伍和一批水平高、实力强的“两化”融合研究基地。建立健全江西省“两化”融合知识培训体系，丰富江西省“两化”融合综合服务培训平台内容，培养一批具有“两化”融合应用知识的专业人才；积极开展典型示范认定和宣传工作，以此为载体，充分发挥财政投入导向作用，力求“四两拨千斤”的效果，激活企业投资愿望、提高企业投资预期，积极协调银企关系、建立政策性担保并逐步引入市场化融资担保机制，实现先财政主导投入后金融主导投入的格局；同时成立或委托“两化”融合评估机构，制定“两化”融合地方性标准，开展企业、行业、区域水平评测。

3.优化企业治理结构与机制，提升企业推动“两化”融合的积极性和主动性

公共政策为企业“两化”融合提供更好的环境和激励，但它却不能替代企业的决策，“两化”融合的主体是企业自身，建设合格、充分理性的市场主体并使之适应市场变化与需求，善于识别市场利益与风险并高效决策，就显得十分重要，而这需要从公司治理层面进行思考。公司治理结构与机制是企业的“上层建筑”，是影响企业发展的根基并决定着企业的顶层设计。从面上看，企业对“两化”融合态度及实践与企业管理直接关联，然而从根本上说，是由企业决策体制、机制决定的，而公司治理的功能就在于改变企业决策体制与机制。前述的调查发现，不少企业认为企业家的意识观念及经验极大程度地影响着企业“两化”融合行动，这种观点有一定道理，但似乎没有明晰问题的实质。企业家是公司治理架构的一部分，企业家的甄别与选择是公司治理的重要目标，如将企业家与公司治理割裂开来，并将企业“两化”融合工作成效仅仅归因于个别的、偶然性的企业家才能，就必然影响“两化”融合进程中有关企业家问题的探讨。公司治理是一个系统范畴，涉及股东构成与结构、董事会结构、经理层的选择机制、激励与约束机制等方面，公司治理改革是一项系统工程，对于处在工业化中后期阶段的江西来说，通过法律的、经济的、行政的手段积极推动企业公司治理改革并建立现代企业制度应成为对江西发展具有深远意义的重要工作，企业治理结构与机制的优化必将提升企业“两化”融合的自觉性和主动性。

三、推动江西工业化和城镇化互动发展

工业化和城镇化的发展是一个国家或地区实现现代化的必由之路。世

界各国工业化和城镇化的发展历程表明，工业化和城镇化之间既存在相互促进、又存在相互制约的关系。一方面，如果两者相互协调，就会呈现互动发展的局面，工业化就会促进城镇化的快速发展，城镇化也会为工业化提供条件和保障；另一方面，如果两者协调性不好，出现城镇化过度超前或滞后工业化的发展，那么，就会出现所谓的“城市病”或“农村病”，从而阻碍该国或地区的现代化进程。2012年江西人均GDP已突破4500美元，正处于工业化优化发展、城镇化快速推进的关键时期，因此，研究江西省工业化与城镇化的互动发展状况，探讨如何推进江西工业化与城镇化互动发展，对江西与全国一起实现现代化、同步建成全面小康社会有非常重要的理论和现实意义。

（一）江西工业化与城镇化互动协调发展状况分析

1.互动协调发展评价方法

对一个国家或地区工业化与城镇化关系的测度，最常见的方法主要有钱纳里标准值法和IU、NU国际标准值法两种，在大部分情况下，钱纳里标准值法和IU、NU国际标准值法可以通用[①]。只是在非农化率低于46%的情况下，它们才有较大的误差，并且非农化率越低，误差越大[②]。钱纳里方法由于要涉及较复杂的汇率，而且换算的方法不同可能还会得出不同的结果，所以，本文采取IU、NU国际标准值法研究江西工业化和城镇化的发展关系。

IU、NU国际标准值法中，IU和NU值的计算公式分别为：

I=LI/L×100%

（1）N=LN/L×100%

（2）U=PU/P×100%

（3）IU=I/U

（4）NU=N/U

各公式中，I为劳动力工业化率，N为劳动力非农化率，LI为工业劳动

---

①孔凡文，许世卫：《我国城镇化与工业化发展关系分析与判断》，《调研世界》，2006，20(7):45-47。

②冯邦彦，马星：《中国城市化发展水平及省际差异》，《经济经纬》，2005(1)：62~65。

力总和，LN为非农(第二及第三产业)劳动力总和，L为总劳动力，U为城镇化率，IU是劳动力工业化率与城镇化率的比值，NU是劳动力非农化率与城镇化率的比值。国际通用的IU、NU标准值如表1所示。

表1 国际通用IU、NU值及工业化与城镇化协调发展判定

IU值	NU值	工业化与城镇化协调发展判定
=0.5	=1.2	比较协调
<0.5	<1.2	城镇化超前发展。说明城镇可能不但集聚了非农产业人口，而且还集聚了一定数量的农业人口。且IU、NU值越小，这种情况越明显。
>0.5	>1.2	城镇化滞后发展。说明从事非农产业的劳动力还有相当部分滞留在农村地区。

2.江西工业化与城镇化互动协调发展的不同阶段

从表2中可以看出，除1980年、1981年和1982年三年江西城镇化水平和当时的工业化水平和第三产业发展水平相当外，其余年份城镇化水平均严重滞后于当时的工业化发展水平，尤其以1993~2000年特别明显，表明这些年份有大量从事非农产业的劳动力没有离开农村地区，从事第三产业的劳动力增加明显，但并未带动城镇化率的显著提升。总体上看，江西工业化与城镇化发展主要经历三个阶段：

第一阶段(1978—1984)：这一阶段工业化与城镇化发展相互协调，但从表2中的数据可以看出，这种协调是属于低水平的协调，城镇化率、工业化率以及非农化率水平都很低，国民经济以农业为主。这与当时计划经济体制和严格的户籍管理制度以及省委省政府"画好山水画，写好田园诗"，把农业放在首位，围绕农业优势办工业的经济发展战略思路有很大的关系。

第二阶段(1985—2000)：这一阶段城镇化发展严重滞后工业化发展，尤其是滞后第三产业发展。这其中第三产业对就业的吸纳作用特别明显，非农化率大幅提高，这主要得益于江西实施的一系列城市经济体制改革的措施，大大加快了江西的经济发展。而同时一方面由于这些年江西人口自然增长率处于较高年份，城镇人口增长幅度并没有太高超越人口自然增长率，另一方面更为重要的是非农产业的快速增长并没有很好地推动城镇化的发展。究其原因，户籍等制度的羁绊可能难辞其咎，虽然这一时期国家和江西省出台了一系列户籍制度改革的政策，城乡之间人口流动的壁垒有所松动，但成效并不是特别明显。

第三阶段(2001—至今)：这一阶段虽然还存在较明显的城镇化落后工业化的现象，但这种现象呈逐年下降的趋势，表明工业化与城镇化发展趋于协调。其中工业化率上升明显(见表3)，非农化率继续提高，城镇化发展明显提速，十二年间城镇化率由27.69%提高到45.7%，年均提高1.5个百分点，高于同期全国0.25个百分点，说明工业发展对城镇化发展起到了很好的带动作用。这与新世纪后江西着力于工业发展，尤其是加快工业园区发展以此带动江西工业发展关系密切。

表2 江西省历年工业化与城镇化互动协调发展情况

年份	I(%)	N(%)	U(%)	IU	NU	年份	I(%)	N(%)	U(%)	IU	NU
1978	13.0	22.8	16.75	0.78	1.36	1995	25.0	49.0	23.85	1.05	2.05
1979	12.5	22.3	17.44	0.72	1.28	1996	25.6	50.2	24.58	1.04	2.04
1980	12.3	22.3	18.79	0.65	1.19	1997	25.9	52.8	25.32	1.02	2.09
1981	12.2	22.4	19.06	0.64	1.18	1998	26.2	53.4	26.05	1.01	2.05
1982	12.6	23.2	19.45	0.65	1.19	1999	25.4	53.6	26.79	0.95	2.00
1983	13.0	24.3	19.56	0.66	1.24	2000	24.4	53.4	27.69	0.88	1.93
1984	14.1	27.3	19.67	0.72	1.39	2001	23.5	53.8	30.41	0.77	1.77
1985	20.2	33.3	19.78	1.02	1.68	2002	22.7	54.7	32.20	0.70	1.70
1986	20.4	34.2	19.89	1.03	1.72	2003	26.2	58.0	34.02	0.77	1.70
1987	20.4	34.2	20.00	1.02	1.71	2004	27.0	59.0	35.58	0.76	1.66
1988	21.4	35.5	20.11	1.06	1.77	2005	27.2	60.1	37.10	0.73	1.62
1989	20.9	34.9	20.22	1.03	1.73	2006	27.5	60.9	38.68	0.71	1.57
1990	20.3	34.3	20.35	1	1.69	2007	28.0	62.0	39.80	0.70	1.56
1991	20.7	34.7	21.08	0.98	1.65	2008	28.1	62.6	41.36	0.68	1.51
1992	22.0	36.6	21.82	1.01	1.68	2009	29.0	63.5	43.18	0.67	1.47
1993	24.3	42.7	22.55	1.08	1.89	2010	29.6	64.4	44.06	0.67	1.46
1994	24.6	43.9	23.29	1.06	1.88	2011	30.1	65.6	45.7	0.66	1.44

①数据来源：根据《江西统计年鉴2012》整理所得

②说明：表中数据I为第二产业就业人员占总就业人员的比重；N为第二产业和第三产业就业人员之和占总就业人员的比重；U为城镇人口占总人口的比重。下同。

表 3　江西省历年城镇化率与工业化率情况

年份	城镇化率(%)	产值工业化率(%)	年份	城镇化率(%)	产值工业化率(%)
1978	16.75	26.6	1995	23.85	26.9
1979	17.44	25.4	1996	24.58	26.7
1980	18.79	27.7	1997	25.32	27.3
1981	19.06	26.3	1998	26.05	27.7
1982	19.45	25	1999	26.79	27.2
1983	19.56	26.5	2000	27.69	27.2
1984	19.67	29.5	2001	30.41	27.2
1985	19.78	30.4	2002	32.20	28.7
1986	19.89	30.9	2003	34.02	30.8
1987	20.00	30.2	2004	35.58	33
1988	20.11	30.9	2005	37.10	35.9
1989	20.22	29.7	2006	38.68	39.5
1990	20.35	27.2	2007	39.80	41.6
1991	21.08	28.3	2008	41.36	42
1992	21.82	29.4	2009	43.18	41.8
1993	22.55	32.3	2010	44.06	45.4
1994	23.29	28.4	2011	45.70	48.5

①数据来源:根据历年江西统计年鉴计算整理所得。

②表中工业化率=当年工业总产值/当年地区生产总值。

3.江西与全国及中部地区省份工业化与城镇化互动协调发展水平对比分析

由表 4 可知,2010 年从全国以及四大地区的工业化与城镇化发展情况来看,IU 值小于 1,说明我国劳动力工业化率始终低于城镇化率,城镇里存在着第一、三产业的劳动力;四大区域 NU 比都大于 1,说明我国农村中始终存在着一定的非农业劳动力。东部地区工业化率、非农化率和城镇化率最高；而西部地区工业化率、非农化率和城镇化率最低。西部地区工业化与城镇化发展相对协调，但水平不高；东北地区城镇化发展较明显超越工业化发展，其城镇可能不但集聚了非农产业人口，而且还集聚了一定数量的农业人口；中部地区城镇化发展较明显滞后工业化发展；东部地区工业化发展超越城镇化发展，但非农发展与城镇化较相适应。

江西城镇化发展滞后工业化发展的程度明显高于全国平均水平，在中部地区仅好于人口大省河南。城镇化率在中部位列湖北、山西之后排第三位，低于全国、东部、东北地区，略高于中部平均水平。江西的工业化率高于全国、西部、东北、中部地区平均水平，在中部列第一。非农化率高于西部、中部、东北地区的平均水平，略低于全国平均水平，在中部落后于湖北位列第二。这说明江西的就业结构相对合理，但却存在从事非农产业的劳动力较多滞留农村的现象，虽不从事农业生产，但却没有成为城镇市民。

表 4 2010 年江西与中部地区工业化与城镇化协调发展情况对比

地区	I(%)	N(%)	U(%)	IU	NU
全国	28.7	63.3	49.95	0.57	1.28
西部地区	19.72	52.32	41.43	0.48	1.26
东北地区	22.76	61.76	57.67	0.39	1.07
中部地区	27.54	59.26	59.26	0.63	1.36
东部地区	37.1	74.4	59.7	0.62	1.25
山 西	26.44	61.67	48.05	0.55	1.28
安 徽	29.44	60.01	42.99	0.68	1.4
江 西	29.67	62.4	43.75	0.68	1.43
河 南	29.02	55.12	38.52	0.75	1.43
湖 北	29.13	70.46	49.7	0.59	1.42
湖 南	21.48	53.29	43.31	0.5	1.23

数据来源：根据《中国人口和就业统计年鉴 2011》及《中国统计年鉴 2011》整理所得。表中江西数据与《江西统计年鉴 2011 年》有不同，为保证取得数据的一致性，本文仍采用前述年鉴数据。

4.江西各设区市工业化与城镇化互动协调发展水平对比分析

由表5可知，江西各设区市工业化与城镇化协调发展水平很不均衡。其中南昌、新余存在城镇化超前发展情况，上饶、宜春、赣州、九江存在较严重的城镇化滞后发展情况，从事非农产业的劳动力还有相当部分滞留在农村地区。南昌、景德镇、萍乡、新余四市城镇化率均超全国平均水平，赣州、吉安、宜春、抚州、上饶五市城镇化率远低全国平均水平。就业结构中，萍乡、新余、赣州、上饶四市三产就业比都低于二产，有待进一步优化。工业化率水平尤其是非农化率水平对城镇化率的影响较大。新余市工业化发展与城镇化发展比较协调，非农化发展与城镇化发展不协调，城镇滞留了大量从事农业劳动的人口。

表5 2011年江西各地区工业化与城镇化协调发展情况对比

地区	I(%)	N(%)	U(%)	IU	NU
全国	29.5	65.2	51.27	0.575835	1.271699
全省	30.1	65.6	45.70	0.658643	1.435449
南昌市	28.7	71.6	67.24	0.427394	1.236168
景德镇市	34.5	71.6	57.96	0.595826	1.236168
萍乡市	45.1	75.6	60.77	0.742942	1.244122
九江市	31.2	65.6	44.38	0.702171	1.478339
新余市	33.1	61.3	63.58	0.520604	0.963735
鹰潭市	27.4	61.9	49.44	0.554078	1.251984
赣州市	31.3	61.1	39.34	0.795995	1.553217
吉安市	23.8	52.5	39.62	0.601968	1.325662
宜春市	28.1	60.2	38.19	0.73563	1.576386
抚州市	20.7	57.4	38.82	0.53337	1.479897
上饶市	35.7	68.2	41.74	0.854966	1.633561

①数据来源：根据《江西统计年鉴2012》计算整理所得

②I为第二产业就业人员总数占总就业人员数之比

5.江西工业化与城镇化关系的变动趋势分析

从表6可知，城镇化率变化上升最快的时期是1990年至2010年。其中，1990年至2000年间产值工业化率几乎没有变化，但产值非农化率却由59%上升为75.2%，上升16.2个百分点，就业结构非农产业就业比率由34.3%上升为53.4%，上升19.1个百分点，第二产业就业比上升4.1个百分点，拉动城镇化率上升7.34个百分点，城镇化发展主要靠第三产业拉动，但力度不算太大。2000年至2010年间，产值工业化率由27.2%上升为45.4%，上升18.2个百分点，产值非农化率上升12个百分点，就业结构非农产业就业比由53.4%上升为64.4%，上升11个百分点，第二产业就业比上升5.2个百分点，拉动城镇化率上升16.73个百分点，城镇化飞速发展。说明江西省还处于工业化快速推动城镇化发展时期。

表6 江西工业化与城镇化关系的变动趋势

年份	GDP结构变化(%)		就业结构变化(%)		城镇化率变化(%)
	工业	非农产业	第二产业	非农产业	
1978	26.6	58.4	13.0	22.8	16.75
1980	27.8	56.4	12.3	22.3	18.79
1990	27.2	59	20.3	34.3	20.35
2000	27.2	75.2	24.4	53.4	27.69
2005	35.9	82.1	27.2	60.1	37.10
2009	41.8	85.6	29.0	63.5	43.18
2010	45.4	87.2	29.6	64.4	44.06

①数据来源：根据《江西统计年鉴2011》计算整理所得

②就业结构变化中，因没有工业就业数据以第二产业数据替代

(二)江西工业化与城镇化互动协调发展存在的问题及原因分析

1.工业化城镇化发展面临较大的资源环境压力

西方国家在工业化城镇化发展过程中，走的是一条先发展污染后治理提高的道路，但现在我们却不能也不允许走这样一条老路。江西正处于工业化中期发展、城镇化快速推进的阶段，重化工业占比高，对资源和环境承载形成较大的压力。江西省一次性能源短缺，大宗矿产资源贫乏，能源资源约束较明显，再加上少数地方发展方式粗放，污染物排放超过环境容量，致使经济发展与资源保障、环境保护的矛盾日益凸显，工业化城镇化的质量

面临一定的挑战。

2.区域发展的不平衡影响了江西工业化和城镇化发展的整体水平

江西以浙赣线为界，浙赣线以北地区经济发达，2011 年地区生产总值约占全省的 73%。在城镇空间布局上，也呈现出北密南稀的格局，全省 22 座城市中，浙赣线以北地区有 17 座城市，以南地区只有 5 座城市。这也造成江西工业化与城镇化发展过程中，出现较明显的北部地区无论是工业化、非农化还是城镇化率都高于南部地区的局面。南部地区的赣州、吉安和抚州三市 2011 年的非农化率和城镇化率分别位于全省的倒数第四、第一、第二和倒数第三、第四和第二，严重影响了江西工业化和城镇化发展的整体水平。

3.产业结构不尽合理阻碍了城镇化发展

钱纳里和赛尔奎因在研究各个国家经济结构转变的趋势时，曾概括了工业化与城市化关系的一般变动模式：随着人均收入水平的上升，工业化的演进导致产业结构的转变，带动了城市化发展。诺瑟姆在大量研究世界各国城市化发展历史进程中发现，城市化发展进程呈现"S"形曲线，大致要经历初期、中期和后期三个阶段。其中中期阶段是指城市人口占总人口的比重在 30%–70%之间，这一阶段城市化水平快速发展，主要的动力机制来自于工业化的带动，第三产业对城市化的拉动作用也很明显。江西 2011 年城镇化水平达到 45.7%，正处于城镇化快速发展时期，但江西的产业结构却不尽合理，产业结构比为 11.9:54.6:33.5，而全国的产业结构比为 10.1:46.8:43.1，很明显与全国相比，江西省农业占比较重，而第三产业占比远低丁全国水平。

此外，在工业内部，江西工业结构比例也不尽合理，2011 年江西规模以上工业增加值轻重工业之比为 31.7:68.3，重工业在工业中的比重过重，可能会使资本向工业领域加快流动，同时使得单位资本带动就业的能力快速下降，不利于江西省农村富余劳动力转移和城镇化进程。

4.江西的城市建设尤其是城区面积过低制约了工业化和城镇化的发展

课题组在全省各地的调研中发现，土地已经成为制约江西工业化和城镇化发展的重要因素。而根据中国统计年鉴的相关数据可知，与全国和中部地区相比，江西确实存在城区面积过少，开发程度过低的现象；对已划为城区的区域，又存在开发过度，可持续发展的空间有限，城市人口密度过高的情况。如表7所示，江西区域面积与中部地区各省大抵相当，但从城区面积占土地调查面积之比来看江西只占全国平均水平的59%，在中部地区不到其他省份的一半，不到湖北的1/4。与此同时，江西城市人口密度是全国平均水平的2倍，除河南外，是其他中部省份的2倍，建成区占城区面积之比和城市建设用地占城区面积之比都远高于全国平均水平及除河南外中部其他省份水平。因此，江西很有必要扩充城区面积，以促进工业化和城镇化同步快速发展。

表7　2011年中部地区城市建设情况

地区	土地调查面积(万平方公里)	城区面积(平方公里)	建成区面积(平方公里)	城市建设用地面积(平方公里)	城市人口密度(人/平方公里)	城区面积占土地调查面积之比(%)	建成区占城区面积之比(%)	城市建设用地占城区面积之比(%)
全　国	960	183618.0	43603.2	41860.6	2228	1.91	23.75	22.8
山　西	15.7	3400.8	956.9	878.4	2977	2.17	28.14	25.83
安　徽	14.0	5572.9	1597.7	1565.0	2265	3.98	28.67	28.08
江　西	16.7	1890.7	1019.9	986.4	4527	1.13	53.94	52.17
河　南	16.6	4213.7	2098.1	2019.3	5124	2.55	49.79	47.92
湖　北	18.6	9049.2	1811.6	2042.6	1969	4.87	20.02	22.57
湖　南	21.2	4602.4	1408.0	1474.9	2908	2.17	30.59	32.05

①数据来源：根据《中国统计年鉴2012》中的数据计算整理所得

②土地调查面积为2008年数据

5.工业园区的发展没能很好带动城镇化的快速发展

江西省自1991年建立南昌高新技术产业开发区，拉开了工业园区发展的序幕，进入21世纪，工业园区建设速度明显加快。目前，全省共有94个省级以上工业园区，初步形成了以国家级开发区为龙头、省级工业园区为基础的多层次、多功能发展格局。工业园区的建设为江西工业化发展做出了巨大的贡献,但课题组在工业园区的实地调研发现,江西省工业园区与市民居住区存在二元分割的现象,工业园区的基本公共服务配套如医院、学校、交通等都较薄弱,较难吸引市民前往居住。同时,工业园区用工主要是使用本地农民工,这些工人白天在工厂上班,晚上回农村老家休息,也就是说,他们虽然已经从事非农劳动,但在人口登记上还是属于农业人口,并没有很好地带动城镇化率的提高。

6. 城市住房保障供应不足和不完整的社会保障制度阻碍了城镇化的进程

以往的大量研究认为,户籍以及附着其上的就业、教育、住房、医疗、福利等方面的制度是阻碍农民市民化的重要制度障碍。我们经过调研发现,这些制度因素时至今日仍是阻碍城镇化进程的重要原因,只不过影响程度不同而已。随着我国改革开放不断深入,户籍管理已不像改革前那么严格,而且户籍的不同所形成的福利差距也没有以前那么大。改革开放前,农民没有土地,只是能在宅基地各自建房;而城市是高就业,且就业就管生老病死,户籍的差距特别明显。但现在城镇就业、商品住房市场化程度很高,基本没有户籍歧视,医疗和福利更多的是与单位挂钩,子女教育如果没有特别的学校要求差距也不会太大;而农民在农村不但可以有宅基地建房,还有土地保障。因此,当我们调研时询问在城市务工的农民工,“你们是不是愿意转换成城镇户口”时,有90%的农民工回答无所谓。但当我们问到“是否愿意在城市生活”,却有78%的人回答愿意,而不在城市定居的主要原因是买不起房,没有归属感。目前我国在住房保障制度上,既存有身份限制,农民工还不能申请经济适用房和廉租房,还存有对已经实现“农转非”的较低收入者覆盖不足的问题,使他们承担了较高的城市生活成本。此外,在社会保障方面,还存在城乡二元分割,农村的保障带不进城市,城市的保障带不回农村,使得农民工即使在城镇工作,也不愿意缴纳相关的社会保障,最终难以得到身份认同。

（三）推动江西工业化和城镇化互动协调发展的对策建议

1.强化工业在“两化”互动发展中的支撑作用，同时抓好节能降耗，走可持续发展道路

江西面临的主要矛盾还是发展不足，因此，在推进“两化”互动发展过程中，还是应该坚持加速推进工业化，以工业化带动城镇化发展。一是优化产业布局，注重区域分工协作，构建现代产业体系。根据“龙头昂起，两翼齐飞，苏区振兴，绿色崛起”的发展战略，依托两个国家战略、京九沪昆两大通道干线科学布局产业集聚区。二是努力发展战略性新兴产业和传统优势产业，推进产业转型升级。三是既要重视重大项目的支撑作用，又要重视小微企业的基础性地位。一方面要大力引进世界500强、大型国企央企入赣，争取国家项目支持；另一方面也要积极支持中小、微型企业发展。四是强化工业项目集中布局，鼓励发展当地经济，引导企业走产业集群的发展道路，以产业集群带动居住地集中和城镇发展。五是节约高效利用资源，努力降低排放，把好项目审批关，落实节能减排目标责任，努力实现工业化城镇化发展与生态保护双赢。

2.加快产业结构调整，强化产业结构非农化对就业结构非农化的带动作用

一是鼓励中小企业发展和适时适度地发展劳动密集型产业，避免过分强调高技术产业以及过度用资金密集型技术代替劳动密集型技术，从而抬高就业门槛。二是拓宽重化工业的发展渠道，鼓励重化工业企业加强对其产品的后期服务力度，提高重化工业接纳就业的比重。三是加快发展第三产业，进一步完善鼓励服务业的相关政策体系和环境，引导和鼓励更多的社会资源流向第三产业。既要发展好传统的生活服务业，更要重视如产品设计、市场咨询、金融、保险和技术服务等具有现代意义的作为中间投入品的生产服务业发展，提高服务业发展质量。

3.推动产城融合，助推工业化城镇化互动协调发展

一是在进行城市总体规划时应把各类产业园区纳入框架，实施园区与

城镇同步发展，捆绑规划和开放，将服务业作为融合剂推动产城融合，在大力引导制造业向园区集聚的同时，合理引导相关的服务业集聚，从产业集聚布局、产业新城两个方面推进产城互动融合发展。二是对现有的产业园区要努力推进生产生活服务设施建设，鼓励开发商入区兴建各类居民住宅小区，政府要在学校、医院、交通等建设上加大投入布局，努力实现产业园区化、园区城镇化。

4.构建科学合理的城镇体系，助推工业化城镇化互动协调发展

一是发挥好大城市在区域经济发展和推进城镇化过程中的作用。支持南昌大都市区、赣州都市区、九江都市区发展，强化它们集聚全国乃至全球优质重大产业项目、优秀人才、资本等要素的能力，培育辐射能力强大的区域市场，增强对周边地区的扩散带动作用。二是优化城镇布局。一方面要促进大中小城市和小城镇协调发展，在做大做强南昌、赣州、九江"一核二心"的同时，对一些发展潜力大，竞争优势明显的小城市如乐平、贵溪、新建、樟树等市县，应进一步加大投资，使它们能较快地发展成为中等城市；另一方面也要适度协调区域城市布局，对浙赣线以南地区，适度增加城市布局，对产业发展较好、城市人口相对集中的城镇可以发展成为小城市。三是适度增加城市城区面积，强化其区域中心地位，增强与其他省份中小城市的竞争力，从而带动周边地区工业化城镇化发展。按照《江西省城镇体系规划（2012–2030）》中规划，2015 年全省城镇建设用地控制在 3320 平方公里左右，而根据表 7 中数据，江西2011 年城市建设用地才 986.4 平方公里，城市的中心地位不够明显。因此，可以采取要么将现有城市面积扩大，相应放松建设用地要求，要么将有条件的县镇改为市。四是以城市群建设为纽带，提升工业化城镇化水平。着力培育鄱阳湖生态城镇群，有序推进京九、沪昆沿线城镇带发展。

5.以加大城市住房保障和破除城乡社会保障壁垒改革为契机，推动工业化和城镇化同步发展

允许那些已经在城市长期就业和居住的农民工及其家庭成员在自愿基础上获得所在地城市的市民身份，并平等地享有和承担城市市民的权利

和义务，成为真正意义上的城市市民，尤其要强化这部分人的住房供应保障，使他们有市民归属感。破除城乡社会保障的转移壁垒，使进城务工人员自愿交纳社会保险，为他们随时转变身份扫除障碍，降低以后他们成为市民的政府成本。对设区市以下的市县应尽快完全放开户籍限制，对省会城市和设区市也应根据其环境等承载能力适度放开户籍限制，同时，加强“农转非”人员的技能培训，鼓励创业，落实他们该有的福利，完善公共服务体系建设，实现公共服务均衡化。

四、推动江西城镇化和农业现代化相互协调发展

现代意义上的城镇化强调的是一种新型的城镇化。新型城镇化的“新”就在于更加突出了以人为本的城镇化理念。它强调促进公共资源在城市与农村之间的合理配置，推动城乡公共服务均等化，全面提升城镇化质量和水平，走科学发展、集约高效、功能完善、环境友好、社会和谐、个性鲜明、城乡一体、大中小城市和小城镇协调发展的城镇化建设路子。

而现代农业也不是单就农业来谈农业现代化，它是要与新型工业化、新型城镇化相融合，与新型城镇化、新型工业化形成一个统一、协调的有机整体，从而能够互促共进，协调发展。它的“新”在于能够充分利用新型工业化、城镇化所带来的强大的技术和生产能力、信息优势，有效减少农村人口，推进适度规模经营、集约化标准化生产，提高农业效益；“新”在更加强调了重视民生健康、更加凸显粮食安全、突出农产品质量、重视农业综合生产能力提升，走的是又好又快的质量、效益兼顾的可持续发展之路。它们之间是相互联系、相互影响的，它们共同推动着经济不断向前发展。但是，不同国家或地区，不同发展时期、不同发展阶段，它们所处的地位、对经济发展所起的作用，相互间的影响并不完全相同。世界各国的发展经历表明，如果处理得好，两者间可能出现相互协调，良性互动，相互融合，整个经济发展就会呈现理想局面；反之，则可能出现发展失衡、不可持续的局面。因此，对它们的内涵、本质、特点进行探讨，并根据经济发展特点，结合江西地区

发展实际,对它们之间的关系进行深入研究,这对于增强对发展规律的认识和把握,从而为政府决策提供有效的参考依据具有非常重要的意义。

(一)城镇化与农业现代化协调发展的重要意义与关键所在

1.城镇化与农业现代化协调发展的重要意义

理想的城镇化与农业现代化之间是相互促进的。其中,城镇化能为农业现代化的发展提供诸多必要的支持:

一是城镇化能够吸纳大量农业剩余人口的转移,为农业适度规模经营提供条件。相关研究表明,只有当农村人口数量下降到只占总人口的25%以下时,农业的规模化经营才达到一定的水平,农业的科技水平才能有明显提高。2013年中央一号文件提出了适度规模经营的农业发展战略,但在人多地少的国情下,要发展适度规模经营,首先就需要城镇和工业能够吸引大量的农业剩余人口,从而才有条件使耕地转向少数更专业的农民手中,为农业实现规模化、专业化、机械化生产创造条件。

二是城镇化的发展,能为农业现代提供必要的设备、技术、设施和服务支持。城镇化和工业园区的发展,能为农业提供各类的机械设备,农业技术。城镇化的快速发展,也使得城镇的各类基础设施逐步在向农村靠近,城镇的许多公共服务也在不断向农业延伸,例如,技术、人才、信息等。

三是城镇化的发展,能带动农业的产业结构转型和升级。随着城镇化的规模不断扩大和发展,城镇对农产品的需求数量将越来越大,需求结构也将不断升级,这必将促进农业生产和加工结构的转型和升级,从而带动农业产业结构的升级和现代化的发展。

反过来,农业现代化也能够为城镇化的发展提供产品贡献、原料贡献、市场贡献、劳动力贡献等诸多作用。并且,随着农业现代化的发展,农民收入不断提高,城乡差距将进一步缩小,城乡之间的经济联系必将越来越紧密。农用机械设备的需求、农产品及生产资料的物流服务,农业生产的技术、咨询、服务等将为加强城乡经济联系创造越来越多的机遇和条件。

从国际经验来看,一些工业发达国家,如美国、日本等国,在工业化、城镇化进程中注重同步推进农业现代化,从而现代化的几个车轮能够协调前进,整个经济就比较顺利地转入了现代化。而有些国家,没有处理好几个现代化车轮之间协调前行的关系,尤其是没有处理好城镇化与农业现代化之间协调发展的关系,从而导致农业支撑不了城镇化,城镇消化不了农业剩余人口,造成城乡分割,社会动荡不安,现代化进程遭受挫折。在这方面,南美国家和印度等国所遭受的挫折尤其值得其他国家警惕。

从国内实践看,凡是农业发展得好的时期,农业支持工业和城镇发展的效果就比较好;相反,农业发展得不好的时期,农业对工业和城镇化发展就起不到应有的支撑作用,甚至成为城镇化发展的制约因素。

可见,城镇化与农业现代化二者如果发展得协调,那么它们就是相互促进的关系;如果二者发展得不相协调,那么它们就是相互掣肘的关系。如果不重视农业现代化的发展,仅仅依靠发展城镇化,那么不仅“三农”的落后境况难以改善,而且,最终城镇化也会受到拖累,整个经济也会受到影响。

2.城镇化与农业现代化协调发展的关键所在

从根本上来说,城镇化与农业现代化协调发展的关键在于平衡市民与农民的利益关系。因为按照西方经济学的基本假设,人总是倾向于在若干种选择中作出最佳选择。所以,如果城镇和农村二者能给市民和农民带来的综合收益相差太悬殊,就必然会出现人口大规模的单向流动。反之,就不会出现大规模的单向流动。可见,城镇化与农业现代化协调发展的关键是要平衡好市民与农民的利益关系。只有市民和农民的利益关系平衡了,城镇和农村的发展才能统筹起来,城镇和农村的发展也才能协调。否则,如果城镇的福利制度过于优越,则农村人口向往城镇而城镇会限制其流入;反之,如果农村福利制度优于城镇,则城镇就失去了对农村剩余人口的吸引力,甚至可能出现逆向流动的现象。

事实上,新中国成立以来,我国城镇和农村的福利制度一直相差悬殊。直至2004 年中央开始实施工业反哺农业、城市支持农村和“多予少取放活”的发展方针以前,国家对城镇的投入相对较大,而对农村的投入则相对较少,导致城乡差距不断拉大,城乡收入差距最大时达到 3.33:1。这种收入上的长期不均衡,正是城乡发展不协调、城乡两套制度综合利益不均衡的直接表现,同时,又是导致长期以来农村剩余人口大量单向流向城镇的最主要根源。

值得庆幸的是,自新农村建设以来,城乡差距开始逐步缩小,近几年来还连续出现了农业增速高于工业的景象。然而,虽然目前还远没出现,但仍需要防止由一个极端走向另一个极端。随着国家对农村投入力度的不断加大,城乡在基础设施、公共服务等方面的差距正在缩小,再加上对土地价值的上升预期等因素的影响,城乡的福利制度差别是否还像原来那么大?农村人口对城镇的向往度是否会出现递减?甚至,如果农村福利制度高于城镇福利制度,会不会出现城镇人口流入农村(尤其是城郊农村)的逆向流动现象呢?

努力从制度设计上,平衡好两套福利制度的利益关系,以保证城镇对农村人口的吸引力,又不至于导致出现太大的差别,是未来提高城乡统筹,促进城镇化与农村现代化协调发展的关键所在。

(二)江西城镇化与农业现代化发展的协调性分析

1.江西城镇化与农业现代化发展的协调性分析

(1)从纵向看——江西城镇化与农业现代化发展都较快

建国初期,江西的城镇化和农业现代化发展都相对缓慢。但是,自改革开放后,二者的发展就进入了快车道。城镇化进程方面,1949 年解放初,江西的城镇化率是9.5%,到 1978 年改革初期也才达到 16.75%。30 年只增长了 7.25%。而到 2011 年,城镇化率已经达到 45.7%(参见表 8),比改革初期增长了 38.45%,年均增长大于一个百分点。可见,改革后的 30 多年的发展速度远大改革前。按照世界城镇化进程的发展规律,当城镇化率处于 30%–70%之间时,城镇化正处于加速时期,江西目前正处于城镇化加速期的中间阶段。

在农业现代化进程方面, 据江西统计统计年鉴的有关数据显示,2011 年,江西农、林、牧、渔总产值由 1978 年的 492900 万元增加到了 22072655

万元，增长了43.78倍。农、林、牧、渔业商品率由1978年的35.7%上升到了72.2%，江西第一产业的比重由1978年的41.6%下降到11.9%，第一产业的从业人员比重由77.2%下降到34.4%，农业人口由85.56%下降到73.22%，初中及以上文化程度人口占63.72%，农、林、牧、渔业的科研人员达到30334人，占总科研人员的比重为4.28%，农用机械总动力达到4200.0万

表8　1978年－2011年江西城镇和乡村人口比重变化表

年份	城镇人口(%)	乡村人口(%)
1978	16.75	83.25
1980	18.79	18.79
1985	19.78	80.22
1990	20.35	79.65
1991	21.08	78.92
1992	21.82	78.18
1993	22.55	77.45
1994	23.29	76.71
1995	23.85	76.15
1996	24.58	75.42
1997	25.32	74.68
1998	26.05	73.95
1999	26.79	73.21
2000	27.69	72.31
2001	30.41	69.59
2002	32.2	67.8
2003	34.02	65.98
2004	35.58	64.42
2005	37.1	62.9
2006	38.68	61.32
2007	39.8	60.2
2008	41.36	58.64
2009	43.18	43.18
2010	44.06	55.94
2011	45.7	54.3

数据来源：《2012江西统计年鉴》

千瓦、当年实际机耕面积达到 2890.0 千公顷、农村用电量达到 773087 万千瓦时、蓄水工程 257408 座、有效灌溉面积达 1867.6 千公顷、旱涝保收面积 1508.3 千公顷。①2011 年江西省将继续加快推进农业现代化，全省粮食总产量将达到 405 亿斤，农民人均纯收入增长 11%左右。从这些指标数据可以看出，改革开放以来，尤其是近年来，江西省现代农业建设迈出了坚实步伐，总体上已经进入农业现代化的初步发展阶段。

（2）从横向看——江西城镇化与农业现代化发展的协调性有喜有忧。

①喜的是江西城乡差距一直小于全国平均水平。

从统计数据看，虽然自改革以来，江西的城镇居民收入一直都低于全国平均水平，但是，江西的农村居民家庭人均纯收入却并非完全如此，有些年份是超过了全国平均水平的，比如，1978 年改革初期，全国农村居民家庭人均纯收入只有 133.6 元，而江西却达到了 140.7 元。再如，2005 年也超过了全国平均水平（参见表 9）。而从城乡收入比来看，江西城乡居民之间的收入差距也一直都小于全国的平均水平，比如，2010 年全国城乡差距达到 3.23∶1 时，江西的城乡差距只有 2.67∶1。2011 年全国城乡差距略有下降，仍高达 3.13∶1，但江西的城乡差距缩小更多，为 2.54∶1。虽然江西的城乡差距离世界平均 1.5 倍左右的平均水平还有不小距离，但相对全国平均水平来说，城

表 9　1978 年以来江西与全国城乡居民收入比的对比情况

年　份	全国城镇居民家庭人均可支配收入(元)	全国农村居民家庭人均纯收入(元)	全国城乡居民收入比	江西城镇居民家庭人均可支配收入(元)	江西农村居民家庭人均纯收入(元)	江西城乡居民收入比
1978	343.4	133.6	2.57	305.36	140.7	2.17
2000	6280	2253.4	2.79	5103.6	2135.3	2.39
2005	10493	3254.9	2.79	8619.72	3265.53	2.64
2010	19109.4	5919	3.23	15481.12	5788.56	2.67
2011	21809.8	6977.3	3.13	17494.87	6891.63	2.54

数据来源：根据《2012 中国统计年鉴》和《2012 江西统计年鉴》相关数据整理而得。

①以上数据均来自《2012 江西统计年鉴》，有些是经过整理计算而得。

乡收入矛盾要缓和得多。这可能主要取决于两方面的因素:一方面是江西是农业大省,传统农业一直是其优势产业;另一方面也说明了江西的工业化与城镇化发展速度,相对于全国平均水平来说,增长得可能并不快。

②忧的是江西城乡人口流动的压力大于全国平均水平

从城乡流动人口规模来看,到 2011 年,尽管全国城镇化率达到了 51.26%,但如果仅计算拥有城镇户口的城镇化率,则城镇化率只有 36%,二者之间相差了 15.26 个百分点。其中,有 2.6 亿农民工,尽管他们已经走出了农村,长年在城市务工,但他们既脱离不了土地,又融不入城镇,成为“离不开农村,融不入城镇”的真正的“两栖人”。

就江西而言,1949 年全省总人口规模为 1314.04 万人,其中城镇人口 124.83 万人,城镇化率只有 9.5%。到 2011 年,江西总人口达到 4488.44 万人,其中,按城乡人口划分方法统计,城镇人口 2051.22 万人,城镇化率 45.7%。但如果按农业和非农业方法来划分人口则江西的非农业人口比重只有 26.78%,二者相差将近 19 个百分点,比全国平均水平高了 3 个多百分点。可见,江西省“两栖人”现象比全国平均水平要突出,人口流动的压力比全国平均水平要大。

忧中带喜的是,随着本省工业化和城镇化的发展,江西对“两栖人”的吸引力在增强,使愿意留在本省工作的农民工在逐年增加。有数据显示,2011 年江西外出务工农民人数达 780.2 万人,比上年增长 8.62%。其中,外出劳动力在省内就业有 211.3 万人,占外出劳动力人数的 27.08%,比上年提高 6.48 个百分点。这凸显出江西在化解这种流动人口的压力方面开始逐步取得了一些成效。

2.江西城镇化与农业现代化发展不协调的原因分析

由于城乡实施两套不同的制度,这在全国都是一样的政策,因而,导致城乡发展不协调的原因,江西与全国一样,具有很大的普遍性。另外,江西作为一个传统的农业大省,工业基础一直相对薄弱,这导致江西在解决农业剩余劳动力等方面,又与其他地区,尤其是发达地区有明显的不同,这又凸显出江西的一些特殊性。总结导致江西城镇化与农业现代化发展不协调

的原因,大致有以下几点:

(1)城乡两套制度的不相通。正是城乡之间的两套制度所导致的利益严重不平衡,才导致了大量的农村剩余人口走得出农村,但融不入城镇。究其深层原因,是由于20世纪50年代初期,国家为了实施优先发展重工业的战略,采取将全国资源集中于城镇和工业的措施,设计了城乡二套完全不同的制度,涉及户籍、土地、社会保障、劳动就业,以及公共服务诸多方面,人为地将城乡割裂开来。尽管当年作出这种决定,有当年的战略需要,但是,时至今日,这两套并不相通的体系,已经越来越阻碍了城乡的统筹与协调发展,表现在:

一是城乡不同的户籍制度造成了农村剩余劳动力的职业转移与身份转移的不一致,并增添了农民工进城的难度;

二是城乡不同的土地制度增添了城镇化过程中的政府与农民的利益冲突,增添了二者之间矛盾与纠纷,并使促进土地流转和农业的适度规模经营变得更加艰难;

三是城乡分割的社会保障制度一定程度上忽略了对农民的权益保护,尤其是进城农民的权益保护,也减缓了城乡社会保障走向统筹的步伐;

四是劳动就业以及社会公共服务方面的不均等造成了农民在就业中的不平等地位,以及城乡在诸多方面的差别。

(2)城乡投资支出的不均衡。新中国建立以来,由于长期以来形成的城乡统筹的行政体制与财政使用上的城市偏向,导致地方政府财政的支出和土地的增值主要用于城市建设和工业园区建设,农业基础设施建设及规划明显滞后。直到目前,我国城镇人口只是刚超过50%多一点,但是,社会在固定资产投资方面投给城镇的比重超过了80%。这种政策偏向人为拉大了城乡之间的差距。按三次产业来看,2010年,全国固定资产投资总额为278121.9亿元,其中,第一产业的投资为7923.1亿元,仅占投资总额的2.8%。2011年,全国固定资产投资总额为311485.1亿元,投资于第一产业的金额为8757.8亿元,所占比重仍维持在2.8%。

尽管江西是一个农业大省,但是,政府对农业的投资比重并不比全国平均水平高，甚至有的年份还略低一点。2010 年，江西全社会固定投资总额为 71646250 万元，但投入第一产业的金额仅为 2188778 万元，占投资总额的 3%。2011 年，这两个数字分别为 90875985 万元和 2350877 万元，所占比重却下降到 2.6%。在中部地区，江西也仅是比安徽要高，而低于山西、湖北、湖南、河南这几个省份(参见表 10)。

表 10　2011 年中部六省按主要行业分的全社会固定资产投资情况

省份	山 西	安 徽	江 西	湖 北	湖 南	河 南
全社会固定资产投资总额①	7073.061	12455.69	9087.599	12557.34	11880.92	17768.95
投资于第一产业的金额②	271.2048	256.3984	235.0877	339.2085	399.5889	720.8931
②÷①	0.038	0.021	0.026	0.027	0.034	0.041

资料来源：根据《中国统计年鉴—2012》相关数据整理计算而得。

(3)城乡要素流动的单向性。政府不仅对农村的投入少，而且由于价格及政府制度不公平、不完善等原因而导致大量的农村要素非常廉价地流向了城镇。据三农专家温铁军的估算，自新中国成立以来，国家通过工农产品价格“剪刀差”的方式从农民身上“剪去”了 1.5 万亿元；农民工通过进城作廉价劳动力(往往干的是“脏、乱、差”的活，工作超时现象非常普遍，而且很长时间内，多数农民工没有办理任何社会保险)为城镇经济发展积累资金达 11.6 万亿元；城镇在扩张的过程中侵占农民土地权益约 44235 亿元，上述三项合计约 17.3 万亿元。

在城乡要素的单向流动方面，江西的情况与全国是一样的。所不同的是，江西农村不仅支持了江西的城镇，还支持了全国的城镇。在 1959-1961 年的三年自然灾害中，江西是全国唯一粮食出口省份，在自身粮食紧张的情况下，外调粮食达 3 亿斤。在中国城镇化快速发展的过程中，江西又是劳务输出大省之一。目前，全省劳务输出达 780 万人之多，在外省务工的达 570 万人。可见，江西农村不仅对江西城镇，而且对全国城镇的发展都作出了巨大的贡献。

从表面上看，以上都是由于政策的强制性或是制度的不完善所致。从更深层次上看，其背后的原因很大程度上是政府官员的政绩考核导向所致。由于1994年财政分权改革后，我国官员的考核逐步形成了以GDP增长速度、地方财政收入增长、城镇就业水平、城镇建设速度规模等指标为主的评价机制。作为理性人的官员，当然想获得更多晋升机会，因而，在政府的投资等各种行为中偏重于发展城镇和工业。而最需要发展的农业反而被忽略了。以上是政策原因造成的要素单向流动，这是其一。

其二，还有城乡市场差异所导致的要素的单向流动。由于政府的这种长期的政策偏向，导致农村的金融、保险、教育、医疗等社会服务非常缺乏。因此，每年农民在外务工的收入，往往通过农村商业银行、邮政储蓄银行等金融系统逆向流入城镇，而不是农村。近年来，尽管国家大幅度增加了“三农”投入，但生产要素从农村流向城市远大于从城市流向农村，农村土地、资金等生产要素非农化快于农村人口非农化。

此外，条件好些的农民家庭，往往想方设法将子女送到城镇去读书，而毕业后很少重回农村工作。总之，种种市场因素，导致农村的资金、人才、优秀劳动力以及各种资源要素也在加速流出农村。

总之，由于政府政策偏向和市场差异这两大原因，一直以来，各种要素资源都呈现出农村向城镇的单向流动，导致城乡之间的利益严重不平衡，而这又进一步导致了城乡之间的发展不平衡。这种情形到新世纪国家开始大力度建设新农村时才开始有所减缓。

（三）推动江西城镇化与农业现代化相互协调的对策建议

1.逐步平衡城乡两套制度的利益差别

如前所述，我国现在有2.6亿的农民工走出了农村，但难以融入城镇，江西的流动人口压力还要高于全国平均水平。导致这一现象产生的原因主要是城乡的不同福利制度。目前，拥有农村户口意味着不仅拥有承包地、宅基地、林地等土地权益，而且还拥有农机补贴、良种补贴、粮食直补、农资综合补贴、退耕还林补助，等等。与城镇相关的福利则包括比农村更好的教育、社会保障、政策性住房、更高收入的就业机会、更好的公共设施和公共服务、生活方面的便利,等等。

本课题组认为,要真正解决城乡剩余人口自由流动的难题,从根本上看,关键是要缩小城乡两套福利制度的差别,使二者在经济社会等各方面的综合利益基本一致。理由是:只要城乡的福利制度不同,并且存在较大的差别,那么都将会出现一头向往,另头限制的情况。现在的情况是,农民向往城镇,城镇限制农民进城(无论是由于城镇自身的财政难以负担农民进城的增容成本,还是其他什么动机或原因,客观上是在设立了诸多限制农民进城的条件)。但是,如果随着国家对农村投入的进一步加大,农村与城镇在交通、通信、信息等方面的差距越来越小,农村的社会保障体系与城镇的差距也在不断缩小,再加上农村土地升值的因素,农村的福利制度能带来的实实在在的直接利益会更多。而另一方面,城镇土地属于国家所在,城镇居民没有像农民那样的宅基地的权益,也很难真正个人享受到城镇土地增值的直接利益。在这种情况下,农村的福利制度就有出现“反超”城镇的可能性。到那时,可能就不是农村人口向往城镇,而可能是反过来,城镇人口向住农村了。目前,在一些发达地区的城镇郊区已经出现了这种逆向流动的现象。

在目前,还比较难打通两套福利制度,使之走向统筹的情况下,则要从技术细节设计入手,尽量缩小两套福利制度的利益差别,使人口的流动不致呈现大规模的群体化趋势。这样,既可缩小短期内大规模流动所带来的社会波动,增强社会的稳定和谐,又可以保证长期内的动态均衡,防止将来人口流动规模的逆转。

2.将农村土地财产权作为城乡福利制度的“转换器”

从长期来看,要统筹城乡发展,就应当统筹城乡的制度,要在城乡的土地、教育、社会保险、公共服务等诸多方面进行制度系统的创新,逐步缩减二者的制度鸿沟,直至完全走向统筹一致,这样才能减少人口流动的难度和阻力。

从短期来看,首先就是要能找到促进城乡制度统筹的切入点或是“转换器”。目前的实际情况是，农村人口转入城镇，需要增加城镇的扩容和运行成本。中国发展研究基金会的研究报告估计，我国当前农民工市民化的人均成本约在10万元左右。当然，大、中、小城市和城镇，不同的规模，这个增容成本会有不同。总体来说，江西的增容成本要小于10万元。但无论如何，这都将增加政府的财政负担。

目前，不少地方看准了城乡土地制度的差异，在进行各种探索，盘活农民所拥有的土地财产权，作为融入城镇的“砝码”或“转换器”。尤其是浙江等沿海发达地区在这方面走在了前头。江西由于工业化相对落后，失地农民所引起社会矛盾没有沿海地区那么剧烈，再加上政府对农民土地的流转也比较慎重，因此，江西目前在这方面的探索并不多。

今后，随着城镇化的进一步发展，将农村土地财产权作为城乡福利制度的“转换器”这可能是化解城乡制度矛盾的很好的思路，但在实践中应当把握好两点：一是无论采取哪种创新方式，都必须保证农民的土地流出与获得城镇的社保和相对稳定的就业直接挂钩，以保证农民就业和生活的基本稳定；二是土地的流转与转换，要守住一条底线，即要尊重农民的交换自主权，不能搞强制。并且，土地财产的升值，要保证能真正流入农民手中，不能变成政府的第二财政。此外，土地的财产权不能全部以货币方式补偿，而应大部分转变成城镇社保资格、就业稳定、廉租房等的形式，这样，既减轻政府的直接现金流负担，又可保证农民工作生活的稳定。

3.对农村投入形成稳定的制度保障

从政府角度看，自新世纪以来，按照中央关于把基础设施建设和社会事业建设的重点转向农村的要求，国家对“三农”的投资力度不断加大，其中，2003至2012年，中央财政累计安排“三农”资金约6万亿元，并且呈现稳定的增长态势，农村在交通、通信、卫生、饮水等诸多方面都有了很大的改善。随着新农村建设的推进，江西用于“农林水务”方面的财政支出也增长很快，2009年、2010年、2011年分别为2034071万元、2323354万元、2879919万元，分别比上年增长了37.6%、14.2%、24%。占当年财政支出的比重分别为 13%、12.1%、11.4%。[①]这暴露了两个重要问题，一个是江西基数低；另一个是投入增速不稳定，虽然投入的绝对数在增加，但相对比重却反而减少了。可见，对“三农”的投入还没有形成制度保障。

从市场角度看，农村相对城市来讲，农业相对于工业、第三产业来讲，对投资还是缺乏吸引力。由于资本追逐利润的秉性，资本天然地要向回报较高的地区、行业、产业流动，这是无可厚非的。但这样，农业就将永远落后。要改变这种状况，政府就要加大对农业的投入或税利等多种政策的倾斜，以使投资农业能获得平均利润，甚至略高于平均利润。因此，政府要在创新土地流转，促进适度规模经营，培育和壮大新型农业生产经营组织等方面下功夫，以提高投资农业的回报水平，这样才能从根本上扭转生产要素只从农村单向流出的尴尬局面。

①根据《江西统计年鉴》相关数据，经过整理计算而得。

加快形成江西省政府主导、覆盖城乡、可持续的基本公共服务体系研究

李才平　李志强　凌学武　黄毅峰　陶国根

一、建立健全基本公共服务体系意义重大

向社会成员提供均等的基本公共服务，是现代政府的基本职责之一。党的十六届六中全会首次明确提出实现城乡基本公共服务均等化目标。经过党的十七大、十七届三中全会、十八大等重要会议的强调和部署，总体实现基本公共服务均等化已成为到2020年全面建成小康社会战略目标的重要内容。

基本公共服务体系是落实民生工程的最重要的抓手，也是衡量全面建成小康社会的重要标志。所谓基本公共服务，指建立在一定社会共识基础上，由政府主导提供的，与经济社会发展水平和阶段相适应，旨在保障全体公民生存和发展基本需求的公共服务。享有基本公共服务属于公民的权利，提供基本公共服务是政府的职责。基本公共服务范围，一般包括保障基本民生需求的教育、就业、社会保障、医疗卫生、计划生育、住房保障、文化体育等领域的公共服务，广义上还包括与人民生活环境紧密关联的交通、通信、公用设施、环境保护等领域的公共服务，以及保障安全需要的公共安全、消费安全和国防安全等领域的公共服务。基本公共服务体系，指由基本公共服务范围和标准、资源配置、管理运行、供给方式以及绩效评价等所构成的系统性、整体性的制度安排。

(一)建立健全公共服务体系是实现江西省与全国同步建成小康的前提和基础

改革开放三十多年来,江西广大干部群众坚定走中国特色社会主义道路的信念,坚持改革开放,不断开拓进取,经济社会各项事业取得明显进步,生活水平不断跃上新台阶,但同时,我们必须清醒地认识到,江西省作为欠发达省份的现状尚未得到根本性转变,特别是在公共服务领域,存在的问题仍不容忽视。现阶段江西省的基本公共服务还存在不均等现象,主要表现在:城乡之间基本公共服务供给不均等,农村基本公共服务水平远低于城市;社会成员之间享有的基本公共服务不均等,比较突出的是进城农民工享有的基本公共服务水平远低于城市户籍居民。随着我国社会主义市场经济的深入发展和社会转型、利益分化,社会矛盾逐渐增多,人们在工作和生活中面对的不确定性和风险不断加大,实现基本公共服务均等化、促进社会和谐的地位和作用日益突出。这要求我们深化认识、扎实工作,加快提高基本公共服务水平和均等化程度,为江西实现与全国同步建成小康社会打下坚实的基础。

(二)建立健全基本公共服务体系是中国特色社会主义的应有之义

构建基本公共服务体系是中国特色社会主义本质特征的集中体现,也是发展中国特色社会主义的重要部署。只有建立健全基本公共服务体系,才能真正提高人民生活水平,实现共同富裕,真正体现中国特色社会主义的本质。第一,体现了“五位一体”的总体部署。在“五位一体”的中国特色社会主义的总体建设格局中,经济建设是前提和基础,政治建设是保障和方向,文化建设是精神支柱(提供智力支持与软实力),生态文明建设是维护发展的硬环境,以基本公共服务体系为主要产品的社会建设则是根本落脚点。第二,体现了全面建成小康社会的要求。全面建成小康社会的核心思想,是建成一个惠及十几亿人口的小康社会,而不是少数人受益的社会,社会建设要为广大人民谋福祉,这就要求建立健全基本公共服务体系,着力解决关系人民群众切身利益的民生问题,保障人民群众的生活,促进人的全面发展。第三，体现了和谐社会建设的理念。建立健全基本公共服务体系，是实现和谐社会的基本要求和重要手段。这既要求在发展生产力的基础上，努力满足人民群众日益增长的物质文化需求，不断提高人民生活水平，使发展的成果惠及人民群众，又要求不断完善生产关系和分配关系，促进社会公平正义，实现共同富裕和社会的全面进步，在此基础上，才能建立起真正的和谐社会。

（三）建立健全基本公共服务体系是我国社会转型的现实所迫

改革开放以来的 30 多年，我国经济年平均增长率超过 9.5%，创造了巨大的物质财富的同时，大幅度提高了人民的生活水平。然而，这种以政绩为支撑的传统发展方式使得经济与社会领域的发展越来越不平衡，社会发展严重滞后于经济发展，引发了一系列社会问题，特别是民生问题突出，社会的差距甚至是“鸿沟”日益拉大。收入分配差距过大和公共产品供给不足成为当前社会普遍关注的两大焦点问题。这些问题解决不好，就可能出现一种“有增长无发展”、多数人分享不到改革发展成果的局面。必须坚持把保障和改善民生，建立健全基本公共服务体系，作为加快转变经济发展方式、促进科学发展的根本出发点和落脚点，推进基本公共服务均等化，使发展成果惠及全体人民。

（四）建立健全基本公共服务体系也是中国共产党的执政之要

历史和现实的经验反复证明，一个政党只有注重社会建设、切实解决关系民生的社会问题，才能赢得民心，巩固执政地位；不注重社会建设不关注民生，就会从根本上动摇政党执政的社会基础。1986 年秋，邓小平在接受美国哥伦比亚广播公司电视采访时说：“如果我们的政策导致两极分化，那么，我们就失败了；如果产生了什么新的资产阶级，那我们就真是走上邪路了。”加强社会建设，建立健全基本公共服务体系反映的是公共诉求，凝聚的是社情民意，关乎的是公共利益。近年来，我们党正是从科学发展观的高度注重以人为本和经济社会的协调发展，坚持“权为民所用、情为民所系、利为民所谋”,加快推进以改善民生为重点的社会建设,并通过一系列让利于民、惠及于民的举措赢得了人民群众的真心拥戴,使我们党的执政基础更加牢固。

二、江西省基本公共服务体系建设的现状及主要成就

2006年以来,全省上下在科学发展观的指导下,积极推进以保障民生为重点的社会建设,在经济持续快速健康发展基础上,覆盖城乡的基本公共服务体系建设取得了重大进展,基本公共服务的制度雏形已经形成,人民群众上学、就业、就医、住房、生活保障、文化体育生活等难点问题得到有效缓解。

(一)公共教育

2006年以来,江西省教育以改革创新为动力,以提升质量为中心,着力解决深层次的体制机制障碍,建立健全教育管理体制、办学体制、投入体制、资源配置运作机制、现代学校制度、教学制度、教师教育制度和学校用人管理制度,推动江西教育迈入蓬勃发展快车道。

1.公共教育财政投入持续增长

2006年到2012年,是江西省历史上公共教育投入最多的7年,为江西教育事业的持续健康发展的提供了重要保证。“十一五”时期,全省教育总投入达到1668亿元,比“十五”时期增长1.4倍,年均增长24%;2011年达到632亿元,比2010年的448亿元增加184亿元,增长41%,比2007年增长1.2倍,实现4年翻番。江西省财政性教育经费也快速增长:“十一五”时期,全省财政性教育经费达到1114亿元,比“十五”时期增长1.9倍,年均增长31%;2011年达到504亿元,占全省生产总值的4.35%,首次超过4%,比2010年的316亿元增加188亿元,增长59%,增长幅度列全国第三,比2008年增长1.3倍,实现3年翻番。2012年,全省财政教育支出达652亿元,占财政总收入的16%,财政性教育经费超过630亿元,占全省生产总值

的5.04%，顺利实现"16%"和"4%"两个教育投入目标，教育优先发展地位进一步巩固，教育保障水平明显提高。

2.公共教育事业蓬勃发展

首先，学前教育进一步受到重视。"十一五"以来，江西省非常重视幼儿教育事业，取得了较好的成绩。一是幼儿园建设规模不断扩大，基本满足了幼儿入园需求。2012 年全省幼儿园 10560 所，与 2006 年相比，全省幼儿园总数增加 4712 所，同比增长80.6%，较好地适应了每万人口入园幼儿66.5%的同期增长需求。二是入园幼儿不断增加，入园率不断提高。2012 年，全省入园幼儿 152.1 万人，比2006 年增加 71.5 万人，全省 3~6 岁儿童入园率比2006 年提高近 30 个百分点。

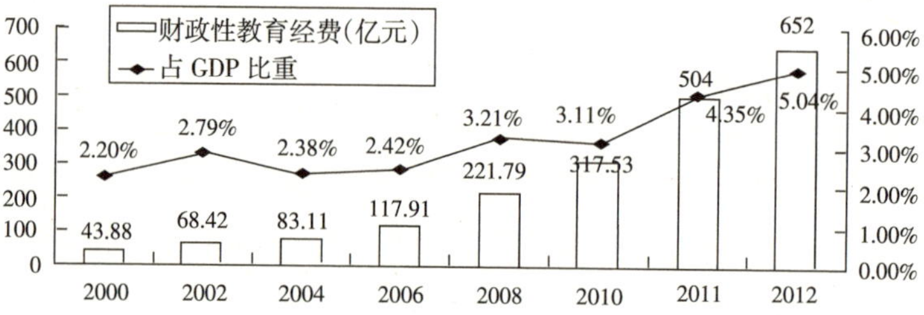

图 1　2000—2012 年江西财政性教育支出占 GDP 比重

表 1　2006—2012 江西幼儿园数量及入园幼儿数量情况

	幼儿园总数(所)	入园幼儿数(万人)
2006 年	5848	80.6
2007年	6245	88.2
2008年	6620	92.5
2009年		112.2
2010年		123.5
2011年	9431	145.5
2012年	10560	152.1

其次，全面完成普及九年义务教育和扫除青壮年文盲任务。2007 年江西省"两基"工作通过国家验收，2010 年"两基"人口覆盖率 100%。2012 年全省共有小学 11173 所，在校生 434.1 万人，普通初中学校(包括九年义务教

育制学校)2107所,在校生194.5万人。小学适龄儿童入学率达99.9%,比2006年提高0.3个百分点,辍学率控制在0.76%;初中阶段适龄人口入学率达99.2%,比2006年提高3.7个百分点,辍学率控制在1.85%。中小学校标准化建设稳步推进。在17个县市启动了学生营养餐试点。

表2 2006—2012江西小学适龄儿童入学率及初中适龄儿童入学率情况

	小学适龄儿童入学率	初中适龄儿童入学率
2006年	99.60%	95.50%
2007年	99.80%	97%
2008年	99.90%	97%
2009年	99.90%	98.80%
2010年	99.90%	98.70%
2011年	99.80%	98.30%
2012年	99.90%	99.20%

第三，高中阶段教育协调发展。一是普及率不断提高。2012年全省高中435所,高中阶段毛入学率达79.5%,比2005年的60.4%提高19.1个百分点;二是职业中学(包括普通中等专业学校、职业高中、技工学校和成人中等专业学校)教育规模持续增长,2011年全省职业中学563所,与2006年相比,增加13所,基本适应了每万人口在校生32.9%的同期增长需求。三是普通高中与中等职业教育朝着合理化方向发展。2011年全省高中段教育招生57.48万人,在校生152.08万人,其中,全省普通高中招生30.89万人,在校生78.35万人,全省中等职业教育招生数27.19万人,在校生73.73万人,两者比例大体相当,与2006年相比,普通高中与中等职业教育逐步保持协调发展。

(二)劳动就业服务

就业是民生之本，是建设社会主义和谐社会的基础。2006年以来,江西省委、省政府以科学发展观为指导,在保持国民经济持续稳定增长的同时,把稳定就业当作民生工程的头等大事来抓,千方百计地扩大和促进就业,全省就业工作取得显著成绩。

1.就业总量继续增长

近年来，江西加大了工业化和城市化发展力度，社会经济发展步伐不断加快，社会经济的良好发展态势为就业总量的扩大奠定了坚实的基础。2012 年末江西全社会就业人员总量达到 2556 万人，比 2006 年末增加 234.9 万人，增长 10.12%，其中城镇就业人员从 2006 年的 668 万人增长到 2012 年的 908.02 万人，六年净增 240.02 万人，增长 35.93%，六年来全省城镇累计新增就业 296.6 万人，累计转移农村富余劳动力 768.2 万人。由于江西省积极推进“新农村”建设，落实各项惠农政策，大力发展农村经济，乡镇企业和农村私营个体经济快速发展，乡村就业人员稳定增长，由 2005 年的 1638.75 万人增长到 2010 年的 1696.74 万人，五年净增 57.99 万人，增长 3.54%。城镇失业规模得到有效控制，城镇登记失业率从 2006 年的 3.64%下降到 2010 年的 3.30%。

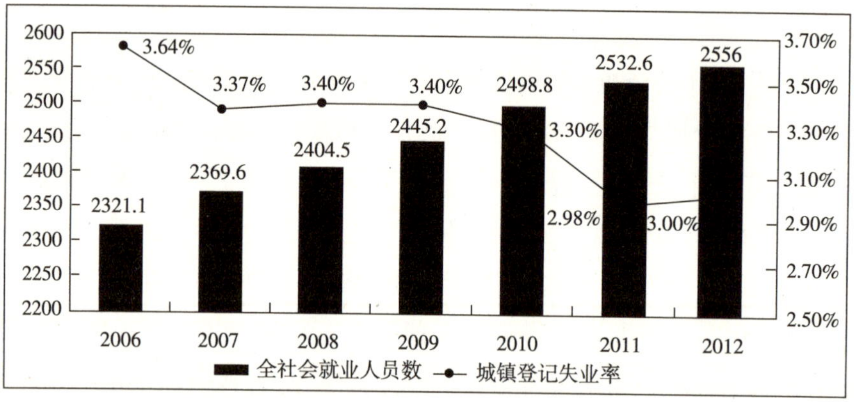

图 2　2006—2012 年江西全社会就业人员数及城镇登记失业率情况

2.实施更加积极的就业政策，全面提升就业服务和管理

近年来，江西省委、省政府先后出台了一系列扩大就业和促进就业的扶持政策，将城镇新增就业和控制失业率纳入了政府政绩考核的重要内容，完善了政府促进就业的考核体系。为帮助返乡创业人员解决资金不足的困难，江西省在 2002 年率先在全国实施小额信用担保贷款。2006 年以来，全省加大了小额贷款的发放力度，新增小额贷款始终保持全国领先，创业带动就业的成效明显，七年全省共累积发放小额贷款 299.81 亿元，直接

扶持个人创业80.84万人次,带动就业人数253.93万人次。江西也非常注重特殊群体的就业问题,把高校毕业生就业摆在就业工作首位,除了增加政府机关和事业单位的招考岗位外,还实施"三支一扶"和"大学生村官"等引导高校毕业生到基层服务和就业的专项计划。开展了未就业高校毕业生与用人单位、见习单位进行就业、见习、培训对接,建立了33216个高校毕业生职业见习基地,提高了高校未就业毕业生的就业率,2011年全省高校毕业生就业率达85.8%。开展国有企业改革转岗分流人员、就业困难群体与购买城乡基层公益性岗位对接,2006年至2012年间,全省"4050"人员实现再就业超42万人。

3.公共就业服务体系基本形成

进入"十一五"以来,江西进一步培育和发展劳动力市场,逐步形成以市场为导向,多种就业形式的就业服务体系。我省的公共就业服务体系已基本形成,形成了设区市有中心市场,县区有"一站式"服务平台、街道乡镇有服务网点的人力资源市场网络。到2011年,全省已经建立街道、乡镇工业园区劳动保障事务所1715所,社区劳动保障服务站1347个,市县各类创业示范园165个。逐步建立并完善了劳动者职业教育和技能培训体系,"十一五"以来,我省积极推进职业培训工作,从建立职业培训体系、扩大培训规模、加大培训资金投入、完善培训制度、提高劳动者就业素质和就业能力等方面制定了一系列政策措施,取得了显著成效。"十一五"期间,江西省用于职业培训补贴的资金达到5.9亿元,共完成农村劳动者实用技能和技能提升培训101.8万人,完成企业在职职工技能提升和转岗培训80万人。除农民工和企业职工外,全省还完成失业人员(包括登记失业大学生、退役士兵等)中短期技能培训89.1万人,新成长劳动力劳动预备制培训31.1万人,创业培训11.1万人,职业技能鉴定111.9万人。

(三)社会保险

社会保险是社会稳定的"减震器",是社会进步,经济发展的"安全网"。2006年以来,江西省委、省政府坚持以科学发展观为指导,把健全和完善覆盖城乡居民的社会保险体系当作民生工程的头等大事来抓，千方百计地发展社会保险事业，全省社会保险工作取得显著成绩。

1.基本养老保险

基本养老保险覆盖面不断扩大。2006年以来，江西省参加城镇职工基本养老保险的人数持续增长，截至2012年底，全省参加城镇职工基本养老保险的人数达707.37万人，较2006年底增加404.03万人，增长133%。江西省城乡居民养老保险从2009年起开始试点，新型农村养老保险最先启动，到2011年启动城镇居民社会养老保险。截至2012年9月底，江西省新型农村和城镇居民社会养老保险制度已覆盖全省100个县(市、区)，参保人数达到1524万，加上城镇职工养老保险，总计参保人数达到2212万，基本实现了城乡居民社会养老保险制度全覆盖。

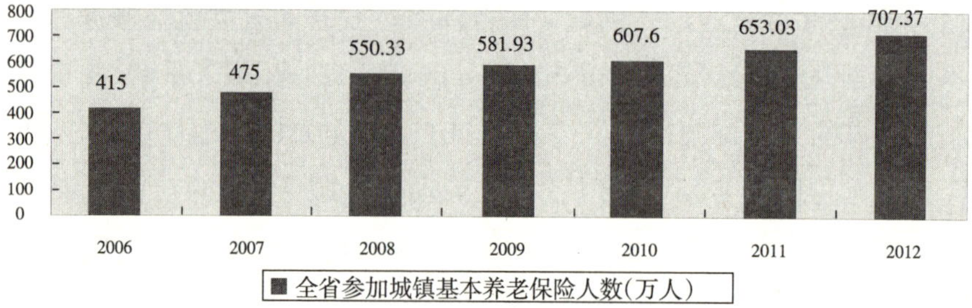

图3 2006—2012年江西省参加城镇基本养老保险人数变化情况

2.基本医疗保险

2006年以来，江西省参加基本医疗保险的人数持续增长，截至2012年底，全省参加城镇职工医疗保险人数为546.76万人，较2006年底增加233.46万人，增长74.5%；截至2012年底，全省开展新型农村合作医疗试点工作的县(市、区)达96个，比2006年增加了56个，农民参合率也由2006年的85.0%到实现农村人口全覆盖。2007年，江西省城镇居民基本医疗保险全面推开，到年底，全省参加城镇居民基本医疗保险人数达到339万人，覆盖率达到53%。之后城镇居民参保人数呈不断增长的趋势，截至2102年底，全省参加城镇居民医疗保险人数为891.79万人，较2007年底增加552.79万人，增长163%。

表 3　2006—2012 年江西全省参加基本医疗保险情况

	城镇职工医疗保险		新型农村合作医疗保		城镇居民医疗保险	
	参保人数（万人）	增速	参保人数（万人）	参合率	参保人数（万人）	增速
2006 年	313.34	13.2%	1221	85%		
2007年	403.42	28.7%	2493.3	87.5%	339	
2008年	503.2	24.7%	2930.2	91.3%	646.6	90.73%
2009年	515.12	2.4%	3068.9	95.19%	785.25	21.4%
2010年	532.13	3.3%	3144.95	96.62%	794.28	1.15%
2011年	535.85	0.7%	3238.76	97.81%	793.84	0.05%
2012年	546.76	2.04%	3293.35	98.1%	891.79	0.05%

3.工伤、失业和生育保险

2006 年以来，江西省工伤、失业和生育保险稳步发展。到 2012 年底，全省参加工伤保险人数为 410.9 万人，较 2006 年底增加了 203 万人，增长 97.64%，全年共征缴工伤保险基金 5.28 亿元，支付工伤保险基金 8.19 亿元，享受工伤保险待遇 5.4986 万人次。江西出台了《江西省实施〈失业保险条例〉办法》，明确失业保险基金结余部分可用于下岗失业人员再就业，通过统一缴费标准，拓宽筹资渠道，基金的承受能力大大增强，失业人员基本生活也得到有效保障。到 2012 年底，全省参加失业保险人数为 267.4 万人，较 2006 年底增加了 26.4 万人，增长 10.95%。截至 2012 年底，全省参

表 4　2006—2012 年江西全省参加失业、工伤和生育医疗保险情况

	失业保险		工伤保险		生育保险	
	参保人数（万人）	增速	参保人数（万人）	增速	参保人数（万人）	增速
2006 年	241	4.5%	207.9	35.3%	123.23	4.6%
2007年	251.46	4.3%	251.31	20.9%	137.75	11.8%
2008年	266.3	5.9%	313.62	24.8%	156.65	13.7%
2009年	275.47	3.4%	340.19	8.5%	162.99	4.1%
2010年	265.3	–3.7%	371.71	9.26%	169.97	4.28%
2011年	265.3	44.4%	387.93	4.36%	200.1	17.72%
2012年	410.9	7.3%	410.9	5.92%	204.15	2.03%

加生育保险人数 204.15 万人，较 2006 年底增加了 80.92 万人，增长 65.67%，全省征缴生育保险基金 1.62 亿元，支付生育保险基金 6694 万元，享受生育保险待遇人数 9154 人。

（四）基本医疗卫生

医疗卫生事关全民福祉。2006 年以来，全省卫生系统不断深化卫生体制改革，医疗卫生服务体系不断健全，医疗卫生服务能力全面提升，全省卫生事业发展取得显著成绩。

1.财政性卫生支出持续增长

“十一五”是政府投入卫生事业力度最大的时期，各级财政安排江西省卫生事业资金 283 亿元，其中中央财政安排 115 亿元，省级财政安排 98 亿元；政府卫生支出所占比重从 19.4%增加到 36.4%，个人卫生支出比重从 52.5%下降到 39.1%。从卫生经费构成的变动来看，政府承担的费用逐渐在增加，而个人承担的费用逐渐在下降。2012 年全省财政性医疗卫生支出更是突破了 200 亿元，是 2006 年的 7 倍多。

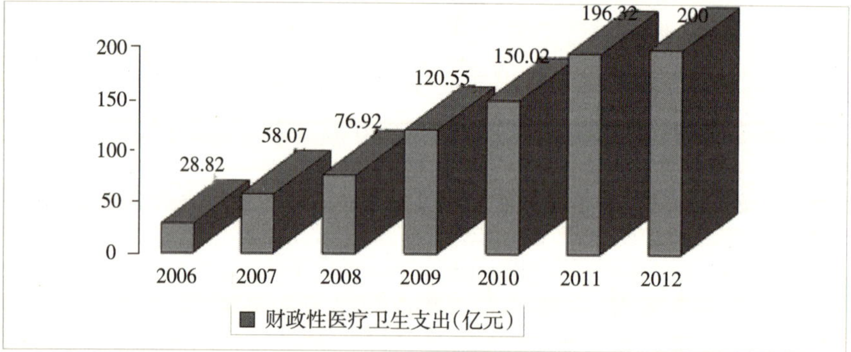

图 4　2006—2012 年江西财政医疗卫生支出变化情况

2.推进城乡基本医疗卫生服务能力建设

全省积极推进深化医药卫生体制改革，重点抓好推进基本医疗保障制度建设、实施国家基本药物制度、健全基层医疗卫生服务体系、促进基本公共卫生服务逐步均等化和开展公立医院改革试点五项工作。医改三年来，江西实施了一批重大公共卫生服务项目，统筹安排基本公共卫生服务经费、新农合及城镇基本医保支付资金、大病统筹补助经费和慈善机构捐赠等资金共30多亿元，从改善特殊困难群体健康状况入手，促进基本公共卫生服务逐步均等化，形成了以村卫生室为基础、乡镇卫生院和乡镇中心卫生院为支撑、县级医院为中心的基本医疗服务体系。截至2012年底，全省有各类医疗卫生机构39514个(含村卫生室)。其中，医院、卫生院2135个，妇幼保健院(所、站)112个，专科疾病防治院(所、站)112个，疾病预防控制中心147个，卫生监督所(中心)117个。

3.逐步有序推出医疗卫生领域的重大民生工程

健康是人全面发展的基础，涉及千家万户，直接关系人民群众的生活质量和幸福指数，是重大的民生问题。2009—2012年间，江西坚持从重大民生问题入手，先后在全省实施了"光明·微笑"工程、城乡儿童"两病"免费救治工程和尿毒症"免费血透"救治工程，取得了较为显著的社会效果，造福了一大批家庭，得到了广大群众的广泛赞誉和各级领导的充分肯定。截至2013年1月31日，全省累计收治儿童白血病503例、先天性心脏病6034例、白内障手术212827例、唇腭裂手术9126例、尿毒症免费血透救治患者10710人。2013年，江西在上述三大民生工程的基础上，再次决定在全省开展重性精神病免费救治工作，财政将投入3.82亿元，免费救治全省4.4万例贫困家庭重性精神疾病患者。

(五)人口计生

计划生育是我国的基本国策。近年来，江西坚持以计划生育服务和计划生育利益导向为重点，完善了人口和计划生育服务体系，全省人口与计划生育工作取得了显著成效。

1.人口计生财政投入稳步增长

计划生育是我国必须长期坚持的一项基本国策。人口和计划生育工作是政府履行社会管理和公共服务职能的重要组成部分。省委、省政府历来高度重视人口和计划生育事业，并根据《中共中央国务院关于全面加强人口和计划生育工作统筹解决人口问题的决定》的要求，明确了稳定低生育水平、统筹解决人口问题的目标和任务，就完善人口和计划生育工作的相关社会经济政策以及保障机制提出了明确要求。全省各地区、各有关部门认真贯彻落实中央文件精神，切实加大了财政投入力度。2012 年，全省人口计生财政投入达 227763 万元，比 2006 年的 77573 万元增加了 150190 万元，增长了 194%。2006 年至 2012 年，全省累计七年财政投入 1019825 万元，为江西人口计生事业的持续健康发展的提供了重要保障。

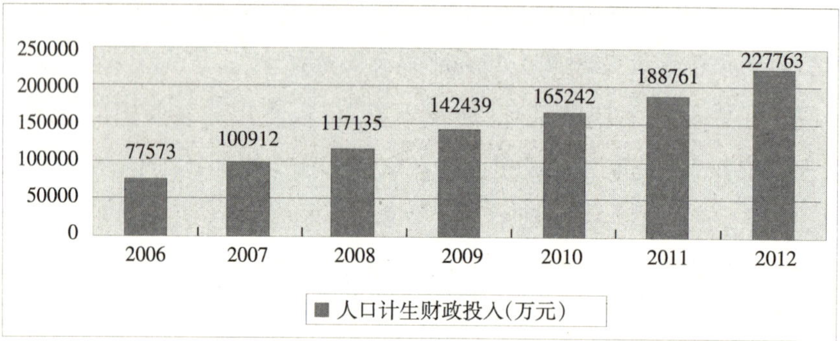

图 5　2006—2012 年江西人口计生财政投入变化情况

2.人口与计划生育公共服务体系日趋完善

江西坚持以科学发展观为指导，按照新时期人口计生工作的新要求，推进人口和计划生育公共服务体系建设，突出以人为本，以需求为导向，以市、县、乡、村级服务机构为阵地，以社区(村组)为依托，整合资源、突出特色，提高综合服务能力，充分发挥了人口和计划生育公共服务体系在公共服务中的职能和作用，为稳定低生育水平，统筹解决人口问题，促进人的全面发展和可持续发展提供基础保障。当前，“以县站为龙头，中心所为骨干，乡所为依托，村室为基础，流动服务车为纽带”的江西人口计生公共服务体系已经基本形成。据统计，截至 2012 年底，全省共有计划生育服务机构 1613 个，其中地市级计生服务中心 11 个，县(市、区)级计生服务站 109 个，乡镇级计生服务所 1494 个，服务机构技术业务用房总建筑面积 50.9 万平方米。全省 100%县级服务站、90%乡级服务所形象化、规范化建设已完成，评选出国家级示范站 11 个、示范所 50 个、省级示范站20 个、示范所 100 个。

3.人口计生事业繁荣发展

首先,治理出生人口性别比偏高问题取得重大进展。2009年以来,全省开展了以查处非医学需要的胎儿性别鉴定和选择性别的人工终止妊娠"两非"为重点的专项整治行动,并取得了较好效果。2012年全省出生人口性别比116.73,实现"六连降",自2000年以来首次下降到全国平均水平(117.7)以下。

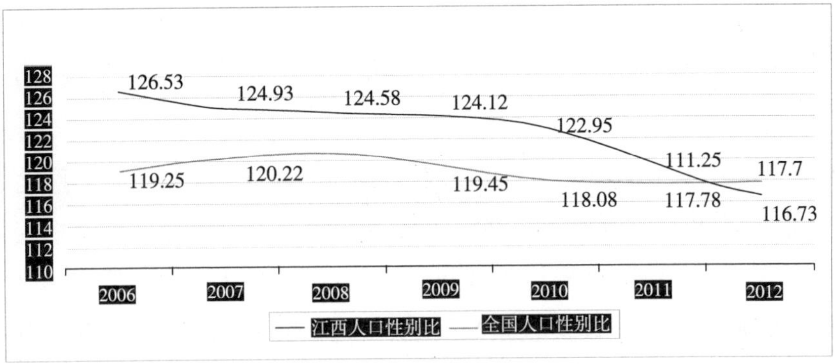

图6 2006—2012年江西人口性别比与全国人口性别比比较

其次,计划生育利益导向政策取得重大进展。提高了独生子女父母奖励费标准,由每人每月4元提高到20元;加大了对失独家庭的扶助力度,符合条件的失独家庭每人每月可领取150元到500元不等的特别扶助金;全面实施了计划生育"绿色养老"工程,全省共有24万个农村计划生育二女户家庭受益。全面实施了农村独生子女、二女户家庭子女中考加10分制度。实行阳光助学制度,对农村计划生育二女户家庭的女孩,就读高中期间给予每人每年补助1000元。

最后,免费孕前优生健康检查工作取得显著成效。2011年开始实施,2012年就实现试点工作全覆盖,目标人群参检率接近100%。2012年全省累计为41.3万人做了免费孕前优生健康检查,其中28935人检查后被确定为高风险人群,高风险检出率达到7%,有效预防和减少了缺陷儿的出生。

(六)住房保障

住房保障是民生的基本需求。江西省作为经济欠发达的中部省份,在保障性住房建设实践中,勇于探索,初步建立了一套富于创新、具有特色的住房保障政策体系。江西住房保障服务不仅极大改善了中低收入家庭的居住条件,而且大大提升了人民群众的幸福感和满意度,促进了社会和谐稳定。

1.住房保障支出逐年增长

江西虽属经济欠发达地区,财力不强,但全省上下一心,克服资金困难,目前已筹集900多亿元资金用于保障性安居工程建设。2008年至2011年,共争取国家补助资金116亿元。2009年以来,省级财政按照分级负责,足额配套原则,逐年增加配套补助资金,其中2009年5.9亿元,2010年11.9亿元,2011年14.5亿元,2012年18亿元,增长幅度、支持力度之大居全国前列。同时,省政府每年在中央代发行的地方政府债券资金中安排一定比例资金用于保障性安居工程建设,2011年、2012年均不低于30亿元。为解决保障性住房建设资金紧缺问题,江西省政府还搭建了省级融资平台,向银团融资用于廉租住房建设和城市棚户区改造,2011年向银团贷款130亿元,2012年继续利用银团贷款支持保障性住房建设,融资规模达110亿元。

2.住房保障事业加速发展

首先,保障性住房建设进程加快。在江西省委、省政府的高度重视下,近年来全省住房保障事业取得较快发展,保障性住房建设面积呈现出不断增长的趋势。2006年全省经济适用住房竣工面积74.5万平方米,廉租房受益人数19212户。2007年全省开工建设经济适用住房214.7万平方米,可解决2.9万户中低收入家庭居住困难,3.3万户困难群众享受到廉租住房保障。2008年全省新开工建设经济适用住房150万平方米,廉租住房133.2万平方米,受益户数分别新增2.14万户和2.66万户。2009年全省新开工建设经济适用住房137万平方米,廉租住房295万平方米,受益户数分别新增1.98万户和5.9万户。2010年全省建设廉租住房5.97万套、经济适用住房3533套,改造城市棚户区1344万平方米。2011年新开工建设保障性安居工程32.6万套,发放廉租住房租赁补贴16万户。2012年新开工建设保障性安居工程 30.4 万套，竣工 30.9 万套，发放廉租住房租赁补贴 16.8 万户。

其次，农村危房改造工程全面推进。农村危房改造作为保障性安居工程的重要组成部分，省委、省政府认真贯彻落实党中央、国务院关于扩大农村危房改造试点工作的部署，坚持不懈推动农村危房改造，努力改善农民居住条件。从 2009 年 6 月正式启动到 2012 年 12 月，江西省各级财政累计投入农村危房改造资金 36.125 亿元，共完成 30.4 万户农村危房改造任务，近 120 万农村困难群众住上安心房。

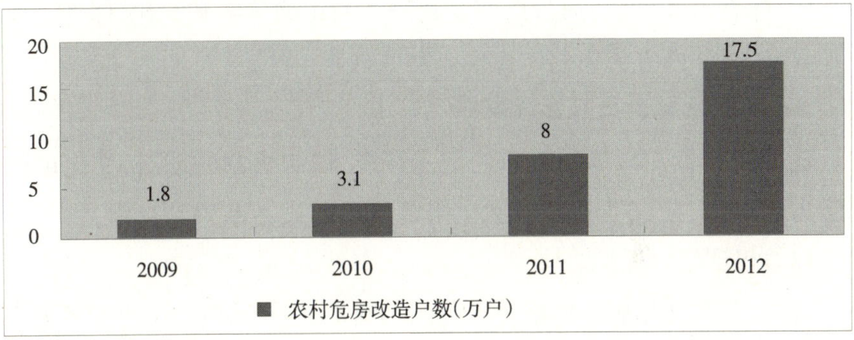

图 7　2006—2012 年江西完成农村危房改造户数情况

3.建立健全住房保障政策体系

江西省在住房保障实践的基础上，逐步建立健全了住房保障政策体系，省政府及相关部门先后制定出台了一系列指导性、针对性、可操作性强的政策文件。比如，为了科学选址，使保障房住户共享公共资源，我省规定：保障性住房要按照城市规划、住房建设规划确定选址，科学规划，合理布局，尽可能利用现有市政设施、交通设施和公共服务设施，方便住户工作生活，并同步做好小区内外市政配套设施建设。为加强建设资金筹集和管理，我省规定：各市、县要设立保障性安居工程建设资金专户，中央补助资金和省配套资金以及规定筹集渠道的资金，要及时足额进入专户，实行专户管理、专款专用。为做好保障房管理，江西省还规定：各市、县要做好调查居民家庭收入、住房现状、人口情况等基础性工作，认真抓好申请、审批、轮候、公示、分配、后续管理、退出等关键工作，保证过程公开透明、结果公正公平、群众放心满意等等。总之，江西省在保障性住房建设实践中，敢于创新、勇于探索，全省基本建立了类别齐全、结构合理、比例协调的保障性住房供应体系，初步形成了一套富于创新、具有江西特色的住房保障政策体系，建立了具有前瞻性、符合江西省情的保障性住房“三房合一、租售并举”新机制。

（七）公共文化体育

文化、体育工作是社会事业发展的重要方面，社会关注度广、民生涉及度高，是广大群众极为关心的两项工作。近年来，江西省委、省政府高度重视文化、体育事业发展，通过历届党政班子的正确领导和文化、体育工作者的不懈努力，江西省的文化体育事业发展迅速，成绩喜人。

1.公共文化服务体系日益健全

随着江西省文化体制改革的深入开展，体制机制的创新，文化单位内部活力的增强，使江西省公共文化服务体系建设不断得到加强，人民群众文化权益得到较好保障。

首先，公共文化服务网络覆盖范围不断扩大。近年来，江西省各级文化部门大力实施文化惠民工程，不断健全覆盖城乡的公共文化服务网络。截至 2012 年底，全省共有艺术表演团体 88 个，文化馆 103 个，公共图书馆 114 个，博物馆 108 个，农家书屋实现了村村有。广播电台 11 座，电视台 11 座。有线广播电视用户 539.8 万户，数字电视用户 323.0 万户。全省广播电视综合人口覆盖率分别达到 97.2%和 98.4%，分别比 2006 年提高 2.7 个百分点和 2.2 个百分点。全年出版各类报纸 75631 万份，各类期刊 7395 万册，图书 19694 万册，分别比 2006 年增加 9044 万份、1792 万份和 4354 万份。

其次，公共文化服务供给能力不断增强。近年来，江西省积极推进全民阅读活动，实施文化惠民工程，推动公共博物馆、纪念馆、美术馆、文化馆、图书馆、青少年宫、科技馆、群众艺术馆、基层文化活动中心免费开放，免费开放率达 98%以上。全省广泛开展群众喜闻乐见的公益性文化活动，丰富和活跃群众精神生活。2012 年，农村文化“三项活动”持续深入开展，全年送戏下乡 1 万余场，自办文化活动 5000 多场，服务基层群众 2000 多万人次。文化站组织文化活动 8200 多个，电影放映场次 27 万多场、观众人数达 5.7

亿人。继续打造鄱阳湖论坛、鄱阳湖国际生态文化节等文化活动品牌，提升红歌会品牌价值，增强江西公共文化的吸引力和影响力。

2.体育事业生机勃勃

全省体育战线坚持群众体育、竞技体育和体育产业协调发展的工作方针，突出重点，统筹全面，在服务大局中找准体育工作定位，成效显著，亮点纷呈。

首先，公共体育基础设施日益完善。"十一五"期间，全省体育场地建设投入资金近40亿元。省奥林匹克体育中心一期工程、瑶湖水上运动中心、南昌国际体育中心、南昌湾里射击中心陆续开工建设并完工。县级公共体育场馆建设全覆盖，消除了体育设施空白县。截至2012年底，全省共有全民健身中心7个，青少年俱乐部121个，晨晚练健身活动点7725个，乡镇体育健身工程182个，农民体育健身工程1377个，老区和贫困地区"雪炭工程"设施建设项目6个，大大缓解了群众健身场所紧张的问题。江西省全民健身活动广泛开展，健身意识不断加强，每年参加健身活动人数超2000万人次。

表5　2006—2012年江西公共体育基础设施建设情况

	全民健身中心	青少年俱乐部	晨晚炼健身活动点	农民体育健身工程	"雪炭工程"项目
2006年	4	73	>4000	400	9
2007年	4	81	>4000	737	9
2008年	5	81	4200	1398	9
2009年	6	93	5488	1912	12
2010年	7	100	6320	2470	15
2011年	7	121	9332		3
2012年	7	121	7725	1377	6

其次，初步建立覆盖城乡的全民健身公共服务体系。一是建立了一个覆盖城乡的多层次、多行业、多人群的社会体育组织网络。目前，各级老年

体协已达2.4万个，农民体协达到1400多个。二是加强了社会体育指导员队伍建设，指导群众文明锻炼、科学健身。据统计，全省社会体育指导员已达到18050人，其中国家级71人，一级1130人，二级6895人，三级9954人。三是建立了国民体质监测网络，各设区市及1/3的县(市、区)配置了测试器材，组建了测试工作队伍，全省有10.8万人次接受过国民体质测试。四是积极拓展青少年体育活动空间。国家和省彩票公益金共投入938万元，创建了36所国家级青少年体育俱乐部、7所国家级社区体育健身俱乐部、1个国家级青少年户外体育活动营地。五是大力开展全民健身示范活动。如已连办三届全民健身运动会，在全国影响非常大；颇具社会影响的"全民健身日"活动；农村"百乡千村"趣味运动会；全省"龙腾狮跃闹元宵"活动；自主创新的宜春农耕大赛等大型体育活动。通过广泛深入的宣传和健身示范活动，健身活动成为广大群众生活的一项重要内容。

三、江西省基本公共服务建设亟待解决的问题

党的十八大提出，要在改善民生和创新社会管理中加强社会建设，必须从维护广大人民根本利益的高度，加快健全基本公共服务体系。要多谋民生之利，多解民生之忧，解决好人民最关心最直接最现实的利益问题，在学有所教、劳有所得、病有所医、老有所养、住有所居上持续取得新进展，努力让人民过上更好生活。同时，由于江西省工业基础薄弱，农业人口众多，经济总量不大，城乡居民收入偏低，经济结构不优，产业层次不高、转变经济发展方式任务艰巨，制约科学发展的体制机制障碍依然不少，影响社会和谐稳定的因素仍然较多，这与人民群众要求分享改革发展成果的愿望存有较大差距。

近年来，江西省积极推进以保障民生为重点的社会建设，基本公共服务体系建设取得重大进展。但基本公共服务均等化进程还有待进一步推进，一些制约基本公共服务管理的体制机制问题依然存在，某些重点领域

的服务保障问题依然突出，还有许多亟待解决的问题。

(一)基本公共服务投入总量偏小，人均排名靠后

由于目前加快发展、做大经济总量依然是江西省发展的第一要务，在此发展理念下，政府财政资金主要投资于影响经济社会发展重大项目建设。2013年，按照江西省人民政府工作报告规划，今年全省将安排大中型建设项目1328个，总投资1.47万亿元，其中尤其要抓好重大产业项目建设，全年投资额度将达1900亿元。基于历史与现实的考虑，可以预见，江西省基本公共服务财政性资金投入屈从于经济建设的态势将在未来一段时间内难以改变。公共服务资金投入总量不足，财政性支出占公共服务投入资金比例偏低，对公共服务投入的增长速度落后于总体财政支出增长速度，公共服务发展速度落后于整体经济增长速度，基本公共服务的规模和质量难以满足人民群众日益增长的需求。2010年，江西省一般公共服务人均财政支出为1526元，与同期北京一般公共服务人均财政支出4655元相比，还不到北京市的32.7%。①尽管个别公共服务项目财政性投入比例达到甚至超过国家法定标准，但由于江西省经济总量较小的现实省情限制，其服务水平与全国平均水平还具有一定差距。

为了统计方便，本课题选取上海、北京作为东部发达省市代表，选取青海、甘肃作为西部欠发达省市代表，选取安徽作为中部省市代表。2011年，上海、北京、安徽、青海、甘肃和江西六省市基本公共服务资金投入总量分别为3053.06亿元、2850.18亿元、3071.04亿元、956.04亿元、1691.2亿元和2200.18亿元。②从绝对资金投入量看，江西省排在六省市第四位。

①罗旭：《改革完善我国基本公共服务供给制度问题探究》，载《理论导刊》2013年4期。

②由于数据统计口径的不一致，本文统计基本公共服务支出范围和项目主要选取于《2012年中华人民共和国统计年鉴》中地方政府一般财政预算支出列支项目。基本公共服务投入项目包括：教育、科学技术、文化体育与传播、社会保障和就业、医疗卫生、住房保障支出、公共服务支出。

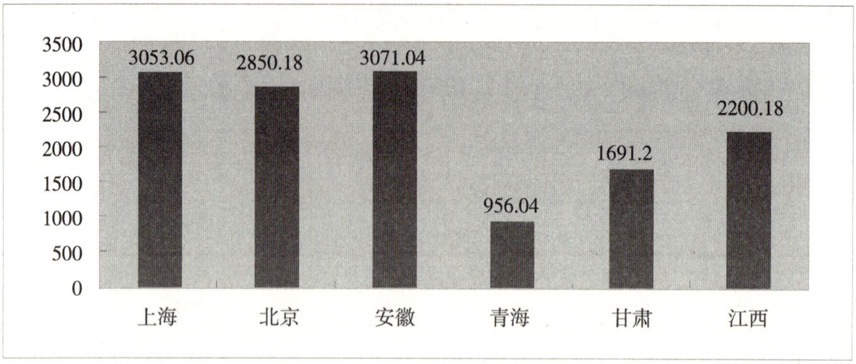

图8　六省市基本公共服务资金投入总量比较(单位:亿元)

但从六省市基本公共服务资金投入人均数来看,2011年江西省人均为4937元,仅比安徽省人均4822元高出2.4%,排在六省市第五名。江西省人均基本公共服务资金投入不仅远远低于北京上海等发达省份,也落后于西部甘肃、青海等西部省份。从比值上看,2011年江西基本公共服务资金投入人均数仅为上海、北京、青海、甘肃的37.2%、67.9%、29%、74.7%。

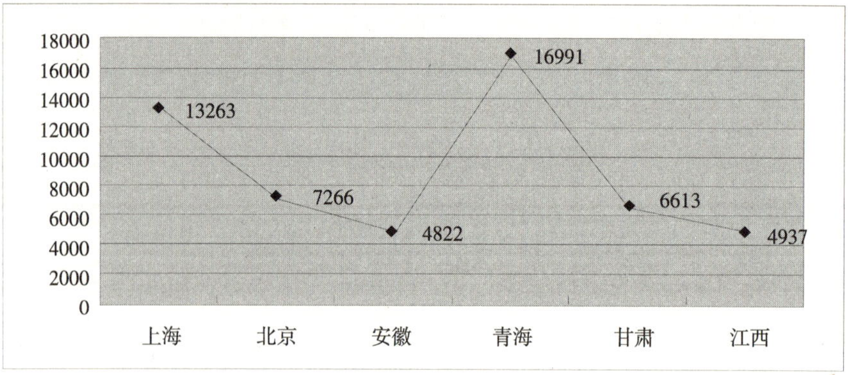

图9　六省市基本公共服务资金投入人均排名(单位:元)

(二)基本公共服务水平偏低,地区差异较大

基本公共服务是实现社会基本平等和稳定的基础,发挥着重要的社会矛盾"缓冲器"和"减压阀"作用。而且,公共服务是收入分配中最基本的公平对象,它可在任何群体间和个体间发挥着同一"起跑线"和"踏板"的作用。因此,加快推进基本公共服务均等化,缩小城乡公共服务二元结构,对

促进社会和谐,加快经济发展具有重要意义。但由于江西省公共服务投入总量不足,因此基本公共服务水平低。如2013年,江西省城市低保标准每人每月400元,补差水平每月240元;全省农村低保标准为每月200元,月人均补助水平为125元。而同期上海在2013年城镇和农村居民最低生活保障标准则将分别提高至每人每月640元和500元。尤其是在农村贫困地区以及针对部分社会弱势群体的基本公共服务尚未得到充分保障。

与此同时,基本公共服务城乡差距大。众多基本公共服务项目存在着救济标准低、救济款项不能按时发放等问题。基本社会保障制度还存在多重分割,包括由于城乡二元社会保障制度而导致的城乡分割;全国各省级、县级统筹之间的地区分割;城镇企业职工、机关事业单位职工、农民工等之间的社会人群分割。比如在农村,由于基础设施落后,严重制约农村经济发展,限制了农业产业化的空间布局,降低了农村抵御自然灾害风险的能力。农村基础教育承担着农村人力资源开发的重任,但城乡基础教育差距拉大,农村基础教育薄弱,直接影响我省农村人力资源结构与质量,导致农民公平受教育权的短缺。农村地区乡镇卫生院的硬、软件条件都不到位,缺乏专业技术人员,使农民难以享受新农合政策优惠。

除了城乡差距外,还有地区水平差距。以2010年为例,江西省基本公共服务[①]。支出占全省一般预算支出47.5%。该项比值最高的为赣州市和宜春市,达到57.4%,比值最低的为新余市,仅为33.1%,最高比值与最低比值相差达24.3%。各地级市教育支出比重最高为18.8%,最低为10.1%,两者相处达8.7%;医疗卫生支出比重最高为11.2%,比重最低为4.7%,两者相差6.5%(见图10、11、12)。而且各类基本公共服务项目之间发展也不平衡,公共教育和公共卫生服务的保障水平与增长速度要高于社会保障、公共安

①按照《江西省基本公共服务体系"十二五"规划》所列八项基本公共服务项目(公共教育、劳动就业服务、社会保险、基本社会服务、医疗卫生、人口计生、住房保障、公共文化体育),在《2011年江西省统计年鉴》中无法对应找到统计数据。因此,本课题组在此所列基本公共服务,只包括公共教育、社会保障和就业、医疗卫生、农林水事务。

全、环境保护等其他基本公共服务。

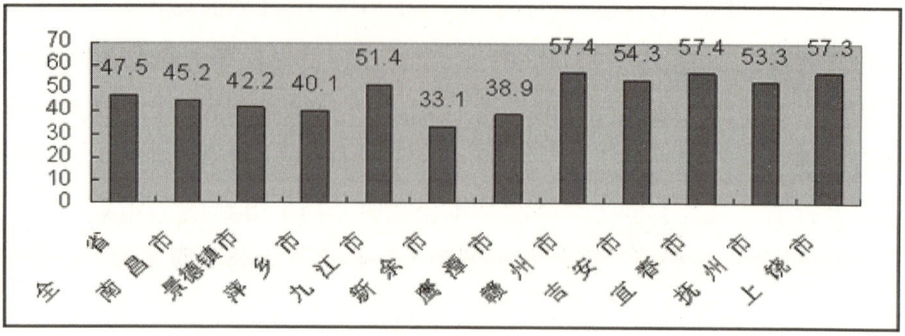

图10　2010年江西省基本公共服务支出占一般预算支出比重(%)

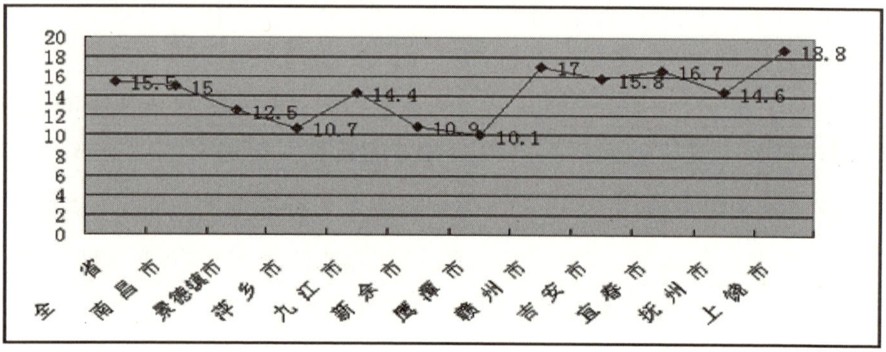

图11　2010年江西省地级市教育支出占一般预算支出比重(%)

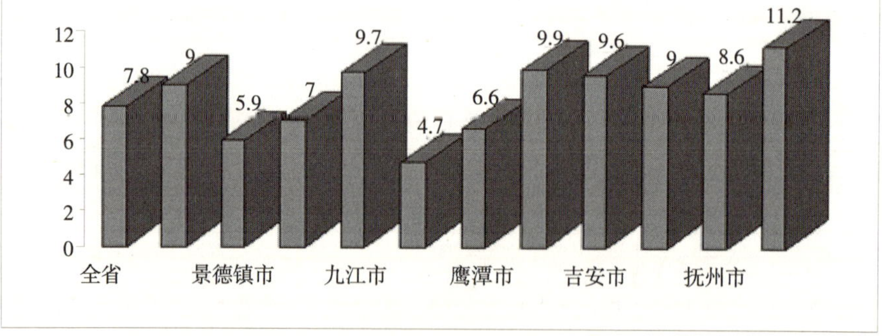

图12　2010年江西省地级市医疗卫生支出占一般预算支出的比重(%)

(三)基本公共服务人才总量增长缓慢,比例偏低

建立健全基本公共服务体系,促进基本公共服务均等化,必须拥有一支素质优良、专业技术精湛的人才队伍。在江西省,特别是在基层,公共服务方面的专业技术人才总量不足、年龄结构不合理、服务能力不强、人才流失率大等方面的问题尤其突出。

1.基本公共服务人才总量增长缓慢

2010年江西省地方企事业单位专业技术人员（包括工程技术人员、科学研究人员、农业技术人员、卫生技术人员、教学人员与其他公共服务类人员)共计695946人,在经历了9年的缓慢增长后,到2010年急速下滑。从2000年到2010年十年期间，江西省地方企事业单位专业技术人员总量增长仅有2416人,增长率仅为0.35%,而同期江西人口增长7.6%。可以判断,江西省公共服务类专业技术人员的增长速度远远低于同期人口增长速度,六大类公共服务人次总量不足的矛盾凸显。

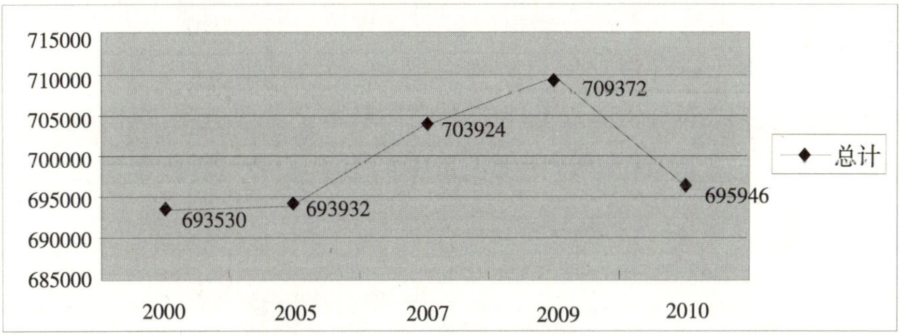

图13　江西省地方企事业单位专业技术人员总量走势图(单位:人)

农业技术人员是搞好农业生产的基本保障之一。江西省地方企事业单位专业技术人员中，农业技术人员增长缓慢尤为明显。自2007年到达20558人后,又出现了小幅下滑。截至2010年,农业技术人员总数为20391人,仅比2000年增加921人,增长率仅为4.7%。如果以2010年全省农业人口(24961820人)作为基数,那么全省平均1224个农业人口才拥有一名

农业专业技术人员。即便农业技术人员总量小,但其中一些年富力强的农技人员常常被抽调到乡镇政府去搞中心工作，应付各种各样的考核检查。而真正在岗的大部分是知识老化、技术单一、年龄偏大的农技人员。他们往往仅掌握传统粮食作物生产技术，对发展优势特色农作物的指导力不从心,信息采集和市场分析能力缺乏,难以有效指导特色农业发展。

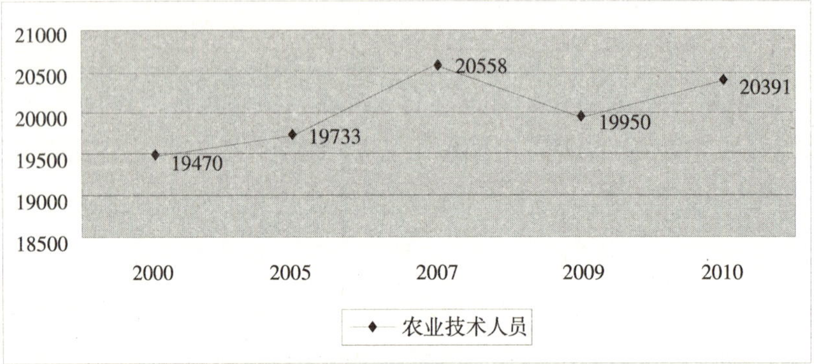

图 14　江西省 2000—2010 年地方企事业单位农业技术人员总量走势图

医疗卫生事业关乎着人民群众的身体健康，是一项重大的民生工程。当前江西省卫生医疗事业取得了显著成就,但同时也看到,当前公共卫生事业发展与人民群众的要求差距较大。从基本公共服务的人才角度分析,江西省地方企事业单位专业技术人员中的卫生技术人员数量增长与全省

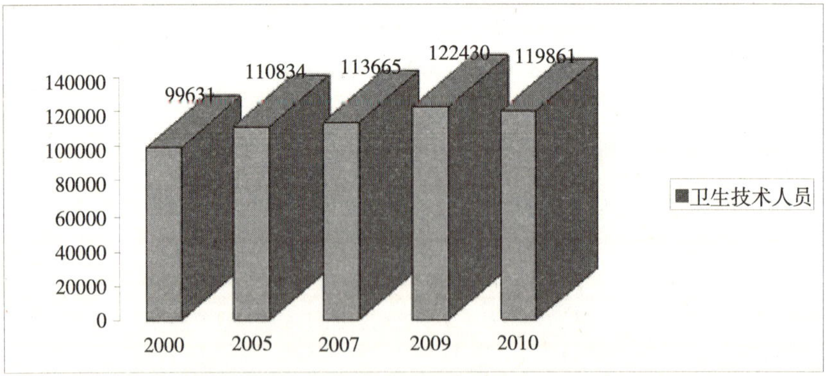

图 15　江西省 2000—2010 年地方企事业单位卫生技术人员总量走势图

经济社会发展走势不一致，卫生技术人员占全省总人口的比重逐步下滑。从2000年至2009年卫生技术人员逐年缓慢增长，但到2010年，出现负增长。2010年卫生技术人员总量比2009年减少2569人。

正是由于过去十年之中各类公共服务类专业技术人员增长缓慢，在部分行业领域甚至出现了负增长，这必然导致了各类公共服务类专业技术人员老龄化，人才的青黄不接现象严重。尽管各级政府加大公务员和事业单位招聘力度，为全省公共服务事业输送了新鲜血液，但由于基层工作艰苦、事业发展起点低、工资福利待遇与理想差距较大以及地域差异大，难以融入当地公共服务工作中等因素，一些高学历、年纪轻、专业技术精的年轻骨干纷纷离开原工作岗位。

2.基本公共服务人才比例偏低

正是由于基本公共服务类专业技术人员的增长赶不上人口的增长速度，这必然导致江西省各类基本公共服务人才人均拥有比例偏低。以每千人拥有的卫生人员数为例，每千人拥有卫生人员全国平均水平是4.58人，全国最高水平是北京，平均每千人拥有14.2个卫生人员。江西省每千人拥有卫生人员是3.49人，在全国各省市排名中位列倒数第四，仅比云南（3.31人）、贵州（2.68人）、安徽（3.16人）三个省份高，比西藏（3.57人）、青海（4.94人）、甘肃（3.88人）等西部省份还要低。即使与全国平均水平相比，江西也相差1.09人，约低于全国平均水平23.8%（参见图16）。

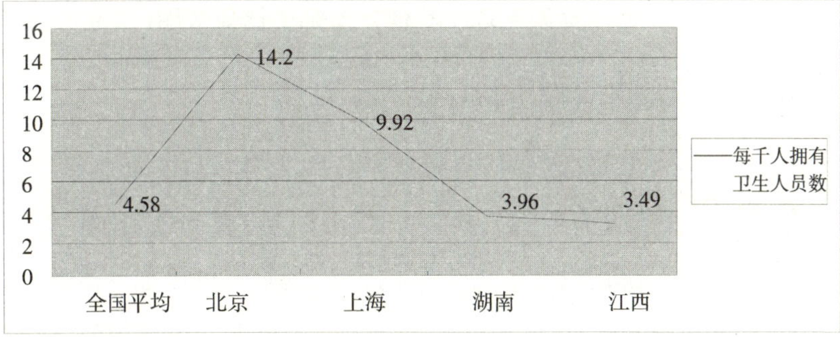

图16　2011年每千人拥有卫生人员数比较（%）

另外，在我国教育体制中，基础教育公平一直受到社会的广泛关注，因此，抓好基础教育，是实现教育公平的起点。而在校师生比是衡量一个地区教育公共服务水平的重要指标。本课题选取小学、初中、普通高中、职业高中、普通中专五个方面的基础教育阶段，分别把江西与全国平均、北京、上海、湖南等省份进行师生比比较。通过统计图表，可以总体判断江西省在五个基础教育阶段的师生比都高于全国平均水平及其他省份水平，除了湖南省普通中专师生比以外。在小学阶段，江西省小学师生比是 1 ∶ 21.25，排在全国倒数第二。云南、贵州、四川等省份小学阶段师生比都好于江西，并低于全国平均水平 20%。而且，还可以看到，江西在初中阶段、普通高中阶段、职业高中阶段及普通中专阶段的师生比不但高于全国平均水平，而且远远高于图表总所列的北京、上海、湖南等三个其他省份（参见图 17）。

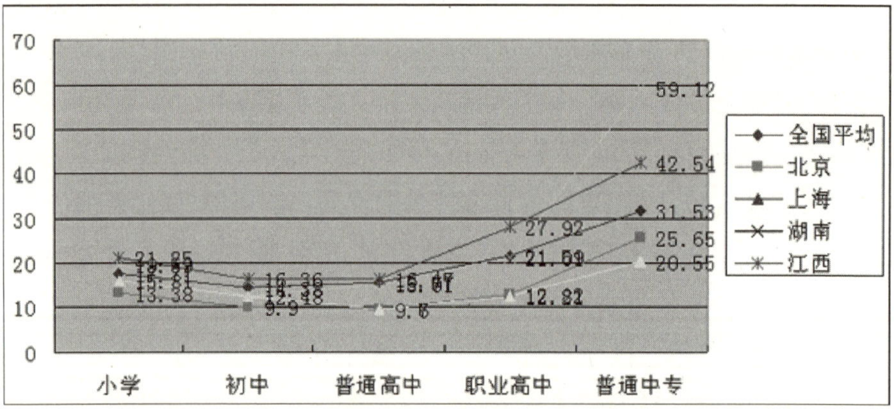

图 17　2011 年江西与全国平均及其他省市师生比比较图（单位：人）

（四）基本公共服务管理体制有待完善

在公共服务投入不足的同时，行政壁垒与权力分割极大地影响了公共服务投入的效益，这已成为我省公共服务体制中的重要问题。比如，江西省多数公共服务项目归部门管理，各个部门公共服务项目资金分散使用，使得乡镇基层公共服务项目建设遍地开花，像撒“胡椒面”，但建设资金、项目后续管理及政策配套等方面均不完善。再加上多数公共服务项目所需的县乡财政配套资金不能到位，最后的结果是要么降低项目服务水平或工程质量，要么借债或自筹资金完成。本课题组在调研和走访中，深刻体会到由于公共服务管理体制的不健全所导致公共服务供应不足、质量不高等问题。比如，农村集镇的城镇功能还不完善，普遍存在“脏乱差”问题，还算不上城市的“尾”，但却是农村的“头”。农村集镇自身没有公益设施建设投入的能力，又享受不到国家对农村相对集中的财政投入。伴随着现代化的进程，农村的萎缩是必然的，大多数自然村将自然消亡，从长远的角度看，农村基础设施建设资金过于分散，造成很大浪费。

正是这种应急性、二元化和碎片化的公共服务投入政策，大大限制了公共服务供给的公平性与均等化程度。政府各部门、各层级之间尚未形成规范的分工和问责机制，仍缺乏以多部门协调为导向的行政资源整合机制和以结果为导向的公共服务绩效管理与评估机制，这些都极大地影响了公共服务投入的效益最大化。尤其是基层公共服务对象缺乏对公共服务水平和项目的需求表达机制，缺乏公共服务管理体制的顶层设计，缺乏制度创新能力和有效的推广机制，监督问责不畅，这必然导致了江西省公共服务供给与需求之间的失衡，投入与产出效率较低，严重限制了公共服务体系的可持续性发展。

（五）基本公共服务供给制度亟待规范

一方面，社会资本进入公共服务项目投资的门槛壁垒高，缺乏公平有序的竞争环境与竞争机制。普遍表现为政府主导有余，社会力量参与不足。而且政府提供公共服务的手段、方式单一。江西省现有公共服务项目主要由政府按照“大包大揽”模式供给，像政府购买、特许经营、合同委托、服务外包、政策性协议配建等市场化程度较高的公共服务提供方式运用较少。社会力量和社会资本提供的基本公共服务在设立条件、资质认定、职业资格、职称评定、税收政策和政府购买等方面难以享有与政府承办的事业单位的平等身份。另一方面，由于基本公共服务（产品）本身具有非排他性和非竞争性，如果让以盈利为主要目的的企业来提供，就很难取得预期的经济收益，这也使得非政府组织和其他社会资本不愿意涉入其中。如果政府仅仅只在宏观政策层面上鼓励社会参与，但又没有制定相应的激励措施，社会参与公共服务提供的积极性将大打折扣。

四、加快形成江西省政府主导、覆盖城乡、可持续的基本公共服务体系

加快形成江西省政府主导、覆盖城乡、可持续基本公共服务体系是贯彻党的十八大精神的重要举措，是确保我省与全国同步建成小康的关键环节。建立健全基本公共服务体系，关键在于明确政府的主导角色，核心在于推进公共服务城乡均等化，目的是实现公共服务供给的可持续发展。

（一）突出政府在基本公共服务供给中的主导地位

执政为民，是政府的根本。为社会全体公民提供基本公共服务，既是政府的天职，也是政府的责任。伴随社会的不断发展，公众向政府提出的要求也不断增加，这就要求政府由原来的管理者转变为基本公共服务的供给者，政府职能要从经济领域逐渐转移到公共服务领域。为公众提供更多、更好的基本公共服务应成为政府的第一要务。

1.做好规划是前提

如何让江西省有限的公共服务资源得到有效利用，实现最大价值，满足江西省城乡居民的需求，做好供给规划是构建江西省基本公共服务体系首先需要解决的问题。当前江西省公共服务过程中的一个突出问题就是在公共服务资源总量不足的情况下，由于长期以来执行的以行政计划替代公众意愿，不能很好掌握和了解城乡居民的实际需要，导致公共服务供给规划与居民实际需求相脱节的情况，出现一些地方一些产品供给过剩，而另一些地方某些产品又严重供给不足。实际上，有效的公共服务体系，最关键的一点就是应以公众需求为出发点，以提高服务质量为己任，以公众满意度为最高标准，以对民众负责为崇高使命，使公共服务做到保障民权、尊重民意、关注民生、开发民智，建立以公众需求为导向的公共服务供给体制。政府提供什么样的公共服务，如何提供公共服务，应当听取民众的意见，让

民众参与基本公共服务规划。为此,必须培养民众的参与意识,开拓民众参与公共服务决策规划,建立民众公共服务需求的表达机制,引导他们积极参与公共服务决策方案的制定。比如有关部门在制定规划时,要充分结合当地的实际情况,决不能在办公室里拍脑门子做决定,必须深入基层进行调研,听取群众的意见;向有关专业部门咨询,听取专家的建议;把作出的初步规划方案向社会公布,征求群众的意见,接受群众的监督,不断加以完善。只有这样,政府的规划才能做到不浪费资源,同时有赢得老百姓的拥护,真正做到以民众需求为导向,实现有限资源的利益最大化,切实解决当前江西省城乡居民最急迫、最直接、最关心的问题,从整体上对江西省基本公共服务的项目定位、数量分配、地域安排等有一个合理可行的规划。

2.完善政策是根本

规划做好后的下一步工作就是把规划以政策的途径加以落实执行,显然,政府在政策制定中扮演着根本性的角色。首先,政府要履行好基本公共服务体系相关政策的制定者角色,利用科学合理的政策来组织和配置有限的公共服务资源。政府应把主要精力集中于基本公共服务的政策制定,为公众享有更多、更好的服务制定最佳方案,为公共服务有效供给提供良好的外部环境、体制机制和法律保障,不要将自己拴在具体公共服务供给上。政府必须学会让其他社会组织划桨,自己才能居高临下,去适应不断变化的社会环境,制定更切合实际的政策,有效地掌好舵。当然,并不意味政府对公共服务的供给过程撒手不管,而是要政府明确工作的重心所在。其次,政府在进行基本公共服务政策制定时要具体问题具体分析, 防止一刀切,全省一盘棋,要根据不同服务的性质,不同地区的特点制定切合实际的政策。比如说,对于纯公共服务,由于存在着搭便车的可能性,可以采取自上而下的决策模式;而对于准公共服务,自上而下的决策模式有可能偏离公众的偏好,产生无效率的结果,可以部分听取群众的意见;而对于与公众生活密切相关的准公共服务,该类公共服务由于具有不完全的非竞争性或非排他性,受益人数有限且边界相对清晰,外溢效果较小,公众一般不会隐瞒对该类公共服务的偏好,可以充分听取群众意见。最后,政府要履行好基本公共服务政策执行监督者角色，让政策能在具体的执行过程中不走样。为此需要强化对各级政府和各部门的基本公共服务行政问责，加强基本公共服务均等化绩效评估，制定基本公共服务均等化评价指标体系，做好年度评价工作；加强基本公共服务均等化工作考核，对各级政府和政府各部门“基本公共服务均等化行动计划”年度实施情况，每年进行督查评估，并分别纳入市县党政领导班子和领导干部政绩考核体系，和省政府一类目标责任制考核。

3.加大投入是保障

公共财政的基本职能是为社会提供公共服务，政府应从强制性的税收收入中进行公共服务提供的预算安排，提供私人因无利可图所不愿或无力提供的基本公共服务。要形成我省城乡均等化、可持续发展的基本公共服务体系的根本支撑点在于改革现有的投资型财政体制，创新公共服务型财政体制，加大对基本公共服务的财政投入。由于历史原因，我省现行的财政体制存在结构性缺陷，总体上说，还是一个经济投资型财政体制，公共服务投入占财政支出的比例较低，公益性投资项目中，教育、卫生、体育、文化、科技和社会保障等支出所占比例过小；公共财政把投入重点放在了城市，而忽略了农村。造成公共服务供给短缺和不均等，公共服务质量难以保证。为此，需要加快投资型财政体制向公共服务型财政体制的转轨，构建有效支撑政府全面履行公共服务职能的财政体制，建立与城乡一体化相适应的农村公共服务型财政体制。健全和完善公共服务型财政体制，还必须逐步提高公共服务支出在公共财政支出的比重和总量，并且努力做到经济性公共服务与社会性公共服务相协调。还要构建公共服务供给的融资机制。例如可以由政府和私人通过谈判的方式联合供给公共服务，这种公共服务通常可以通过清晰界定产权赋予私人部分收益权，或由私人提供政府补贴的方式。因此，建立以公共财政为主体的、动员社会各方面力量共同参与的公共服务融资体制是最终解决江西省公共服务供给短缺的一条重要出路。具体而言，要建立以公共事业为导向的公共财政支出体系，优化财政支出结构，健全财政支农资金稳定增长机制，使更多财政资金投向农村公共服务领域。同时,将过去各级政府的预算外资金、自筹资金和统筹资金全部纳入各级财政管理,增强各级政府的财政能力。其次,深化农村金融体制改革,建立多层次、广覆盖、可持续的农村金融支撑体系,逐步扩大农村基础设施建设和公共事业发展的稳定资金来源。最后,合理调整和改善财政支农资金的支出结构,加大在教育、卫生、就业再就业服务、社会保障、公共基础设施等方面的投入。总之,要从我省的实际情况出发,合理界定与调整各级政府在公共服务供给方面的财权与事权,有效实行转移支付,扩大公共服务的覆盖面,从而实现使人人都享有较高水平的基本公共服务的目标。

(二)着力推进城乡基本公共服务均等化

城乡基本公共服务均等化是统筹城乡发展的重要组成部分,要实现这一目标,就必须要从宏观政策取向上通过制度安排破除二元结构,缩小城乡差距;关注重点领域,推进均等供给;加大统筹力度,实现标准统一。

1.破除二元结构,缩小城乡差距

迄今为止,我省的公共服务体制的制度设计仍是坚持城乡分离的思路,按照民众的身份和地域来设计,而不是城乡一体化体制。比如说,医疗卫生、社会保障等就存在较大的城乡差别。从根本上说,这就是传统城乡二元结构体制的延续。因此,要实现城乡基本公共服务的均等化,首先需要打破这种二元结构体制,构建城乡一体化的基本公共服务体制。基本公共服务体系的目标不仅仅是让人人享有义务教育服务、享有医疗卫生服务、享有社会保障服务,更重要的是让人人平等地享有这种服务,也就是要实现“实现基本公共服务均等化”:让人们平等地享受基本公共服务,平等分享改革发展的成果。只有让大家平等分享社会进步和改革成果,才可能真正构建一个和谐的社会。当前造成我省基本公共服务城乡差距的原因是多方面的,但其中很重要的是城乡二元的基本公共服务结构。为此需要统筹兼顾,推动全省基本公共服务全覆盖。在加快全省经济发展的同时,适应城乡一体化发展新形势,加大以城带乡、城乡统筹工作力度,加快农村公共服务均等化建设,缩小城乡差距,实现均衡发展。目前,要让覆盖城乡的义务教育经费保障体系、医疗卫生服务体系、社会保障和救助体系、公共就业服务体系、城乡困难居民住房保障体系更加完善。要加快形成江西省覆盖城乡的基本公共服务体系，就必须从根本上改变现存的非公正性的城乡公共服务体系二元化体制，对全省基本公共服务做出一体化规划，制定一体化政策，逐步缩小由于二元化体制造成的固有差距，调整政府公共财政的支出政策，根据我省农村地区的公共服务现状，加大政策支持，增加资金投入力度，对一些重点领域、重点地区采取特殊政策，在较短时间内取得较大的改善，总体上确保公共财政用于农村基本公共服务的总量稳定增长，最终实现我省城乡基本公共服务均等化。

2.关注重点领域，推进均等供给

基本公共服务是涉及广大群众切身利益的重大民生问题，深入推进基本公共服务均等化，有助于进一步提高改善民生。基本公共服务的供给要按照“普及与提高并重、阶层与社会并行，全体公民人人有份、服务与发展基本适应”的工作思路，不断完善基本公共服务体系，全力推进不同地区、不同层次、不同身份的人群享有均等化的基本公共服务。实施我省基本公共服务均等化的重点领域包括：一是推进农村社区化服务与管理，提升农村基本公共服务水平。一段时期以来，有限的公共服务资源大多集中在城镇，偏远村庄的农村居民对公共服务的需求和期待日益迫切。探索建立农村社区服务中心，着力提高农村基本公共服务水平，加快推进基本公共服务均等化是当前的重要任务之一。建立以服务农村群众为目的的社区服务中心，将群众日常生产生活中需要帮助解决的问题集中办理，充分实现公共服务基层化、便利化，使公共服务深入基层群众，变理论为现实，让群众充分享受公共服务均等化的成果。二是以城中村改造为突破，提升针对“特殊人群”的基本公共服务水平。城市的发展与扩容，形成了一批身处城市、身属农民的“特殊人群”城中村居民，如何让他们享受到良好的公共服务，是推进基本公共服务均等化过程中的难点问题。在推进城镇化过程中，各级政府把加快城中村改造作为重大的民生工程，采取加大投入、政策扶持、土地开发新增收益返还等多种方式，积极改善这批居民的生活条件，通过加强公共服务配套设施建设，完善居民社会保障，提高他们的生活质量，实现基本公共服务的延伸和全覆盖。三是加强农村公共文化设施建设，满足农民的精神文化服务需求。高度重视基层公共文化设施建设，实施文化信息资源共享、广播电视"村村通"、社区和乡镇综合文化站、农村电影放映、农家书屋五大文化惠民工程，满足农村居民对文化生活的需求。四是统筹城乡社会事业发展，缩小城乡居民基本公共服务差距。立足于加快形成城乡经济社会发展一体化新格局，加大统筹城乡力度，加快农村就业、教育、卫生、社会保障等社会事业发展，扩大农村公共服务，努力缩小城乡差距。

3.加大统筹力度，实现标准统一

长期以来，城市实行的是政府主导型的公共服务供给制度，农村实行的是农民自保型的公共服务供给制度。提供公共服务是政府的重要职能，建立统筹城乡均等化的公共服务供给制度就是要变农村公共服务的制度外供给为制度内供给，让政府主要承担起农村公共服务的供给责任，让农民在公共服务的享用上获得市民待遇。一是应根本扭转重城轻乡的公共服务供给观念，实行城乡统筹，把农村公共服务供给真正有效地纳入到国家公共服务的制度安排中来。二是从存量和增量两个方面合理调整国民收入在城乡之间的分配格局，按照存量适度调整、增量重点倾斜的原则，增加对农村公共服务的投入。基于历史的原因和当前农村公共服务短缺的现状，要统筹城乡公共服务供给，就要逐步建立健全政府财力向农村倾斜的机制，扩大公共财政覆盖农村的范围和领域，按照"多予、少取、放活"的方针，逐步强化农村各项公共服务的供给。三是强化政府公共服务的供给职能，纯公共服务由政府直接提供，准公共服务可以考虑通过准市场机制，由社会其他行为主体来提供，政府负责制定规划，或进行扶持，并对其进行绩效评价和监督。在资金投入上，政府公共财政应占主体，但实行投资的多元化也是必要的，纯公共服务应由政府负担，接近纯公共服务的准公共服务，政府可承担70%左右；中间性准公共服务，政府可承担50%；接近私人产品的公共服务，政府可承担30%左右。另外，要重视和发展第三部门在农村公共服务供给中的作用，第三部门是主动提供公共服务的非政府组织和非营利组织的统称。政府应动员和组织社会力量,鼓励第三部门提供农村公共服务,以满足农村公共服务的需求。四是逐步实现城乡公共服务供给的统一政策、统一标准和统一待遇。

(三)构建可持续发展的体制机制

要加快形成江西省可持续发展的基本公共服务体系,离不开完善的制度保障和运行机制,为此需要做好以下几个方面:

1.健全法律监督机制,做到依法服务

健全的体制机制是实现江西省可持续发展的基本公共服务体系的重要保障。体制机制是实施和规范公共服务供给过程的必要手段,也是建设服务型政府的基本要求。只有在一个具有健全的体制机制保障环境下,才能降低公共服务供给成本和不确定性因素,保障供给主体和公众的共同利益,实现公共服务供给的良性运行。首先,公共服务是法治的服务而不是人治的服务。要加快江西省基本公共服务的相关立法,做到江西省基本公共服务体系有法可依。其次,以法律制度保障基本公共服务成为政府的一项基本职责。唯有如此,方能避免"以人为本"目标陷于字面和口头上的空谈,或者公共部门的一时激情而难以持久。通过立法来完善公共服务的供给保障机制时,一切制度安排和法规法律"要体现人性,要考虑人情,要尊重人权,不能超越人的发展阶段,不能忽视人的需要",包括建立公共服务承诺制度、公共服务供给过程公开制度、信息咨询制度、公众参与和监督制度等,制定服务的标准、说明服务的方式、公布服务的信息、明确服务的责任等。最后,还需要构建一个相对独立的基本公共服务监管体系。要实现基本公共服务的可持续发展,就必须加强对基本公共服务过程的监督。各级政府要实行公共资金和公共事务的公开透明化,公共资金收支情况和重大决策方案须向公众公布,防止暗箱操作,降低成本,提高效率,确保公共资源的合理使用,将公共服务置于社会的监督之下。

2.完善绩效评估机制,提高服务质量

要加快形成可持续发展的基本公共服务体系,还要建立基本公共服务评价体系，对公共服务的投入产出进行全面的考核、评估，对公共服务的数量、质量和社会效益是否达到预期的目标按照绩效测量指标的四个层面：经济、效率、效能和公平进行全面的、经常性评估，确保公共服务供给的有效性。首先，公共服务绩效要以社会评价为主。公共服务好坏不是公共服务主体的自我评价，自拉自唱，它应该是以社会评价作为好坏的标准，改变只对上负责不对下负责的工作导向机制。加大公众评价对政府服务考核的影响比重，以公共服务对象评价为主；对直接面对公众提供服务的公务员，在工作考核上也应当加上公众评价一项内容。公众是公共服务的直接受益者，他们对公共服务的各个方面有切身感受，他们最具有发言权和评判权。其次，建立科学合理的目标考核体系。公共服务的绩效评估要根据服务的效率、能力、质量、公共责任和社会公众满意程度等方面来判断，对公共服务过程中的投入、产出、中期成果和最终成果进行评定。在评估政府绩效时，不仅要看经济的发展速度，还要看各项社会事业的发展和环境保护情况。必须创新和重建政府绩效的考核指标体系，降低政府支出成本，提升地方政府公共服务的输出绩效。在公共服务供给的绩效评价体系中，成本—效益原则是其中的“主纬度”。实施公共服务绩效评估要做到：一方面绩效指标的设计与测定需要专门的知识和技术，需要有关专家介入；另一方面还需要建立规范的管理信息系统，对服务状况进行持续监测和定期测定，需要耗费资源。第三，在基本公共服务提供过程中引进绩效管理。绩效管理的典型模式：一要明确目标和任务；二要使权责和资源的配置与目标任务相配套；三要有具体的衡量标准；四要有不同主体来进行绩效评估。为此要加强理论研究，探讨设立适合我省公共服务特点的指标体系和测量方法，为政府实践提供理论依据和可操作性方案。

3.加强人才培养机制，提供持续动力

要加快形成可持续发展的基本公共服务体系，提高公共服务的质量，人才队伍建设是根本保障。当前我省的公共服务人才队伍是制约我省公共服务水平进一步提升的短腿，无论是人才队伍的规模、素质、分布还是其他方面，都难以适应确保江西与全国同步建成小康社会之公共服务体系的需要。为此,必须加快公共服务人才机制建设,包括人才考录机制、人才引进机制、人才开发机制、人才激励机制等,其中尤其是要加快基层公共服务人才队伍建设,充分调动和发挥各类公共服务人才的积极性、主动性和创造性,为我省建设可持续性公共服务体系提供强大动力和根本保障。一是要加强公共服务人力资源市场化配置。打破体制内和体制外的封锁,通过市场配置的方式对公共服务人员重新分类,强调市场在公共服务人力资源配置上的基础作用,社会组织能够承担的项目可以实行外包。二是要加强基层公共服务人才队伍建设。加快城乡人才互动,可定期选派干部到基层工作,推出"政策激励、本人自愿、定期服务"的措施;教育、卫生、农业等系统的专业技术人员根据基层服务工作的要求,定期或不定期到基层工作,让各支服务队伍"专起来、沉下去、能干事",以提高基层服务能力和水平。三是要创新公共服务用人机制。在选拔、激励、引进、评价、培训、考核等用人机制上进行创新。打破专业技术人员单位所有的格局,可将专业技术人员的人事关系按系统或部门统一管理,用人单位按需聘用,专业技术人员自愿选择。例如,对于基层公务员、教师、医生、村官等人员的招录考试可以采取本地户籍报考,防止人员流动性。公共服务人员建立科学的考核评价体系,考评结果与服务人员的使用和报酬挂钩,形成按劳取酬、按质取酬与奖勤罚懒、奖优罚劣相结合的分配机制。提高公共服务质量需要有大批的专业技术服务人员,应该从培养造就人才队伍出发,切实解决他们的社会地位和相应待遇,着重提高人员的素质和结构,打造一支高素质的人才队伍,才能真正解决公共服务的效率和能力的问题。

4.扩大社会参与机制,实现多元供给

当前江西省正处于一个复杂性、动态性和多元化的发展过程中,政府的不可治理性日益增强,必须依靠多元化社会主体公共同参与治理。公共服务的供给主体既可以是多元化的,而且必须是多元化的,只有多元化的主体,才能为公众提供无缝隙的公共服务。公共服务并不是只有政府才能提供,非政府组织和社会同样可以参与供给和生产。要积极探索江西省公共服务多元化主体共同参与式道路,引入市场竞争机制,将原来由政府不该管、管不了、管不好的某些公共服务交由企业、非营利组织、社会中介组织以及其他社会组织来承担。让它们通过不同的途径,参与公共服务的供给,实现公共服务完全由政府垄断转变为利用社会力量由社会自治或政府与社会组织合作的形式向公众提供。没有万能的市场,也没有万能的政府,政府同样会失灵,而且政府失灵比市场失灵更具毁灭性,政府的不恰当干预不仅不能弥补市场缺陷或消除市场失灵,相反会加剧市场失灵。事实上,公共服务主体多元化的本质不是推卸政府在公共服务领域中的责任,而是为了更好地满足公众需求。政府是主导,其他主体是补充,政府与其他多元主体互补,各自在其适宜领域内发挥作用,方能保证公共服务供给满足公众的需求。公共服务的供给没有必要都由政府提供,除必须完全由政府提供的公共服务之外,其他服务均可引入竞争机制,采取企业管理手段,进行契约承租,合作联营,实施绩效评估,降低管理成本,提高服务效率和质量,让其他社会主体发挥作用。市场机制还可以拓宽筹集公共服务的资金渠道,引导自治组织、各种合作性的非营利性服务机构和组织、慈善机构、金融机构、企业,乃至私人参与提供公共服务。有专家指出,不同的公共服务应该有不同的供给模式,由不同的力量提供,根据公共服务的性质,确定供给主体。但多元主体参与有一个关键问题:实现公平竞争;健全监管机制,维护公众利益。一是要选择适宜的公共服务项目,确保公平竞争。在对项目进行分类基础上,对于适宜进入市场的项目,本着供需双方自愿的原则,由企业和社会中介组织在公平竞争的基础上提供服务。同时,规范政府对公共服务的采购行为,建立健全招投标制度,为社会化服务组织参与市场竞争提供均等条件。二是要健全监管机制,确保服务质量。社会组织参与公共服务的市场化服务供给方式有一定的风险。一方面,建立市场准入机制和评价机制,确保社会参与提供的公共服务质量达标。明确服务行为规范,注重建立以服务对象为主的评价机制。另一方面,引导社会化服务组织按行业建立协会。通过协会制定行业管理章程,明确行业行为规范,加强行业监管,实现行业自律。

江西全面建成小康社会进程中的文化软实力研究

毛日清　高莉娟　姚　亮　罗晓蓉　刘春春

党的十八大明确提出到2020年全面建成小康社会的奋斗目标。强卫书记在十三届七次全会上指出,江西已经站在一个新的起点,正处于科学发展、绿色崛起的关键阶段,正处于加速发展的爬坡期、全面小康的攻坚期、生态建设的提升期。作为经济欠发达省份,要实现与全国同步建成小康社会,任务异常繁重和艰巨。在全面建成小康社会的6大项指标中,我省的文化指标,特别是文化产业增加值占GDP比、平均受教育年限、居民文教娱乐服务支出占家庭消费支出比重等方面指标是落后于全国平均水平的。基于此,本研究在总结江西省提升文化软实力成绩和经验的基础上,分析目前我们面临的问题和机遇,并提出相应对策,以供决策参考。

一、文化软实力的基本内涵

(一)文化软实力的概念

所谓"软实力"(soft power),也译为"软力"、"软力量"或"软权力",是与"硬实力"相对的一个概念,它最早由美国学者约瑟夫·奈提出,他1990年出版的《注定领导:变化中的美国力量的本质》一书及同年在《对外政策》杂志上发表的题为《软实力》一文中,明确提出并阐述了"软实力"概念。2004年,奈又在《软力量:世界政治中的制胜之道》一书中对"软实力"概念进行了补充。他认为,软实力"是一种通过吸引别人而不是强制他们来达到你想要达到的目的的能力,一个国家的软实力有三个来源:文化(能够吸引他者)、政治价值(当国家内政外交都坚持的时候)以及对外政策(当他者认为其有合法性和道德权威的时候)。其外延涵盖文化渊源、思想意识、价值观念、民族凝聚力等，包括政治制度的吸引力、价值观的感召力、文化的感染力、外交的说服力、国际信誉以及领导人与国民形象的魅力”。[①]

软实力概念引入中国后，许多国内学者从不同角度对该概念进行阐释，但更强调“文化软实力”。北京大学中国软实力课题组指出，“文化软实力即是文化创生力；完整地表述，文化软实力即是文化的凝摄自固力、竞争力、传创力和感召力的整合表达，它无论是对自己还是对他者，都产生实实在在的改变性影响”[②]。贾磊磊认为，国家文化软实力主要是指那些在社会文化领域中具有精神的感召力、社会的凝聚力、市场的吸引力、思想的影响力与心理驱动力的文化资源。[③]杨云龙认为，文化软实力是指由一个国家国民的思想道德、理想信念、核心价值观念、文化科学素质和民族文化传统、民族文化遗产以及民族性格、民族心理、风俗习惯等文化发展和文化积累所形成的现实力量。[④]刘洪顺认为，国家文化软实力是指一个国家在一定的生产力基础上形成的、通过文化的形式在较长时期内对本国公民以及其他国家产生的综合力量。[⑤]杨群胜认为文化软实力是指反映一个国家创造力、影响力的思想、观念和文化。有学者认为，文化软实力是指文化本身所张扬出来的那种创生力量，即文化的凝聚力、竞争力、传创力和感召力的整合表达，是人在创造生存的过程中改变自己或他者的实在影响力。还有研究者认为，文化软实力主要是指一个国家或地区基于文化而具有的凝聚力、生命力、创新力和传播力，以及由此而产生的感召力和影响力。[⑥]

---

①张国祚：《张国祚和约瑟夫·奈关于软实力的对话》载《中国社会科学报》，2012年7月6日。

②北京大学中国软实力课题组：《软实力在中国的实践之四——文化软实力》，载人民网，2009年9月10日。

③贾磊磊：《国家文化软实力的主要构成》，载《光明日报》，2007年12月7日。

④杨云龙：《提高文化软实力与建设社会主义核心价值体系》，载《中共太原市委党校学报》，2008年第1期。

⑤刘洪顺：《关于国家文化软实力的几点思考》，载《理论学刊》，2008年第1期。

⑥《软实力也是硬道理——为什么要推进文化创新和深化文化体制改革》，载《光明日报》，2008年7月30日。

(二)文化软实力的构成

目前,学术界围绕文化软实力构成要素的研究非常众多,不同的研究者出于不同的研究目的对文化软实力的构成要素进行了划分,形成了丰硕的成果。归纳而言,主要有以下几种具有代表性的观点:

一是生产力形态论。孙波认为,文化软实力作为综合国力的重要标志,主要由作为智力支持的文化软实力和作为精神动力的文化软实力组成。依据文化结构的三大类别(精神文化、制度文化和物质文化),将文化软实力划分为精神文化的生产力、制度文化的生产力和物质文化的生产力三种形态。[①]

二是文化要素论。北京大学中国软实力课题组认为,文化是由物质文化、制度文化、精神文化和文化无意识组成的生态场。文化软实力则由物质成果的创生张力、制度运行的创生张力、精神敞开的创生张力和文化无意识激情组成。[②]魏明认为,文化软实力就是指一个国家或地区的文化所具有的凝聚力、生命力、创新力和传播力以及由此而产生的感召力和影响力。

三是价值基础论。贾旭东认为,文化软实力的基础是价值观。从这个意义上讲,一切体现或表现价值观的要素都是文化软实力的构成要素。他指出,硬实力友好度、内外关系融洽度、文化发展匹配度、社会生活和谐度是衡量我国文化软实力的基本指标。[③]刘洪顺认为,国家文化软实力就是指一个国家在一定的生产基础上形成的、通过文化形式在较长时期内对本国公民以及其他国家产生的综合力量,其核心是价值观,具体表现为吸引力、凝聚力、影响力、选择力和排斥力。

本课题借鉴相关的研究成果,依据文化反映的人类实践活动领域和文

①孙波:《文化软实力及我国文化软实力建设》,载《科学社会主义》,2008年第2期。

②北京大学中国软实力课题组:《软实力在中国的实践之四——文化软实力》,载人民网,2009年9月10日。

③贾旭东:《中国文化软实力:共赢、贡献与和谐》,载《中国社会科学院院报》,2008年5月8日。

化反映的物质生活的生产方式的层次等标准,可以将文化软实力的来源划分为器物和行为层面、制度和规范层面、价值关系的理念层面等三个由浅入深层次的文化软实力;相应地,这三个层次的文化软实力表现为文化的吸引力、同化力和凝聚力。

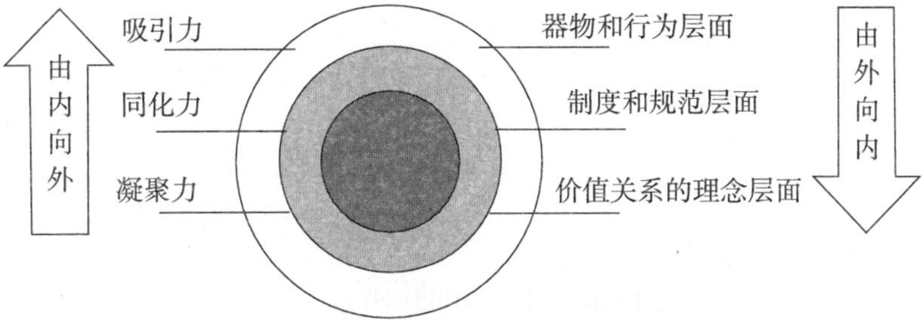

图 1 文化软实力的构成要素

第一个层次是器物和行为层次的文化软实力,也是最浅层的,表现为文化的吸引力。作为软实力的来源,器物和行为层面的文化是指体现在人造物和人的行为上的,感官可以直接感受到的文化现象和文化符号。它包括静态的物质层面文化,如美食、奢侈品、高科技产品、名牌产品、著名大学等等,也包括动态的物质层面文化,如学术和文化交流、体育赛事、文化产业发展等等。第二个层次是制度和规范层面的文化软实力,表现为文化的同化力。这类文化软实力是一个国家或地区对政治、经济、社会等制度以及伦理道德、语言、习俗等各种规范的运用。它也是从浅层的吸引力和好感向最深层的认同力、凝聚力发展的中间阶段。第三个层次的是来自于价值关系的理念、思想观念的转化,也是最核心的,表现为文化的凝聚力。这些文化资源包括世界观、人生观、价值观和思维模式等。作为文化软实力的客体一旦接受了的价值理念,就会成为塑造客体身份的核心精神,形成稳定的文化心理结构,对于主体而言则是形成了稳定的认同力和凝聚力、激发出极大地创造热情,从而实现发展的战略目标。①

①刘德定:《当代中国文化软实力研究》,河南大学博士论文,2013 年。

二、江西省文化软实力建设的主要成就

江西省拥有丰富的文化资源，赣鄱大地的绿色生态优势、历史人文优势和红色文化优势等十分明显。进入新时期以来，江西省紧紧围绕鄱阳湖生态经济区建设和赣南苏区振兴发展的大局，以开发赣鄱特色文化资源为主线，以体制机制创新为动力，以文化基础设施建设为重点，以丰富城乡群众文化生活为出发点，大力抓好公益性文化事业和抓实经营性文化产业。经过多年努力，江西省文化软实力建设取得喜人的成就，为全省经济社会发展营造了良好的文化环境，也在全国形成了较好的影响力。

（一）文化基础设施得以有效改善

近年来，随着文化惠民工程建设的快速推进，江西省的文化投入越来越大，各地纷纷建设了一批新的公共文化设施，城乡的公共文化设施得到不断的完善。

首先，重点文化设施得以不断打造。统计显示，2011 年，江西全省新建改建文化馆、图书馆、博物馆、影剧院、文化广场、艺术中心共有 329 个，总投入达 61.5 亿元。以江西艺术中心为代表的一大批标志性骨干文化体育设施建成使用，填补了江西没有专业大剧场、音乐厅等大型文化设施集群的空白。另一项数据显示，截至 2012 第三季度，全省文化系统投资规模上千万以上、已开工或规划在建的文化产业项目 150 个，其中超亿元的就有 99 个。[①]

其次，基层文化设施逐步形成城乡一体网络。从“硬件”角度看，城乡镇基层文化设施不断改善。2010 年，县级图书馆、文化馆维修改造工程三年共投入资金 1.1 亿元，完成 65 个县级图书馆、文化馆的改造；依托中央财政

①朱术来：《江西省文化产业日益发展 2012 上半年增加值 205 亿》，载中国文化产业网，2012 年 11 月 16 日。

1667 万元的资金,全省各地 46 个社区文化中心、223 个社区文化室添置了文化设备。截至 2010 年,全省建成乡镇综合文化站 1295 个,实现了"乡乡有综合文化站"的建设目标;并建成 6835 家农家书屋工程,覆盖全省 40%的行政村。从"软件"角度看,主要是广播、电视、网络的建设。2010 年,全省广播电视村村通工程基本实现 20 户以上已通电自然村全覆盖,全省广播和电视的覆盖率分别达到 96.8%和 98%;服务大众的文化信息资源共享工程资源总量达到 8TB,建成省、市、县级中心 110 个,乡镇、村级基层服务点 11878 个。[①]

再次,将进一步改善公共文化设施。江西"十二五"规划中提出,到 2015 年,要完成设区市 20 个图书馆、文化馆、博物馆和 80 个县级文化场馆的改扩建,乡镇综合文化站公共文化设施覆盖全省 80%行政村和 50%社区,文化信息资源共享工程服务触角延伸到乡村。建设农家书屋总数要达到 17333 个,覆盖全省所有建制村。还将完成全省 24252 个 20 户以下已通电自然村广电"村村通"工程。[②]

(二)文化体制改革取得重要进展

当前,江西省积极稳妥地推动文化体制改革向纵深发展,以理顺"两个关系(社会与经济效益的关系)"、实现"'两个转变(转变作风、职能)'和'两个分开(政事、政企分开)'"为重点,逐步推进文化体制改革,初步形成了文化体制改革与文化事业、文化产业联动发展的良好局面。

改革之初,江西省便提出"不仅要给改制的单位进行'输血',更要培养这些单位的'造血'功能。为了达到这种双重功效,江西省制定和出台了各种扶持政策和措施,如对改制后文艺院团的开展演出、文艺创作、排练场地、演出场所、演出设备、人才培养、用工机制等方面给予扶持,以及实施政

① 《江西省人民政府关于深化文化体制改革加快文化事业和文化产业发展情况的报告》,载江西人大新闻网,2011 年 8 月 15 日。

②郁鑫鹏:《江西十二五:建设文化大省推进文化大发展大繁荣》,载《江西日报》,2011 年 3 月 1 日。

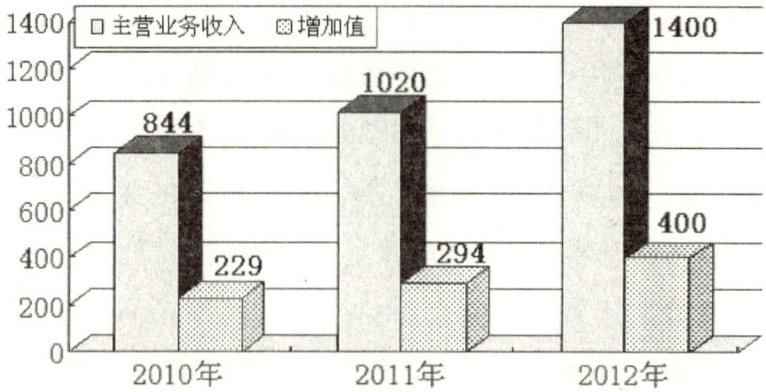

图 2 江西省文化产业主营业务收入和增加值(单位:亿元)

府采购、提高场次补贴等。据不完全统计,全省各级财政共安排支持改制院团发展项目资金达 1 亿多元,极大地激发了转企改制单位的改革发展热情。①

在江西省委、省政府各种优惠政策扶持下,许多文化单位纷纷主动进行改制,顺应发展的需要。2010 年初,江西省木偶剧团成立了江西省木偶剧院有限责任公司,成为第一个"吃螃蟹"的文化单位;江西省国办剧团通过整合资源,由 118 个减少到 80 个;全省共有民营剧团 1560 多个,改善了艺术院团的所有制结构,形成了多种所有制并存的发展格局。到 2012 年,全省先后有 80 家国有文艺院团完成企业法人登记注册;全省 11 个市 81 个县广电局和广播电视台全部做到局台分设,两台合并,实现了政事分开,政企分开,管办分离的改革目标;47 家非时政类报刊全面完成改革。②

通过文化体制改革,不少文化单位突破了发展困境,迎来了发展新契机。如江西省报刊传媒有限责任公司整合规模小、资源分散、连续亏损的"七刊一报",2012 年预计销售收入 1 亿元,实现 2 倍增长。崇义县歌舞剧团引进民营资本,实施股权多元化改造,组建崇义竹艺演出公司,围绕竹乡旅游,突出竹乐特色,不仅做大做强了企业,还实现了旅游与文化的融合。

---

①骆岩岩:《江西文化体制改革"百日巨变"》,载《信息日报》,2012 年 7 月 19 日。

②蔡福津:《江西省加大投入,推进文化惠民工程建设》,载中国民族广播网,2013 年 6 月 18 日。

南昌市广电网络公司与省广电网络公司合资组建股份有限公司，实现了网络整合的突破和规模增长。[①]

（三）文化产业总量与效益不断提高

随着鄱阳湖生态经济区和赣南苏区振兴战略的确立，江西省文化产业进入一个全新的发展时期，大批文化产业茁壮成长，发展呈现出良好的势头。

一方面，文化产业的数量不断增多，规模不断扩大。从数量上看，全省从事文化产业的机构和单位不断增长，从业人员数量呈现上升趋势。截至2010年底，江西省文化产业的机构和单位有7657家，从业人员总数为24.4万人。而到2011年底，全省文化产业法人单位增长到8508家，从业人员达到27万人，占全省文化产业从业人员的88.5%。[②]同时，产业规模持续扩大、结构呈现新的变化，最主要表现为产业群的出现，如景德镇呈现出以陶瓷工艺品为特色的文化产业聚集；萍乡形成以休闲娱乐为主特色文化产业；新余工艺美术、休闲娱乐也在不断得到发展；以及赣州的玩具制造业、吉安的工艺美术与红色旅游、宜春的印刷包装装潢、抚州的油画与工艺美术、上饶的工艺美术与风景名胜都在快速发展。

另一方面，文化产业的业务收入和增加值占江西省生产总值的比重不断提高。2010年，江西省文化产业主营业务收入844.3亿元，其中经营性单位创造主营业务收入784.6亿元，实现增加值229.49亿元，占同期全省生产总值的2.43%。2011年，江西文化产业主营业务收入达到1020亿元，增加值增加到294.85亿元，文化产业增加值排名在全国居16位，高于江西省GDP在全国排名3个位次，文化出口增速居全国第5位、中部第2位，实现了文化产业总量的大增长、大跨越。[③]截至2012年前三季度，江西文化

①骆岩岩：《江西文化体制改革“百日巨变”》，载《信息日报》，2012年7月19日。

②李星：《2011年江西文化产业主营业务收入破千亿带动从业人数27万》，载今视网，2012年11月23日。

③朱术来：《江西省文化产业日益发展2012上半年增加值205亿》，载中国文化产业网，2012年11月16日。

产业法人单位创造主营业收入达到1163亿元，预计全年能达到1400亿元，增加值约为400亿左右，增幅约40%。[1]当前，文化产业成为江西经济发展中最具活力、最具发展潜力的重要产业之一。

（四）赣鄱特色文化产业发展势头良好

有实力才有竞争力，有品牌才有影响力。无论是对一个国家还是一个地区而言，打造具有自身特色的文化品牌，有助于提升文化产业发展的层次和内涵，有助于增强国家或地区的竞争力。近年来，江西省以深化改革为动力，全面推进文化建设，全省文化产业的整体实力不断提升，文化品牌也得以逐步确立和打造。

首先，江西省因地制宜，突出重点，着力打造特色文化品牌。近年来，江西省集中精力发展红色文化产业，取得了很好的经济效益和社会效益。精心打造了“七个一”的“井冈山”系列红色文化品牌，即“一个展览”（井冈山精神大型展览）、“一台歌舞”（大型情景歌舞《井冈山》）、“一幅画”（井冈山革命斗争全景画）、“一座博物馆”（井冈山革命博物馆）、“一部电视剧”（大型电视连续剧《井冈山》）、“一台歌会”（中国红歌会）、“一个展会”（中国红色旅游博览会），这一系列红色精品，在内容上不断深化、不断拓展。实践证明，在不断壮大整体实力的基础上，倾力打造有影响、有特色的文化品牌，是发展文化产业的重要途径。[2]这成为展示红色文化的重要舞台、宣传红色精神的重要窗口、推动红色旅游发展的重要平台，产生了广泛的社会影响。

其次，在江西省加快文化产业发展过程中，已逐步涌现出一定数量的、具有核心竞争力和发展持久力的文化企业和产品品牌。2012年8月，商务部公布的《2011—2012年度国家文化出口重点企业和重点项目名单》中，江西省共有13家企业榜上有名，其中文化系统文化出口企业就有9家

---

①赫洋：《江西文化产业收入达1400亿　旅游收入突破1300亿》，大众网，2012年11月27日。

②《江西省人民政府关于深化文化体制改革加快文化事业和文化产业发展情况的报告》，载江西人大新闻网，2011年8月15日。

上榜。相比于《2009—2010年度国家文化出口重点企业和重点项目名单》中江西省仅仅只有2家文化企业(都是新闻出版系统企业)获此殊荣,文化系统文化企业榜上无名的状况,2012年算是江西省文化系统文化出口企业向外迈出的一大步。[①]

(五)非物质文化遗产保护全面展开

江西省的非物质文化遗产很丰富。在江西,有一句流传很广的话:"赣南的采茶赣北的歌,吉安的灯彩抚州的傩。"此外,还有樟树的药俗、景德镇的瓷俗、鄱阳湖的渔俗等多种文化形态,形成了一个覆盖面非常广泛的文化宝藏。近年来,为了有效保护、合理开发和延续传承各种文化遗产,江西省不断加大投资力度,形成了全面的文化遗产保护体系。

首先,申请非物质文化遗产保护。申报或建立非物质文化遗产名录,是保护和抢救非物质文化遗产的一种重要形式。为尽保留这些"活化石"的原有属性,江西省财政2006年就制定了《江西省非物质文化遗产保护专项资金管理暂行办法》,并逐年加大对非物质文化遗产保护的投入,2005—2007年省财政投入300万元,2008年投入300万元,2009年投入400万元,2012年江西省财政共下达1933万元用于支持国家级非物质文化遗产项目。[②]2006年国家公布的首批非物质文化遗产名录里,江西就有6大类19项。例如,南丰县的傩舞,南丰县还被文化部命名为"中国民间文化艺术之乡";永新县的盾牌舞,也被列入国家级非物质文化遗产名录;弋阳腔被称为"中国戏曲活化石",已成为江西省非物质文化遗产保护的品牌。同时,江西提出在"十二五"期间力争列入国家级非物质文化遗产名录项目达到100个。[③]截至2012年10月,在公布的非物质文化遗产名录里,国家级非物

---

①朱术来:《江西省文化产业日益发展2012上半年增加值205亿》,载中国文化产业网,2012年11月16日。

②《江西积极支持非物质文化遗产保护》,载《中国财经报》,2012年10月25日。

③郁鑫鹏:《江西十二五:建设文化大省推进文化大发展大繁荣》,载《江西日报》,2011年3月1日。

质文化遗产有8大类46项，省级非物质文化遗产名录10类370项。

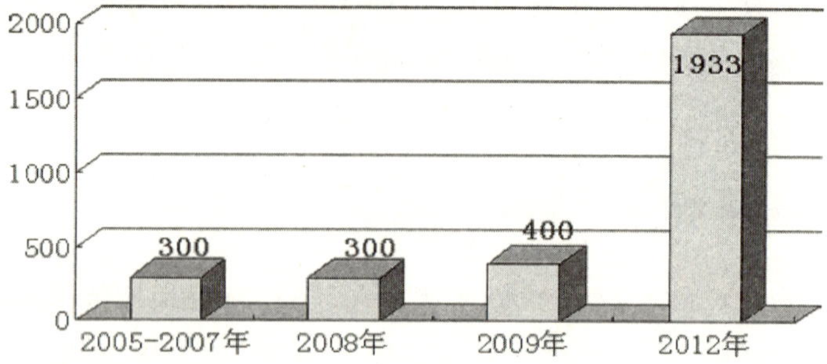

图3 江西省非物质文化遗产保护的资金投入(单位:万元)

其次，初步建立非物质文化遗产保护传承体系。传承是促进非物质文化遗产长期延续、发展的保证，也是提升区域文化软实力建设的一项重要工作。近年来，江西省主要以突出景德镇手工制瓷、传统地方戏、婺源雕刻等江西特色为目标，实施了全省文化遗产保护工程，初步构建起了体现江西特色的非物质文化遗产保护传承体系。截至2013年6月，江西省国家级代表性传承人共收徒170人，培训学员6746人，建立非物质文化遗产展示馆或传习(传承)基地78个。①这对江西省的非物质文化遗产的保护起到了积极的作用。

再次，利用新技术、新方法来保护文化遗产。随着信息技术的快速发展，积极利用现代高新技术来已成为保护文化遗产的一种重要途径。当前，江西省采取两种方法进行保护：一种是引进国外技术，如采用数码技术把跳傩的所有关节部位的细微动作全部记录下来，可以永久保存。另一种是静态保护，就是引进国际上博物馆式的保护，像我国政府在贵州文化生态保护区那样，让那里的村民按照傩文化的习俗保持一种原生态的生活。这些技术和方法的运用，为江西省文化遗产的保护起到了积极的作用。

①黄锦军：《我省非物质文化遗产保护传承体系初步建立》，载《江西日报》，2013年6月9日。

(六)文化人才培养工作成效显著

文化人才在文化强省战略中具有不可替代的基础作用,对于一个地区而言,文化人才的培养关系着文化软实力的强弱。

首先,出台各项文化人才培养的政策和措施。在江西省委、省政府的高度重视和正确领导下，全省各级文化部门大力加强文化人才队伍建设,出台了各种政策、措施,加强了基层文化服务人才培养的工作力度。2006 年江西省文化厅出台了《"5511"江西文化人才培养工程培养实施意见》,2007 年下发了《江西省文化厅关于实施"人才兴文"战略的意见》。2008 年,结合全省文化系统人才队伍的现状和特点,又颁发了《关于进一步加强全省文化系统人才队伍建设的实施意见》。这些政策和措施为进一落实步加强人才队伍建设和大力实施人才兴文战略奠定了坚实的基础。江西省统计局的数据显示,2008 年之后，江西省中高级职称人才的数量急剧上升,2011 年的数值最高,为 69935 人,比 2010 年增加了 14000 多人。这些文化人才的培养为江西省文化软实力的提升发挥了重要的作用。

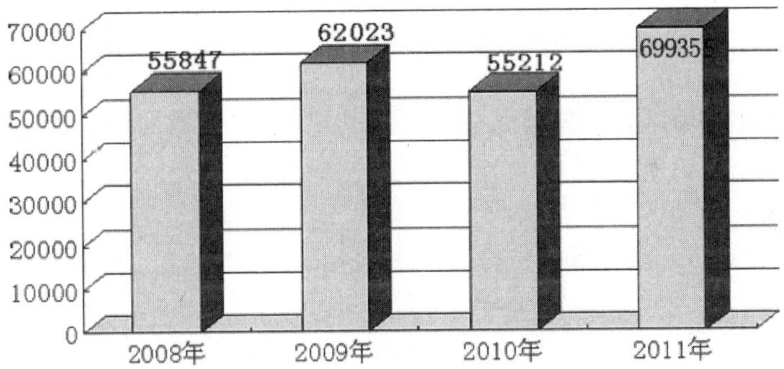

图 4　江西省文化产业中高级职称的从业人员情况(单位:人)

其次,加大了文化人才的培训力度。近几年来,江西省利用委托代培、联合办班、送出去培训等多种形式,重点加大了高层次人才、紧缺人才以及基层专兼职人才的培养力度。每年"送出去"培训的各类人才达数千人次。同时,也加大江西省内有关文化单位的培训。2013 年 4 月 9 日,由江西省财政厅、文化厅主办,省群众艺术馆具体组织实施的"江西省乡镇综合文化站长培训班”正式开班，并计划用1~2年时间，对全省1500多个乡镇综合文化站长、文化骨干、民间文化能人进行业务知识与技能的全面轮训。[①]此外，其他的各种培训活动也不断开展。以江西省群艺馆为例，充分调动馆内业务干部的积极性，利用馆内的场地，免费开办了中老年舞蹈短、长训班，高中生舞蹈考前培训班等各类培训班。先后培训多达一万多人次。[②]

三、江西省提升文化软实力面临的主要问题

当前，江西正处在全面建成小康社会的关键时期，既担负着提升经济“硬实力”的重任，又肩负着提升文化“软实力”的使命。然而目前现状是，江西文化软实力水平相对落后。从全国范围看，中部地区大多数省份的文化软实力单指标功效得分及排名大多处于中游及下游水平，没有明显的优势。从文化传统、文化活动、文化素质、文化吸引、文化体制及政策这5个指标来的综合分来看，文化软实力综合排名位列全国后10位的省份中，东部2个（山东、河北），中部4个（江西、湖北、湖南、河南），西部4个（贵州、重庆、四川、广西）。[③]课题组在广泛调查和研究基础上，认为江西省提升文化软实力面临五个亟待解决的问题。

（一）经济发展较为落后

文化软实力同经济发展水平之间存在着一定程度的正相关关系。也就是说，一个地区的经济发展水平越高，其文化软实力越高。江西作为经济欠发达地区，文化建设也相对落后，这制约了文化软实力的发展。

从江西经济发展与文化发展的比例看，江西省政府工作报告提出：到2020年，江西省GDP总量要突破2万亿元；未来几年，要保持“两个10%”

---

①涂安宁，朱正：《江西省乡镇综合文化站长培训班开班》，载大江网，2013年4月9日。

②《江西省2012年度基层文化队伍培训情况汇报》，载中华人民共和国文化部网，2013年1月23日。

③周国富，吴丹丹：《各省区文化软实力的比较研究》，载《统计研究》，2010年第2期。

的增长，一是平均每年增速不低于10%，二是城乡居民收入年均增长率达到10%左右。与经济“硬实力”相比较，文化事业、文化产业、文化大省建设这些文化“软实力”稍逊一筹，文化建设步伐不快。以2010年我国东中西部分省区市文化事业费、人均文化事业费情况为例，数据显示：江西省2010年文化事业费不到10亿元，人均文化事业费16.47元，与2010年全国人均文化事业费达24.11元相比，还差有一定差距（如图5）。

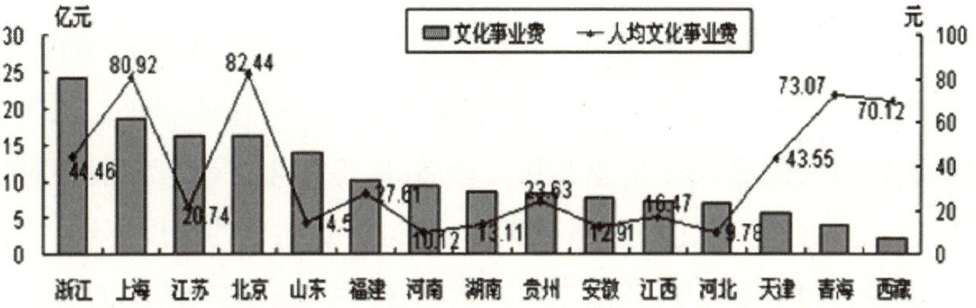

图5　2010年我国东中西部分省区市文化事业费、人均文化事业费情况

目前，江西省基层公共文化基础设施建设中经费投入不足，公共文化基础设施建设缺乏有力财政保障和支撑；基础设施总量不足，分布不合理，建设滞后；基层文化专业人才匮乏，乡镇综合文化站人员编制落实不到位，从业人员青黄不接，缺乏培训；县级“两馆一站”免费开放经费配套资金不足。①总体而言，江西省文化设施建设和文化发展环境中，博物馆、公园等设施运用良好，剧院、文化宫情况较差，大型的图书城较少，公共图书馆更是稀缺；政府对文化建设的投入不够；文化设施建设不健全，如公共图书馆、文化公园、文化景点等并不多。一些景点虽有文化底蕴，但商业氛围过于浓厚，没有完全实现物质消费与精神文化消费的同步发展。预计要到2015年，文化事业费占财政支出的比重达1.8%；人均文化事业费达42.5元，人均公共图书馆购书费达1元，人均拥有公共图书馆藏书达1.2册。文化信息资源共享工程实现省、市、县、乡、村五级全覆盖，入户率达50%，全省广

①蔡久伟：《江西政协专题调研呼吁：加强基层文化基础设施建设》，载《人民政协报》，2012年5月28日。

播电视人口综合覆盖率达99%。[①]

(二)文化资源利用率低

从文化发展与文化资源的利用看,江西是文化资源大省,文化"软实力"资源丰富:以自然风光和绿色山水为依托的生态文化;以文物古迹和文化名人为依托的历史文化;以革命老区和革命精神为依托的红色文化;以社会风情和民俗艺术为依托的民间文化。这些独特的区域性文化、丰富的资源、悠久的历史、秀丽的风光,决定了江西文化建设的内容与方向,同时也构成江西文化发展的特色、比较优势和竞争力。但这些文化资源优势并没有形成相对应的新兴文化业态和文化品牌,除了生态经济发展相对较为超前外,其他相关产业优势并不明显;由于与旅游结合的力度不够,文化经济发展不足,文化表现力、文化生产力较弱,拉动经济消费的能力有限。同时,文化经济的产业化、市场化不高,文化产业尚未形成经济增长极和支柱产业。以文化产品为例,以江西文化元素为内容的文化产品进入到国际市场份额较小。2010年全省文化产品出口为5.5亿美元,2011年全省文化产业主营业务收入超过千亿元,占全省GDP的比重为2.42%。[②]这与政府提出的"建设特色鲜明、影响广泛的文化大省"的总目标差距还比较大。

(三)自主创新能力较弱

文化的自主创新是文化软实力建设的主体。文化自主创新包括体制机制、内容形式、传播手段等方面。江西独特的文化、丰富的资源、悠久的历史、秀丽的风光,构成文化发展的独特优势和巨大潜力。但是,由于教育、社会环境、产业发展等多方面组成的社会创新系统的整体能力欠缺,导致江西文化创新力薄弱。

---

①江西省发改委发展规划处:《关于印发鄱阳湖生态经济区生态文化建设专项规划的通知》,2012年7月26日。

②何宝庆,徐婧茹:《文化产业:传承创新绽异彩》,载江西省人民政府网,2012年4月17日。

一是文化产业包容并蓄、推陈出新不够。在《文化及相关产业分类》[①]中，将“文化产业”分为三个层面：文化产业核心层（新闻服务、出版发行和版权服务、广播、电视、电影服务、文化艺术服务）、文化产业外围层（网络文化服务、文化休闲娱乐服务，其他文化服务）和相关文化产业层（文化用品、设备及文化产品的生产、文化用品、设备及相关文化产品销售）。2010年全省文化产业的“核心层”、“外围层”和“相关层”的资产之比为55∶19∶26，单位数量之比为36∶48∶16，主营业务收入之比为38∶16∶46，增加值之比为36∶24∶37。[②]这表明，江西省文化产业“核心层”的资产规模最大，文化产业“外围层”单位数量最多，文化产业“相关层”的产出规模最大。由此可见，文化产业单位规模偏小，文化产业中核心层竞争力偏弱，文化产业“核心层”的竞争力小于“相关层”的竞争力。这说明具有鲜明特色品牌、技术先进、核心竞争力强的龙头文化企业集团少，地方特色文化品牌产品、创新能力和规模效应都有待进一步提高。

二是文化产业创新意识、研发能力不强。尽管江西文化产业发展迅速。但由于起步晚、起点低、投入不足、文化和科技复合型人才缺乏，从全国范围看，文化产业仍然处于落后位置。集中表现在：总量规模小，技术水平低，社会化、产业化程度不高，文化产业体系特色不够鲜明、结构不够合理、重点不够突出。特别是文化产业基地和区域性特色文化产业群建设相对薄弱，外资以及民营资本进入文化产业也相对薄弱。这导致专、精、特、新的民营文化企业少，竞争力强的民营文化骨干企业和集团少，缺乏创新能力强的文化和科技融合型领军型企业。

①2003年7月22日，成立了由中共中央宣传部牵头，国家统计局、文化部、国家广电总局、新闻出版总署、国家文物局、国家发改委、财政部、国家税务总局、国家工商总局等单位参加的“文化产业统计研究课题组”，完成了《文化及相关产业分类》的研制工作，并于2004年4月1日以国家统计局的名义印发。

②江西省统计局：《2010年江西文化产业发展报告》。

（四）制度变革相对滞后

文化体制是文化服务于经济和社会发展的制度基础。当前，江西文化体制中生产、交流、经营等环节，还存在政事不分、政企不分，条块分割、忽视市场作用等问题，这一定程度制约了江西文化软实力优势发挥。

首先，文化管理体制部分环节“不顺畅”。随着市场经济的发展，文化的功能逐步多样化，现实倒逼着文化管理体制改革和完善，特别是市场监管体制、相对稳定的文化政策和知识产权保护制度，亟待突破。目前，江西“两改制”（国有文化院团和非时政类报刊的转企改制）任务紧迫，经营性文化单位转企改制有待推进，公益性文化单位改革有待深化。文化管理体制还处在深化改革之中。

其次，文化运行机制“不灵活”。一是覆盖城乡、惠及全民的公共文化服务体系还有待完善，基层特别是农村文化服务网络有待改进。尽管我省以基层和农村为重点的公共文化服务体系建设，首创了政府买单的农村文化三项活动，目前还存在“少数农村地区，存在求学求知难、享受文化生活难。基层文化活动难组织、难开展、难运行的现象。”①二是文化市场体系格局存在条块分割、地区封锁、城乡分离的现象，阻碍了统一开放竞争有序的现代文化市场体系的构建和文化产品和要素在全省范围内合理流动。以社区和村基层文化设施为基础，以市、县、乡镇（街道）和村（社区）四级公共文化设施为体系的文化服务设施网络亟待建立。三是文化市场健康发展存在一些问题，如一定程度存在对文化企业“索拿卡要”等违法违规行为，对文化企业服务平台建设不够，文化经纪代理、评估鉴定、投资、保险、担保、拍卖等中介服务机构数量少规模小，大型文化流通企业和文化产品物流基地比较缺乏。

再次，部分公共文化产品和服务供给“不对路”。目前，江西公共文化产

---

①舒仁庆：《江西省公共文化体系建设的探索和启示》，载《学习时报》，2012年12月24日。

品和服务的供给主要以政府为主,社会团体、民间团体等非政府组织力量没有充分调动起来,缺乏对非政府资源的利用和整合。这种高度依赖于政府资源推动的公共文化建设,造成供给主体单一性、结构单一性,群众多元化的文化需求无法充分满足。“一些地方开展的送演出、送戏、送电影等送文化下乡活动,政府送什么,农民接收什么,从文化的表现形式到文化产品的种类,选择余地不大,针对性不强,群众被动参与,积极性不高。”[①]虽然江西推进的公共文化服务体系建设被中央领导称为“国内首创”,但目前适合基层特点、适应群众需求的新的文化服务方式,公共文化服务体系建设的科学化合理化还需加强完善。

(五)文化特色品牌有限

特色是文化的魅力和生命力。以千年瓷都景德镇、千年名楼滕王阁、千年书院白鹿洞、千年道教祖庭龙虎山等为主要标志的古色文化,以鄱阳湖、井冈山、庐山、三清山等为主要载体的绿色文化,以井冈山精神为核心的红色文化,这些构成江西文化发展的特色、比较优势和竞争力。但是,由于挖掘、保护和传承不够,江西地方特色文化品牌有限。

一是特色不富。丰富的红色文化资源是江西文化企业获得市场竞争力的巨大优势。面对红色文化富矿,让红色文化资源得到最有效的开发,搭建承载平台是关键。但是,平台的搭建仍是一块短板。在中部六省(山西、安徽、江西、河南、湖北、湖南)中,从旅游收入看,可以分为三大阵营:第一阵营年收入 3000 亿元,只有河南一个省,全国排名第 6;第二阵营年收入 2000 亿元,有湖北、安徽、湖南三个省,2012 年全国排名分别为第 8、9、10 名;第三阵营年收入 1000 亿元,有山西、江西两个省,2012 年全国排名山西为第 11 名,江西为第 16 名[②]。从旅游总收入过千亿的时间来看,山西、江西

①舒仁庆:《江西省公共文化体系建设的探索和启示》,载《学习时报》,2012 年 12 月 24 日。

②《中部旅游新领军:湖北? 安徽? 》,载人民网—国际频道,2013 年 6 月 10 日。

均是2011年过的千亿大关。[1]2012年旅游总收入，山西省为1813亿元，江西省为1300亿元。[2]总体而言，全省旅游业收入仍旧停留在行、游、吃、住、购、娱环节，娱乐、购物产品单一匮乏，造成游客硬性消费太多，弹性消费太少；旅游主要指标不高、旅游设施建设滞后、景区接待容量不足、旅游商品开发营销水平较低、旅游服务水平不高、旅游人才缺乏。另外，“入境游客仅占全省总游客量的1%，游客结构比例不平衡”[3]。因此，2013年，全省大力发展服务业其中之一就是做大做强旅游业，力争旅游接待超过2.5亿人次，旅游总收入超过1700亿元。[4]

二是品牌不优。在全国有影响力、叫得响、传得开、有良好社会效益的品牌少，有品牌特色的文化产业也少，以品牌的影响力、辐射力和凝聚力带动和促进群众参与文化活动不多。“江西风景独好”品牌影响力也有待进一步提升。

三是资源不聚。资源未整合、重点不突出，就不能产生互补优势。分散的资源，不利于文化资源向产业化方向发展。目前，文化产业增加值占江西省GDP的比重不到5%。同时，江西省特色鲜明的文化和科技融合示范基地非常缺乏；政府重点扶持的文化产业数量质量有限。例如，为了加快发展文化创意、数字内容、动漫、现代传媒、出版发行、印刷复制、影视制作、演艺娱乐、广告会展等重点文化产业，全省只有高安文化产业园、“八大山人”文化产业园、“天工开物”产业园、南昌康庄文化旅游公园、华夏艺术谷、LOFT699创意天地文化产业园这6家被列为重点工程。

---

①中部六省旅游收入过千亿的时间先后分别是河南(2006年)、湖南(2009年)、湖北(2009年)、安徽(2010年)、山西(2011年)、江西(2011年)。

②《中部旅游新领军：湖北？安徽？》，载人民网–国际频道，2013年6月10日。

③《争当富民强省“排头兵”——我省加快服务业发展系列报道之旅游篇》，载《江西日报》，2012年6月15日。

④《江西省人民政府工作报告》，载《江西日报》，2013年2月6日。

四、江西省提升文化软实力的发展机遇和积极要素

江西提高文化软实力必须依靠外部环境和内部条件,这是提高文化软实力的重要依据。外部环境的不断优化和内部条件的逐步改善,使江西加强文化软实力建设赶上了新的机遇期。

(一)江西省提升文化软实力的发展机遇

1.国家文化软实力建设思想,为江西省文化软实力发展指明了正确方向

党和政府历来重视思想文化建设。改革开放以后,面临思想文化建设的新形势、新变化,党和政府始终把思想文化建设放到更加突出的位置。1986年,党的十二届六中全会通过了《中共中央关于社会主义精神文明指导建设方针的决议》,进一步明确了社会主义精神文明建设的指导方针,肯定了精神文明建设与经济体制改革、政治体制改革处于同等重要的战略地位。2001年,我国颁布了《公民道德建设纲要》,肯定了社会主义道德是发展先进文化的重要内容。在党的十五大报告中专门论述了建设中国特色社会主义文化。党的十六大报告集中论述了"中华民族精神"。党的十六届四中全会把文化建设提高到党的执政能力建设的高度,首次提出了"文化生产力"的概念,决议指出"当前和今后一个时期,加强党的执政能力建设的主要任务是:按照推动社会主义物质文明、政治文明、精神文明协调发展的要求,不断提高驾驭社会主义市场经济的能力、发展社会主义民主政治的能力、建设社会主义先进文化的能力、构建社会主义和谐社会的能力、应对国际局势和处理国际事务的能力。"党的十七大报告提出"推动社会主义文化大发展大繁荣",并且提出"提高国家文化软实力",这对于我们认识文化建设的价值、提升文化在我国现代化进程中的地位和作用,具有十分重要的思想价值。报告还提出了文化建设的四大任务,突出了文化建设中人民的主体性。2011 年 10 月 18日党的十七届六中全会通过了《中共中央关于深化文化体制改革推动社会

主义文化大发展大繁荣若干重大问题的决定》,决定总结了我国文化改革发展的丰富实践和宝贵经验,研究部署了深化文化体制改革具体措施。党的十八大报告则明确提出要确保到 2020 年实现全面建成小康社会的宏伟目标,并提出了五项要求,即"经济持续健康发展,人民民主不断提高,文化软实力显著增强,人民生活全面提高,资源节约型、环境友好型的社会建设取得明显进展",文化软实力成为中国特色社会主义五位一体的一个重要方面。这表明党和政府在新形势下对国家发展战略的重大调整,体现了要努力实施文化强国和建设文化大国的决心。

总之,党和国家对文化软实力建设的科学理论,为国家和民族,也为江西文化软实力发展指明了正确方向。

2.文化产业成为新兴产业,为江西省文化软实力发展提供了重要的载体

从当今世界发展趋势看,科学技术的进步为文化产业化发展提供强有力的支撑,经济全球化使文化产业超出国界,全球文化消费市场需求催生和拉动了文化产业发展。文化已经并将越来越多、越来越深地渗入社会生活。因此,文化产业被国际学界公认为朝阳产业。尤其值得一提的是,在每次经济危机发生后,在其他产业一片低迷的同时文化产业却逆市上扬。

从国外文化产业发展看,许多发达国家文化产业已经由国家经济体系的边缘走向了中心。据有关资料介绍,在当今美国 400 家实力最强的公司中,有 1/4 是文化企业,其出口额在 2000 年就达到 720 亿美元。日本虽然是汽车工业大国,但在 2000 年,其文化产业的市场规模已经超过了汽车业。[①] 如今,美国文化产业增加值占 GDP 比重达 25%,日本达 20%,中国为 2.6% 左右。[②]

①舒建勋:《提升文化软实力增强城市竞争力》,载江西省人民政府公报网。

②欧阳坚:《抓住机遇,乘势而上,推动文化产业又好又快发展》,载《文化产业导刊》,2010 年第 3 期。

依据国外经验，结合江西实际，我省完全可以通过文化产业这个平台来提升我省的文化软实力。例如，据统计显示，江西红色旅游规模已占全国三分之一，成为全国红色旅游发展的“领跑者”。[①]又如红色经典——大型情景歌舞《井冈山》自 2007 年公演以来，久盛不衰，已在省内外累计演出 600 余场，观众达 30 多万人次，创收 1500 多万元。[②]据省统计局的统计，2011 年，全省文化产业增加值占全省 GDP 的比重超 2.5%。全省文化产品出口 9.4 亿美元，同比增长 71.3%，高出同期全国文化产品出口平均增速 49.3%，居全国第 5 位，中部第 2 位，仅次于湖北。文化产业增加值位于全国第 16 位，高于江西省 GDP 在全国排名 3 个位次。[③]

总而言之，江西完全可以抓住改革开放、文化产业全球化的重要时机，大力发展文化产业，使文化产业成为全省经济发展中最具活力、最具发展潜力的重要产业之一。

3.江西文化影响力的扩大，为江西省文化软实力发展提供重要平台

随着江西省改革开放的进一步发展，江西省对外文化交流形成了全方位、多层次、宽领域的新格局。江西文化的国际影响力不断扩大。

从历史看，江西省自古以来“物华天宝，人杰地灵”，有独特的文化特征和各种文化资源。江西是书院文化的炽盛之地，白鹿洞书院、鹅湖书院、白鹭洲书院、豫章书院并称为江西的四大书院。在佛教文化方面，江西孕育了净土宗和禅宗两大宗派，龙虎山是道教的发源地。在地方文化方面，江西有着内涵丰富的傩文化、客家文化、茶文化等。至近现代，江西成为“中国革命的摇篮”、“共和国的摇篮”和“人民军队的摇篮”以及“工人运动的摇篮”，有着浓厚的红色文化底蕴。同时江西省景德镇的陶瓷文化也是全世界闻名，

---

①《江西省发展红色旅游十年回眸》，载《江西日报》2011 年 6 月 23 日。

②《“十二五”江西文化产业主营收入将占全省 GDP 的 5%”》，载中国金融信息网，2011 年 10 月 23 日。

③《江西 2011 年文化产业主营业务收入突破千亿元》，载《江西日报》，2012 年 2 月 10 日。

景德镇也被称为瓷都。这些独有的、丰富的文化资源，也为江西省的文化对外交流提供了重要的资源。

从现实看，江西对外文化交流日益频繁。2010年江西省对外及对港澳台文化交流项目共62项，489人次，其中派出15项，244人次；引进项目47项，733人次。[①]2011年5月13日，中国（深圳）第七届国际文化产业博览交易会在深圳会展中心开幕，由中共江西省委宣传部牵头组团参加的第七届深圳文博会，在参展单位、参展人数、展位面积、展示项目等方面均超历届。[②]2012年5月21日，第八届中国（深圳）国际文化产业博览交易会在深圳会展中心闭幕。江西省以“文化江西、生态江西”为主题，由省委宣传部牵头，共组织了7个设区市100多家重点文化企业、300多个重点文化项目、1000多件实物参展，其中以革命传统教育为代表的红色文化旅游产业，以砚台雕刻、赣绣、瓷板画为代表的非物质文化遗产产业、以景德镇为代表的瓷文化产业等，赢得了海内外观众的青睐。[③]

历史的积淀，当代的发展，为江西文化产业发展奠定了坚实的基础。抓住发展机遇，将会使江西文化产业发展锦上添花！

4.江西省制定的文化发展战略，为文化软实力发展提供了重要保障

首先，省委、省政府确立了江西省提升文化软实力的战略。在《江西省“十二五”规划纲要全文（2011—2015年）》用了一个篇章（三个大的方面共九个小点）来论述江西省提升文化软实力的途径、工作，完善公共文化服务体系，统筹文化设施建设，抓好文化精品创作生产。推进数字图书馆、数字影院、数字档案馆建设。做好文物保护工作，加强非物质文化遗产保护和传承。推进景德镇大遗址保护和陶瓷文化创意区建设。加大对原中央苏区革命旧居旧址保护修缮力度。进一步繁荣哲学社会科学。加强社会主义核心

---

①《江西省人民政府关于深化文化体制改革加快文化事业和文化产业发展情况的报告》，载江西人大新闻网，2011年8月15日。

②《第七届深圳文博会开幕，刘云山参观江西展区》，载大江网—江西日报，2011年5月14日。

③《江西文化产业婀娜多姿》，载大江网—江西日报，2012年5月24日。

价值体系建设,提高公民道德素质。”

其次,振兴赣南等原中央苏区的政策支持。江西是个革命老区,为中国革命成功建立了不可磨灭的功勋,但是在改革开放的过程中,由于种种原因,江西的发展相对比较落后。2012年国务院出台的《国务院关于支持赣南等原中央苏区振兴发展的若干意见国发〔2012〕21号》里面除了强调民生问题、农业问题和生态保护问题外还着重强调了做大赣南苏区文化产业,提高文化软实力的问题。强调要把原中央苏区建设成为“红色文化传承创新区”,提出了支持原中央苏区文化发展的对策,如“加强革命遗址保护和利用,推动红色文化发展创新,提升苏区精神和红色文化影响力,建设全国爱国主义教育和革命传统教育基地,打造全国著名的红色旅游目的地。促进红色文化旅游产业大发展。支持中央苏区历史博物馆、中央苏区烈士陵园、东固革命烈士陵园等红色文化教育基地建设。支持在瑞金建设公务员培训基地。大力发展红色旅游,将赣南等原中央苏区红色旅游列入国家旅游发展战略,支持红色旅游基础设施建设。”

第三, 鄱阳湖生态经济区战略对我省提升文化软实力是一个重要的机遇。鄱阳湖生态经济区上升为国家战略,这也是我省提高文化软实力的一个重要机遇。我们可以抓住这个机遇,大力发展鄱阳湖生态区的文化事业及文化产业,提升这个地区的文化软实力,进而推动我省的文化软实力迈上一个新的台阶。2012年江西省下发了《关于印发鄱阳湖生态经济区生态文化建设专项规划的通知》,指出了今后该地区提升文化软实力的目标与途径。

未来学家托夫勒曾经说过: 哪里有文化, 那里早晚就会出现经济繁荣,而哪里出现繁荣,文化就向那里转移。在江西经济高速发展的同时,我们应该要抓住机遇,实现江西省文化软实力的跨越式发展。

(二)江西省提升文化软实力的积极要素

悠久的历史、秀丽的山水、独特的红色革命和赣鄱地域文化等丰厚的文化资源,构成江西文化发展的独特优势和巨大潜力,是提升江西省文化软实力的硬优势，也是江西省提升文化软实力的积极因素。

1.具有悠远的历史文化——物华天宝、人杰地灵

江西历史悠久，文化积淀深厚。千年的发展为后人留下了无数的文化瑰宝。江西具有丰富的传统文化，其中文学、戏剧、宗教、哲学等方面巨匠辈出，独领风骚。在文学方面，有陶渊明、黄庭坚、王安石、文天祥、欧阳修、曾巩、辛弃疾、陈寅恪等大文豪和大奇士。在哲学和宗教方面，宋明后在我国哲学史上占重要地位的程朱理学、陆王心学、南禅佛学等，对中华民族文化产生过重要的影响。庐山东林寺是佛教净土宗的发源地，龙虎山是道教正一派的祖庭，云居山道场和三合寺是重要的国际交流道场。作为宗教的发源地和传播地，这些名胜至今仍是重要的活动中心。在戏曲方面，不仅有被誉为“东方莎士比亚”的明代戏曲家文学家汤显祖，还有被称为“南戏系统四大声腔”之一的弋阳腔影响最大、历时最长、流传范围最广。采茶戏与秧歌戏是中国南北两大民间戏曲，江西赣南的九龙茶乡是采茶调最早的发源地之一。以赣南采茶戏传统音乐润色加工的歌曲则流传更广，颇受欢迎，如“送郎当红军”、“八月桂花遍地开”、“十送红军”、“小小竹排江中流”、“映山红”，以及 “井冈山下种南瓜”、“请茶歌”等都影响深远。其他传统文化形式也多姿多彩，如万年仙人洞展现着人类稻作文化的起源，宋应星纪念馆再现了中国古代发达的科技文明，等等。灿烂多姿的传统文化存留至今，是古圣先贤几千年经验和智慧的结晶，博大精深，源远流长。江西历史传统文化元素是提升江西文化软实力的根基，成为其取之不竭的文化源泉，也是难以替代的独特优势。这些传统文化在当前以有形的文化遗产（物质文化遗产）和无形文化遗产（非物质文化遗产）两种形式展现。江西已初步建立起江西非物质文化遗产保护制度和保护体系。共有 52 处国家重点文物保护单位，5 处全国重点寺观，中国四大书院之一，333 处省级重点文物保护单位，2700 多处市、县级重点文物保护单位，4 个省级历史文化名城，21 个中国历史文化名镇（村），84 个省级历史文化名镇（村）。登记在册的博物馆有 123 家，馆藏 30 余万件，其中一级文物 1325 件（套）、二级文物 4955

件(套)、三级文物35890件(套)。[①]悠远的历史文化为提升软实力建设提供了丰富的精神财富。

2.具有良好的自然环境——绿色生态、绿色家园

生态蕴涵着文化,环境彰显着文明。生态环境水平的高低,是衡量一个国家和地区社会文明程度的重要标志。十八大报告将中国特色社会主义事业总体布局由"四位一体"扩展为"五位一体",增加了"生态文明建设"。由此,"生态文明建设"上升为国家战略。"绿色"是江西最好的文化形象资源,是江西文化的最好名片。江西一直注重依托自然风光和绿色山水,做好文化生态文章。

从规模上讲,江西现拥有庐山、龙虎山、三清山3个世界地质公园,庐山、龙虎山、三清山、圭峰4个世界遗产,庐山、井冈山、龙虎山、三清山4个5A级景区,10个国家湿地公园,11处国家自然保护区,12处国家重点风景名胜区,32个省级自然保护区,43个国家级森林公园,100个省级森林公园。[②]

从指标上讲,江西森林覆盖率达63.1%,位居全国第二。全年主要河流监测断面水质达标率81.2%。对环境空气质量进行监测的11个设区市城区环境空气质量全部达到二级(达标)以上。城镇地表水集中式饮用水源地水质达标率100%。2012年末已建有自然保护区220个,其中国家级自然保护区11个;自然保护区总面积1194.3千公顷,占全省土地面积的7.2%。[③]2010年江西水资源总量是2275.5亿立方米,占全国7.36%,全国第3位;人均水资源量为5116.7立方米,全国第5位,为全国的2.2倍。[④]

从措施上讲,2009年12月12日,中央批复江西《鄱阳湖生态经济区生态经济区建设规划》,旨在既保住"一湖清水",又促进区域经济社会较快的发展,为全国树立良好示范。基于此,省文化厅出台了《鄱阳湖生态经济区

①中共江西省委党校编:《江西省情资料手册》,2012年。

②中共江西省委党校编:《江西省情资料手册》,2012年。

③《江西省2012年国民经济和社会发展统计公报》。

④中共江西省委党校编:《江西省情资料手册》,2012年。

生态文化建设规划》,根据在“鄱阳湖生态经济区内,建设一个以五级公共文化服务体系为基础,以富有鄱阳湖特色的艺术产品为品牌,以规模型文化产业为前端,能够引领江西省文化加快发展的区域性文化生态中心”的战略构想,分三步进行鄱阳湖生态经济区生态文化建设,2008年—2012年为科学布局、全面展开阶段,2013年—2015年为加速推进、提升品质阶段,2016年—2020年为优化创新阶段。由此可见,生态文化将是江西提升文化软实力的重要支撑点,它将在江西文化发展与经济社会发展的生态链中,实现文化与政治、经济、社会的和谐。从追求单纯的GDP到追求绿色GDP,从打造“经济名片”到打造“文化名片”,这是科学发展观带来的发展理念的新变化。

3.具有红色文化的圣地——红色源泉、红色摇篮

从红色文化规模看,江西是著名的红土地,是革命战争时期全国最重要的革命中心,红色资源在数量和层次上都位居全国前列。江西是中国工人运动的发源地,是中国革命的摇篮、人民军队的摇篮、人民共和国的摇篮,在中国革命的历史上占有重要的地位。江西,在大革命时期是最为重要的革命根据地;抗战时期,作为全国的战略根据地、指挥部,为抗战胜利做出了特殊的贡献。新中国成立后,还是全国的资源大省、粮食大省、兵源大省。凭借充分利用红色资源和文化的优势,江西率先在全国提出“红色旅游”,并努力发挥红色旅游的带动效应。江西现有2000余处登记在册的革命旧址,24家革命博物(纪念)馆,馆藏革命文物4万余件。[①]近年来,江西省完成了重点红色旅游景区建设方案,投入上百亿元加强旅游交通、景区景点的保护和建设等。其中,投入爱国主义教育基地建设以及革命文物修缮、保护、开发的资金多达10多亿元。红色资源开发在创新、探索、实践中健康发展,红色品牌旅游品位也不断提升。2013年以来,全省红色文化旅游综合收入近300亿元,增长25%,规模占全国红色文化旅游三分之一。在第八届(2007—2008年度)全国博物馆十大陈列展览精品评选中,全国爱国主义教育示范基地井冈山革命博物馆的基本陈列《井冈山革命斗争史》名列榜首,

①中共江西省委党校编:《江西省情资料手册》,2012年。

获得最高奖“特别奖”;南昌八一起义纪念馆的基本陈列《南昌起义》,获得“精品奖”。近年来,江西以红色文化资源为依托,以演艺展览为主力军,促进红色文化与演艺展览业的结合,在原创性文化产品的开发中实现了新的突破。比如大型情景歌舞《井冈山》、实景演出《井冈山》、井冈山斗争全景画馆、井冈山博物馆展览等井冈山系列文化产品的研发,形成了以井冈山为内容的文化产业链。

从红色文化内涵看,井冈山精神和苏区文化是红色文化的精髓和灵魂。井冈山是中国革命的摇篮,为中国革命播撒了燎原火种,成为全党全国人民的宝贵精神财富和政治优势。江泽民同志把井冈山精神基本内容概括为六句二十四字:坚定信念、艰苦奋斗、实事求是、敢于新路、依靠群众、勇于胜利。胡锦涛同志在视察井冈山时说:“中国革命的胜利离不开井冈山精神,实行改革开放,建设有中国特色的社会主义,同样需要发扬井冈山精神。”习近平同志曾在《建党以来重要文献选编》出版座谈会讲话中指出,我们党在长期革命斗争中形成了理论联系实际、密切联系群众、批评和自我批评等优良作风,形成了井冈山精神、长征精神、延安精神、西柏坡精神。这些优良传统、优良作风是几代中国共产党人流血牺牲凝聚而成的宝贵精神财富。要继承党的一切优良传统、优良作风并结合新的实践不断发扬光大,始终保持革命战争年代那么一股劲、那么一股气、那么一种革命精神,始终保持党同人民群众的血肉联系。有了这一条,我们党就能够永远立于不败之地。井冈山精神与当前提出的社会主义核心价值体系本质同一、一脉相承。井冈山精神作为建设社会主义核心价值体系的精神动力,也就是以艰苦奋斗的政治本色凝聚人心,激励全党和全国人民奋发图强,不断开拓社会主义现代化建设的新局面。苏区精神既蕴涵了中国共产党人革命精神的共性,又显示了苏区时期的特色和个性,是中国共产党人政治本色和精神特质的集中体现,是中华民族精神新的升华,也是我们今天正在建设的社会主义核心价值体系的重要来源。上世纪二三十年代,赣南苏区作为原中央苏区的主体和核心区域,书写了气势恢宏、动人心魄的革命史诗。2011年11月4日,习近平同志在纪念中央革命根据地创建暨中华苏维埃共和国成立80周年座谈会上指出:“在革命根据地的创建和发展中，在建立红色政权、探索革命道路的实践中,无数革命先辈用鲜血和生命铸就了以坚定信念、求真务实、一心为民、清正廉洁、艰苦奋斗、争创一流、无私奉献等为主要内涵的苏区精神。”“无论现在和将来,我们都要坚持继承先烈遗志,大力弘扬苏区精神。”党的十八大强调,要抓好党性教育这个核心,学习党的历史,弘扬党的优良传统和作风。大力弘扬苏区精神,以坚定的信念、扎实的作风、务实的举措,奋力推进具有中国特色社会主义事业的发展。

4.具有独特的区域特色——赣鄱文化、多彩文化

江西因公元733年唐玄宗设江南西道而得名,又因江西最大河流为赣江,拥有中国最大淡水湖鄱阳湖,而又称为赣鄱大地。江西的南昌市、赣州市、景德镇市是国家历史文化名城。一方水土养育一方人,赣鄱文化崇礼淳朴厚重的风俗民情、民间的特色文化资源丰富,如景德镇的陶瓷文化、赣南的客家文化、婺源的乡村文化、抚州和萍乡的傩文化、吉安的青铜文化等社会风情和民俗艺术。农耕文化、青铜文化、瓷文化、傩文化、宗教文化、书院文化及许多山歌戏曲均独具独特魅力和特点。江西是中国傩文化重点省区,资源非常丰富。以赣东(抚州为代表)、赣东北(上饶为代表)、赣西(萍乡、万载为代表)为网,辐射到赣南的客家、赣北的武宁,而且还有不少活态的存在,现在生活中仍有傩事活动。傩舞、傩戏、傩俗、傩面、傩庙,组成了富有江西地方特色的赣傩文化群。此外，江西一些城市也开展了多种特色文化活动,如南昌市的“军乐节”、宜春市的“月亮文化节”、上饶市的“三清山旅游文化节”、鹰潭市的“龙虎山道教文化旅游节”、景德镇市的“国际陶瓷博览会”等，在国内乃至国际上都产生了一定影响。特色是文化的魅力和生命力所在,有特色才能有风采,发展特色文化是文化繁荣和创新的思路和方向。

五、加快提升江西文化软实力的对策建议

文化软实力的提高是一个关系社会全面发展的系统性工程。为此,我们需要贯彻落实科学发展观,坚持统筹兼顾的基本方针,立足江西省提升

文化软实力的优势，面对扑面而来的各种挑战与发展机遇，着眼客观实际和需要解决的问题，尊重文化软实力的发展规律，通过各种有效的途径和方式来提高江西省的文化软实力考。

（一）弘扬江西人文精神，充分激活赣鄱文化的正能量

历史经验表明，任何一个国家或地区要把人民群众的意志和力量凝聚起来，都必须有一种与经济基础、政治制度相适应的人文精神。对目前的江西而言，应当充分挖掘赣鄱文化中的积极因素。千百年来，江西劳动人民世代用自己的勤劳和智慧孕育出独具特色和魅力的人文精神，并具强大生命力和影响力，是激励江西人民开拓前进的不竭动力。当前，尤其要大力弘扬江西人文精神，以激活赣鄱文化的正能量。

一是求新思变、奋发图强的精神。历史上看，江西人并不守旧和安于现状。北宋时期，江西人就冲破重农抑商的传统，“多设智巧技艺，经营四方，至老死不归”；革命战争年代，江西人民前仆后继、浴血奋战，为中国革命的胜利作出了重大牺牲和重要贡献；新中国成立后，江西人民发扬革命传统，争取更大光荣，在社会主义革命和建设中取得了令人瞩目的成就，这更是求新思变、奋发图强精神的生动写照。二是敢于担当、不怕牺牲的奉献精神。江西自古就是文章节义之邦，出了许多忧国忧民、以天下为己任的仁人志士。在新的历史时期，不怕困难、不畏艰险、敢于胜利的革命英雄主义精神，与以爱国主义为核心的民族精神和以改革创新为核心的时代精神继续在江西大地上交汇升华。没有敢于负责、敢于牺牲的奉献精神，是不可能构建一片精神高地的，更不可能成就一番惊天动地的伟业。三是重道尚德、和美天下的和谐精神。赣鄱文化因为开放包容、兼纳并蓄，能够亲仁善邻、合作共享，自古就传承着绵延不绝的“和合”文脉，闪耀着和谐共生的智慧之光。人与人和谐，人与社会和谐，人与自然和谐，人自己内心和谐，天人合一、和谐共生思想是自古以来江西文化的基石，也是江西文化的特质。[①]

①张艳国：《构筑江西崛起的文化高地》，载《江西日报》，2012年6月4日。

(二)加快区域经济发展,提供文化软实力坚实的物质基础

经济实力是增强区域文化软实力的经济基础。因此,要把提升区域文化软实力与增强经济硬实力有机结合起来,形成强大的综合实力,才能实现区域经济社会发展的目标。

改革开放以来,特别是新世纪以来,江西经济发展取得了显著成绩,但经济欠发达地位仍未根本改变,经济总量小、财政收入少、人均收入低,经济发展不足仍是江西的主要矛盾。特别需要指出,这种经济发展上的落后,容易引发精神、思想和观念上的落后,成为制约经济社会发展的重要因素,不利于区域文化软实力的提升。为此,江西要以鄱阳湖生态经济区建设和赣南苏区振兴发展战略的确立为契机,不断发展经济,争取全省经济总量,财政收入和人均纯收入上一个大台阶,全面建成小康社会。同时,不断调整和优化产业结构,着力培育壮大具有优势的新兴产业,紧紧依靠红色和绿色这两条产业链来实现江西经济的崛起。

一方面,加快打造绿色产业,实现江西跨越式发展。鄱阳湖生态经济区建设的特色是生态,核心是发展,关键是转变发展方式,目标是探索和走出一条科学发展、绿色崛起之路。江西省要在保护生态环境的基础上,加快实现绿色崛起。为此,应不断构筑具有竞争力的产业群或产业链。如大力发展低碳与生态经济,着力培育壮大光伏新能源、绿色照明、生物医药、绿色食品等新兴产业。

另一方面,通过"红色资源"打造旅游文化产业大省。江西的红色资源为全国之首,以三大摇篮为代表的革命圣地,其彪炳史册的革命圣地和光耀千秋的革命精神是中国红色文化中的璀璨瑰宝,是发展红色旅游的宝贵财富。无疑,江西建设旅游文化大省是弘扬井冈山精神、传承优秀历史文化的重要途径,是加快江西崛起、实现富民兴赣的重要支柱。为此,要充分开发江西省的红色资源,形成集聚赣鄱特色的文化产业链。同时,赣州等地乘国家出台政策支持原中央苏区振兴发展的东风,马不停蹄地抓落实、抓对接、抓项目,一派热气腾腾的景象,为江西经济社会发展注入一股强有劲的

动力。

(三)大力推进文化改革,构建提升文化软实力的新机制

文化软实力的提高关键要靠改革。只有深化改革,才能冲破妨碍文化发展的思想观念,改变束缚文化发展的陈旧规定,革除影响文化发展的体制弊端,从面上展开,向纵深拓展,不断推进政事分开、政企分开的改革,强化政策调节、市场监管、社会管理和公共服务职能,为区域文化的繁荣发展开辟广阔的空间。

第一,加快构建现代文化企业制度。认真落实扶持政策,加大帮扶力度,推动各类转企改制文化企业进入市场,加快发展,不断做大做强。各类文化企业积极开展股份制公司制改造,努力建立健全现代企业制度,完善产权制度、薪酬制度、用工用人制度,努力形成符合现代企业制度要求、体现文化企业特点的资产组织形式和经营管理模式。

第二,创新公共文化服务运行机制。在推进公益文化与经营性文化的发展过程中,市场因素与政府因素不可或缺。应大力发展公益性文化事业,提供更多更好的公共文化服务,以公益性文化单位为骨干,鼓励社会力量共同参与,建设覆盖全社会的公共文化体系。而经营性文化应由市场来主导,政府加强规划、监督和指导,并充分发挥文化中介机构在行业管理和市场调节中的作用。

第三,完善民营文化企业的扶持机制。在政策许可范围内,鼓励和引导社会资本进入文化领域,以多种形式投资文化产业,参与重大文化产业项目实施和文化产业园建设;支持民营文化企业向专、精、特、新方向发展,扶持一批竞争力强的民营文化企业。这种扶持机制的完善,将会为民营文化企业提供广阔的发展空间。截至2011年,全省有各类民营文化企业4334家,吸纳就业人员8.6万人,拥有资产311.7亿元,创造主营业务收入246亿元,实现增加值74.2亿元。[①]

①张晶,刘勇:《江西2011年文化产业主营业务收入突破千亿元》,载《江西日报》,2012年2月10日。

(四)增加资金投入,加快公共文化基础设施的建设

公共文化基础设施是贮藏文化、展现文明的有形空间,也是传承文化的物质载体。当前江西公共文化设施虽取得了不少成就,但还存在经费投入不足,基础设施总量不足,分布不合理等问题。为此,应加快建设公共文化基础设施,使其分布合理、覆盖全省、人人共享,让丰富的公共文化活动成为人们生活的一部分。

首先,加大政府的财政投入。认真贯彻和落实《江西省国民经济和社会发展第十二个五年规划纲要》和《鄱阳湖生态经济区规划》、《国务院关于支持赣南等原中央苏区振兴发展的若干意见》的相关政策,不断加大公共文化的投入,"实现各级财政对公益性文化事业的投入逐年增加,更加注重发挥市场机制和社会力量的作用,完善鼓励企业和个人捐赠、兴办公益性文化事业的政策措施"①。江西省"十二五"规划提出,要使全省城市人均文化事业费达到 40 元,农村人均达到 35 元;力争达到城市中每 10 万人拥有 1 个公共文化服务机构,形成覆盖全省的公共文化服务网络。②

其次,构建多元的文化投融资体系。贯彻落实国家和江西省已经出台的各项支持文化改革发展的政策,国有商业银行、政策性银行等应降低信贷门槛,创新金融产品,加大对文化企业的金融支持。同时,也应依法支持民间资本、社会资本和境外资本进入文化领域,鼓励社会力量兴办文化企业。

再次,拓宽资金募集的渠道。从政府力量来看,应加快设立各种层次的文化产业创业投资基金,努力扶持中小文化企业和新兴文化产业发展;从社会力量来看,还可以通过社会募集来争取文化产业的发展资金。

---

①《江西省人民政府关于深化文化体制改革加快文化事业和文化产业发展情况的报告》,载江西人大新闻网,2011 年 8 月 15 日。

②郁鑫鹏:《江西十二五:建设文化大省推进文化大发展大繁荣》,载《江西日报》,2011 年 3 月 1 日。

（五）加快文化人才培养，不断提升江西文化软实力

文化人才是提升文化软实力和建设文化强省的关键变量，也是一个地区核心竞争力的重要标志，对一个地区的综合实力和竞争地位发挥着关键性的作用。

第一，完善各种优惠扶持政策，营造良好的文化人才发展环境。当务之急，应努力把人才培养纳入全省政府公共事业投资的范畴，建立全省文化人才信息库，抓好优秀人才的培养、引进和使用，重点培养和引进一批领军型、复合型优秀文化人才，满足宣传文化事业发展需求。同时，应积极探索文化人才的培养、评价及激励机制的构建。

第二，加快平台搭建，建立广阔的文化人才发展空间。依托江西省各种文化产业园，建立“产、学、研”一体化平台，实现文化人才的引进和孵化。充分发挥江西红色、绿色和古色文化的独特影响力和文化底蕴，吸引高端文化人才来江西服务。实施文化人才开发工程，邀请国内外文化产业专家或知名文化企业经营者，从理论和实践两个方面提高文化产业人才的综合素质。

第三，培养民间文化人才，加强基层文化人才队伍建设。努力发现并培养一批乡土艺术家、民间艺术传人、文化经纪人等特殊人才。据统计，目前江西省民间文化人才共有 37387 人，其中非物质文化遗产传承人员有 3311 人，占总数的 8. 86%；文化领域自由职业者有 4354 人，占总数的 11.64%；民间文艺表演人员有 29723 人，占总数的 79. 5%。[①]这些民间文化人才是繁荣江西省基层群众文化、构建和谐社会的一支重要力量。

（六）大力整合优势资源，打造具有赣鄱特色的文化品牌

当前江西的文化资源不断地得到有效开发，有力地促进了江西的经济

---

①李曜，段克和：《关于民间文化人才培养和管理的对策思考》，载《老区建设》，2011 年第 20 期。

社会发展。但也应看到，全省文化资源整合力度还不够，开发利用较有限，品牌文化不太突出，文化资源闲置、浪费现象存在。无疑，江西丰富的文化资源有待于开发。

首先，做好整体布局，整合文化资源。与江西省丰富的文化资源相比，江西省的文化产业依然较为滞后。目前，全国有文化企业 111.31 万户，江西仅有 1.29 万户，占 1.17%。[①]其中一个重要原因在于文化资源未能实现有效整合。为此，应站在全省的战略高度，做好整体的布局，进行系统地、有序地的开发全省的文化资源，培育一批产值高、影响大的龙头文化企业，打造出具有赣鄱特色的文化品牌，形成文化资源的规模效应，实现各种文化资源的有效整合。

其次，借鉴西方发达国家的成功经验，坚持文化事业社会办，建立社会资本、私人资本嵌入文化事业的有效机制，集中力量办好能够代表江西省形象的几大文化工程。为此，继续实施文化产业"2+2"重大发展战略(即文化+科技、文化+旅游)，努力打造各种国家级和省级文化产业示范基地，以及集聚效应明显的特色文化产业群。如形成红色文化产业群、戏曲文化产业群、宗教文化产业群、陶瓷文化产业群、中医药文化产业群、客家文化产业群等特色文化产业集群。

再次，加快转变文化产业的发展转变方式。大力推进以传统文化业态为基础、孵化衍生新兴文化业态的文化产业发展战略，使之成为文化建设的重要一翼，成为区域经济发展新的增长点。在江西区域性特色文化产业群建设过程中，应注意实施个性化或差异化战略，避免重复以及由于重复而导致的恶性竞争。

(七)加强对外文化交流，扩大赣鄱文化的影响力

文化影响力是衡量和展示一个国家或地区文化软实力的重要因素。不断推动文化"走出去"，扩大文化影响力是各个国家和地区的重要战略任务。立足于江西省的实情，加强构建全方位、多层次、宽领域文化交流平台，

---

①李星：《江西文化体制改革不留尾巴 全面壮大文化产业》，载今视网，2012 年 7 月 19日。

开展多种形式文化交流，弘扬赣鄱文化和扩大赣鄱文化的影响力。

其一，围绕重点文化项目和重大文化活动造声势。依托江西实施的重大文化工程项目，邀请中央、周边及沿海省区和港澳地区的主流媒体赴经济区开展专题采访活动，以扩大宣传；并结合江西举办的各种大型文化活动，突出做好宣传，让海内外了解赣鄱文化。

其二，依托主流媒体抓宣传。争取在人民日报、新华社、中央电视台、凤凰卫视等媒体策划一批专题宣传。例如，“江西风景独好”旅游品牌推广获选 2011 年全国十大旅游宣传广告，在央视一套全年投放宣传；在央视四套《走遍中国》《快乐学汉语》，中国国际广播电台“CRI 全球记者江西行”、“魅力江西全球知识竞赛”等节目的录制、播出扩大了“江西风景独好”的品牌影响力。[①]

其三，不断更新文化传播设施和手段。区域文化资源，是历史沉淀的优势，在新时代下需要各种媒体的强力推介才能得以彰显出来，可以利用网络、手机等新文化传媒与现代技术来进行宣传，以增强传播力度，扩大覆盖范围。

其四，加大与省外的各种文化交流。江西省对外文化交流和贸易坚持“走出去”，充分发挥陶瓷展览、杂技演出等品牌效应，江西文化国际影响力不断增强。目前，江西省对外文化交流项目总数达到 350 个，建立 10 对国际友好博物馆、图书馆；打造 20 个以“红、绿、古”文化为主题的精品展览，组织 100 次对外文化贸易。[②]同时，还应进一步加大对外文化交流，可以通过积极组织外向型文化艺术生产和展览，打造对外文化交流的知名品牌，促进江西与国际多方面的合作与交流，也可以通过政府间交流和民间交流并举、访问演出和商业展演并重，加快形成全方位、多层次、宽领域的对外文化交流新格局。

---

①邱烨:《“江西风景独好”获全国十大广告营销传播经典案例》，载人民网－江西频道，2012 年 3 月 14 日。

②郁鑫鹏:《江西十二五:建设文化大省，推进文化大发展》，载《环球时报》，2011 年 3 月 1 日。

建立和完善江西生态文明建设制度研究

黄世贤 冯志峰 张文君 尤 鑫 徐 涛 罗 天

导 言

全面建成小康社会，涵盖了经济、政治、文化、可持续发展等多个方面。生态文明和物质文明、精神文明、政治文明共同构成建设小康社会的追求理念。社会主义的物质文明、精神文明、政治文明离不开社会主义的生态文明。生态文明是经济增长、和谐稳定、民生改善的汇聚点。没有良好的生态条件，人类既不可能有高度的物质享受，更不可能有高度的精神享受和政治享受。没有生态安全，人类自身就会陷入深刻的生存危机。建设社会主义物质文明，必然要求社会经济与自然生态的平衡发展和可持续发展；建设社会主义精神文明，包含着环境保护和生态建设的精神追求；建设社会主义政治文明，内在地包含着符合生态文明建设的制度安排和政策法规。从这个意义上说，生态文明是物质文明、精神文明、政治文明的基础和前提，也是物质文明、精神文明和政治文明的具体体现。

制度建设是推进生态文明建设的重要保障，带有根本性、全局性、稳定性和长期性。十八大提出“保护生态环境必须依靠制度”，要求建设美丽中国，实现中华民族永续发展。“永续”就是一种制度安排。生态文明制度建设主要包括生态文明市场化机制、生态开发与保护管理制度、生态资源有偿使用制度和生态补偿制度、生态文明责任追究和赔偿制度及生态文明考核评价制度建设等方面。其中生态文明市场化机制是前提，生态开发与保护管理制度是基础，生态资源有偿使用制度和生态补偿制度是核心，生态文明责任追究和赔偿制度及生态文明考核评价制度是保障。

党的十八届三中全会全面地提出了生态文明建设制度的框架，并体现了“严”的特征：源头严防、过程严管、后果严惩。生态文明制度的两大基础是产权和价格机制，这也正是解决开发建设与生态保护所要贯穿的基本原则。科斯产权理论的核心是：“一切经济交往活动的前提是制度安排，这种制度安排实质上是一种人们之间行使一定行为的权力。”在市场经济条件下，产权具有激励、约束、资源配置和外部性内部化的功能。产权的确立促使人们保护稀缺资源，价格机制灵活地反映资源的稀缺程度以及稀缺性的变化。此外，价格机制还积极鼓励人们寻找替代资源、节约使用最稀缺的资源，促使人们通过技术创新来提高资源使用效率。明确生态资源环境产权，实现公开公平公正交易，就能减少公有物，实行生态资源的资产化管理，尽可能减少“公地悲剧”发生的情况。

生态文明制度建设的基本原则是“公平”和“责任”。对人而言，自然所具有的“经济价值”与“环境价值”是两种不同性质的价值。自然的经济价值或资源价值，是一种“消费性价值”，消费就意味着对消费对象的彻底毁灭，因而自然物对于人的资源价值或经济价值是通过实践对自然物的“毁灭”实现的；而“环境价值”则是一种“非消费性价值”，这种价值不是通过对自然的消费，而是通过对自然的“保存”实现的。环境价值具有“公共性”，即同一个自然环境，对于生活在这个环境中的每一个人来说具有同等的环境价值：它为每一个人提供了同等的健康生存的环境条件；这个环境如果遭到破坏，也会影响到每一个人的健康生存。从经济价值看，只要一个经济主体拥有对自然资源的使用权，他就拥有处置这个自然资源的权利，但他无论如何处置这个经济资源，都没有损害他人经济利益的权利。否则，就必须追问造成这种“不公平”的责任问题：谁为了经济私利破坏了公共环境，谁就应该为此承担侵害他人享有环境价值权利的责任。责任原则就是从公平原则引出的另一个重要原则。解决公平问题，必须通过追问责任来实现：谁破坏了自然环境，谁就应该为他的行为承担经济责任，就应该受到惩罚，这才是公平的。

江西作为一个生态大省，要加强生态文明制度建设，就要求在大力建设生态文明中加强和创新管理，在继续巩固提升生态建设成果的基础上，努力走出一条具有江西特色的绿色崛起之路。

鄱阳湖生态经济区建设四年来，江西省先后制定了资源环境有偿使用制度，发展碳汇林业，培育发展水权、林权、碳汇、排污权交易市场，促进资源环境产权有序流转和公平公开公正交易；在统一全省城市污水处理费征收标准、对高耗能行业落后产能实行差别电价和惩罚性电价等方面，创新出台了5项价格机制；合理制定和调整水资源费征收标准，实行了阶梯水价制度；成立南方林业产权交易所，走在全国同行的前面；完善政府采购制度，将绿色节能产品优先列入政府采购目录；为加大对自然保护区的财力转移支付力度，2011年起，江西省财政设立省级自然保护区专项资金，重点用于支持基础条件好、具有重要示范意义的生态保护区。与此同时，绿色GDP核算试点、农村宅基地流转试点、流域综合管理体制改革试点、水权交易改革试点、排污费改环境税试点、大交通改革和城际交通公交化试点、建立环保技术交易市场等7项先行先试举措，正在紧锣密鼓地开展前期工作。

省委书记强卫指出，“实现绿色崛起，生态是江西最大的优势，绿色是江西最亮的品牌。建设美丽中国，江西没理由不走在前列”。本课题从生态文明的市场化机制建设、生态开发与保护的基本管理制度建设、资源有偿使用制度和生态补偿制度建设、江西省生态环境责任制度研究及生态文明考核评价制度建设等五个方面就建立和完善江西生态文明建设制度进行研究。旨在提供具有操作性的实施方案、确立具有创新性的制度设计，为江西省科学发展、绿色崛起提供强大动力和体制保障。

报告一　生态文明的市场化机制建设

当前，日趋衰减的自然资源已成为经济发展的稀缺资源。当自然资源成为经济发展的内生变量时，持续的经济增长就开始受到自然资源的约束。市场规律认为，价格取决于要素的稀缺程度，当某种要素变得稀缺从而价格升高时,就促使经营者从投入产出的成本与效益出发去节约它。因此,在自然资源成为稀缺资源的情况下,市场经济的价格机制以及成本与效率原则,迫使参与竞争的各方设法提高对自然资源的利用效率,当个体理性上升为集体理性时,便达到社会效益的最大化。

生态文明的市场化机制的理论前提是:当自然资源正在成为制约人类发展的主要因素时,市场主体在人和自然之间的物质变换中必须形成价格、竞争、利率、供求、风险等方面的联系,它体现出节约资源、优化生态与提高效益的统一性。事实上,生态经济符合市场经济发展规律,两者都遵循成本与效益原则,追求资源的高效利用和优化配置,其运行机制具有同一性。因此,运用市场机制发展生态经济比使用强制手段有更高的效率和更少的管理成本。

近年来,江西省将治山、治江、治湖有机结合起来,在保护环境、规范土地管理等方面取得了积极进展。但是在生态经济市场机制建设方面仍然比较滞后,需要加快突破。将具有公共物品特性的环境资源作为一种生产要素进行新的规制管理,纳入市场运行机制之中,激发微观行为主体的生态化转型,是江西省实现"生态立省",推动生态文明建设的有效途径。

一、明确环境资源产权

市场机制发挥作用的前提条件是明晰的产权归属。因此,建立生态市场机制的基础性工作就是明确环境产权。传统市场机制只是能够解决社会经济系统内部的资源配置问题,并不能解决社会经济系统与自然生态系统之间以物质和能量流动为主要形态的环境资源的有效配置问题。主要原因是环境资源没有作为生产要素纳入市场机制中。

由于市场一般不会对于没有产权的物品进行交易,使得稀缺的环境资源成为人人可以免费开采和使用的公共物品。可见,环境资源的产权不明确,导致了环境资源的市场价格没有反映环境资源的稀缺程度,形成了环境资源的生产与消费中成本与收益、权利与义务、行为与结果的背离,这也是资源、环境问题产生的根源。明晰环境产权对于保护生态环境、合理利用环境资源以及保障公民环境权的意义是十分重大的。环境产权是指行为主体对某一环境资源具有的所有、使用、占有、处分及收益等各种权利的集合。因此,环境产权涉及一系列影响资源利用的权利。

生态文明不但要求人们建立新的经济模式,而且要求在从生产到消费的各个领域倡导新的经济规范和行为准则。而这些规范与行为准则建立在一定程度的产权明晰的基础上。按经济学的理论框架,产权制度是经济效率和经济增长的基础,产权制度设计的理念也是与生态经济的可持续发展精神相符的。生态经济更新了环境在经济中的位置,将环境由经济外部的制约性因素提升为经济内部的新的生产要素。要真正实现生态经济,充分发挥市场机制对循环经济的基础性调节作用,必须对现有的市场机制加以完善,明晰环境资源产权,建立起一个有效保护生态环境和资源的产权体系和价格体系,使生态环境和基础资源作为生产要素进入市场交易和流通,并使其价格能正确反映它的全部社会成本,从而权责利对称地、有效地实现生态经济目标。

长期以来,江西省一直存在环境资源的产权不明晰或多重产权。在环境产权没有明晰的情况下,所有的企业和个人都有使用环境资源的自由。因此,造成的结果是能够产生正外部性的环境资源(如树木草坪、环境基础设施等)会出现供给不足;而接纳负外部性的环境资源(如大气、水体、土壤等)则会被过度污染。一方面,投资者没有为其付出的成本得到全部收益;另一方面,污染者没有为其产生的负外部性行为付费,也没有对环境资源进行补偿性的投入,结果可能是环境资源由于投入不足和过度使用而产生破坏、退化甚至衰竭。因此,非常有必要明确环境资源产权,通过市场机制来实现环境资源的最优配置,从而达到发展生态文明的最终目的。

二、利益补偿机制

《鄱阳湖生态经济区规划》明确提出将“积极推进多种方式的生态补偿

试点”作为重点领域改革的主要内容，国家已经将鄱阳湖生态经济区确立为建立生态补偿机制的试点区域，要求率先建立生态补偿机制，进而为全面建立生态补偿机制提供经验。

生态补偿的核心内容就是对生态环境破坏者进行惩罚以及对生态系统服务功能的提供者给予补贴。生态补偿的原则、依据、标准以及资金管理等问题是世界级的课题，江西省目前的生态补偿实践过多是依赖于行政手段，往往很难在参与者中间实现公平的结果。因此，引入市场机制，确保各方充分参与，确立合理的补偿标准是当前的重要工作。

1.生态补偿机制建设的重点

江西省生态补偿的主体主要是“退耕还林”和“退田环湖”工程中的受益企业和失地农民。生态补偿机制建设的关键要解决好生态补偿标准、补偿对象和补偿者等难点。当前生态补偿机制建设的重点包括：

明确生态补偿重点领域。在鄱阳湖区域尺度上，滨湖地区是重要生态功能区及自然保护区，承担了维护生态安全的生态功能保护任务，受益者主要是国家；上游地区为保护流域水环境平衡作出了更多的努力，受益者是整个流域，这两类地区应作为主要的生态补偿区域。

建立农业节水补偿机制。应尽快建立养殖业退出补偿机制，切实减轻养殖业对鄱阳湖湖的污染；建立城镇生活污水处理设施建设和运行的财政补贴机制，加快建设鄱阳湖周围农村污水、垃圾集中处理设施及配套设施；省、市、县三级财政按照适当比例予以补贴，并对设施运行设计相应的财政补贴机制。

建立重污染企业的退出补偿机制。政府主要通过直接实施生态保护和建设项目、财政转移支付、财政补贴和税收方式，实现对欠发达地区的生态补偿。条件成熟时，对东部发达地区或下游地区征收生态补偿税，建立生态补偿基金，提高欠发达地区人民的生活水平。可以充分利用市场补偿手段，注重生态环境成本内部化，运用市场机制实施生态环境保护。

2.市场化的生态补偿标准

生态补偿标准的确定方法有多种，目前在我国运用较广的主要是生态系统服务功能价值评估法、生态效益等价分析法和意愿评估法。

生态系统服务功能价值评估法以生态环境的价值论为基础的，稀缺理论和马克思劳动价值论都在一定程度上证明了生态系统服务功能的价值属性。生态补偿的接受者（生态系统服务的提供者）向补偿者（生态系统服务的享受者）提供了优质的生态系统服务，价值理论就是以所提供的生态系统服务的价值来确定生态补偿的标准。自从1997年Costanza衡量了全球生态系统服务功能的价值以来，生态系统服务功能的价值论不断发展和完善，为以生态系统服务功能的价值来确定生态补偿标准提供了重要依据。该理论可以引申出3种确定生态补偿的标准:(1)生态系统服务提供者所提供的生态系统服务的价值;(2)生态系统服务享受者所享受的生态系统服务的价值;(3)生态环境破坏者破坏的生态环境的价值。

生态效益等价分析法是定量化生态功能损失的一种方法，并且可以计算出弥补生态功能破坏所需要的补偿比例，也就是确定了补偿的标准。生态效益等价分析法最初是研究石油泄漏对生态造成的危害进行补偿，但是在实际应用过程中应该被看成是一种一般性的生态补偿定价机制，并不仅仅局限于泄漏造成的损害计量。这种方法虽然能够很好地度量生态环境被损害的价值，但是也有很多局限性:由于有很多假设，那么在假设条件没有被满足时，得到的结果是不准确的;而且很多时候，得到的结果并不能充分反映当前的情况;最后，由于参数因子很多，需要专业人员进行认证，在这个过程中可能会出现由于因子选择差异造成的评价结果不同。

意愿调查法就是询问被调查者对于改善或者保护环境的支付意愿。意愿法调查法把生态补偿利益相关方的收入、直接成本和预期等因素整合为简单的意愿，避免了大量的基础数据调查，而且根据意愿调查获得的数据能够得出生态系统服务提供者自主提供优质生态系统服务的成本，也可以得到补偿提供者所愿意支付的最大值。意愿调查法直接针对利益相关者进行调查，故其应用范围很广。意愿调查法的缺点在于风险比较大，即调查得出的结论可能会与真正的意愿不相符合，产生这种结果主要如下:(1)利益相关者对调查的理解情况不同。(2)被调查者可能会朝自己有利的方向阐释意愿。另外，这种方法属于半市场理论，因此存在着接受意愿和支付意愿两种标准不统一的情况，尤其当支付意愿远远小于接受意愿的时候难以调节。

以上三种补偿标准确定方法，各有长处和缺陷。针对不同的情况应该具体考虑使用哪一种。结合江西省生态经济发展的具体情况来看，第三种意愿调查法使用的场合居多，但目前实施力度不够。近年来，江西提出生态立省，进行了林权制度改革、加大了生态经济区域建设，原中央苏区、环鄱阳湖经济区等地区均出现了农民因“退耕”补偿款过低上访，或者补偿标准不合理，区域经营难以为继而不断调整补偿条款的情况。

出现这些情况，就在于生态补偿标准确定过程中，利益方的参与度不够，尤其是对于作为生态贡献方的失地农民，没有在既定的市场议价机制下，表达出自己的利益诉求。确定基于农户意愿的生态补偿标准可以很大程度上地弥补这些缺陷，因此成为理论界关注的新焦点，在生态补偿机制的确立过程中应予考虑。

三、排污权交易机制

市场是调节稀缺资源、实现优化配置的最重要手段。多年实践证明，要实现节能环保、降低碳排放，光凭政府的行政强制与企业的意识自觉是不够的。为解决这一问题，西方制度经济学家于20世纪60年代，提出了“排污权交易”理论，其核心为碳排放交易制度。以西欧为主导的发达国家，经过半个世纪的努力，建立了由“项目市场”与“配额市场”为主体，以欧盟排放交易体系（EU ETS）与美国芝加哥气候交易所（CXX）为交易中心的碳排放权交易市场。如今碳排放交易机制已经成为一种世界公认的高效、低成本的市场化减排控制模式。

江西省要发展生态经济，就必须在构建生态市场机制的过程中，重点完善省内以及省际的排污权交易机制。2011年中共江西省委十三届代表大会报告中明确提出要“发展碳汇林业，培育发展碳汇、排污权交易市场”。这为江西未来低碳经济的发展指明了方向。2012年6月江西省以南北联合林业产权交易股份有限公司为平台,启动了首个碳汇交易项目,标志着江西省正式进入了碳汇交易的实践阶段。但在碳汇融资交易机制研究与发展上,江西乃至全国在碳汇市场化、森林碳汇交易制度、模式完善上,还有很长的路要走。

1.在全省各地建设碳排放交易中心

2014 年 1 月，赣州一家稀土企业花了 8 万元，向一家水电站购买了 1600 吨碳排放权,这是我省完成的第一笔自愿碳排放权交易。赣州环境能源交易所作为江西省首家环境权益类交易所的正式运营,对江西省生态文明市场化机制建设具有里程碑式的意义。碳排放权交易,就是每个企业都有既定的碳排放量。在实际的生产中,A 企业的碳排放超标了 2 吨,B 企业减排了 2 吨,则 A 企业可购买 B 企业的碳排放指标,以此实现碳排放总量不变。我们目前还没有对企业有强制性的减排要求,市场化机制的引入,为我们提供了一种通过市场机制解决外部性问题的一种新的思路和方法。

中共江西省委十三届代表大会报告中明确提出了 “发展碳汇林业,培育发展碳汇、排污权交易市场”这一全新的战略规划,为江西未来低碳经济的发展指明了方向。全省各地应建设碳排放交易中心,各设区市建立省级低碳经济试点城市,南昌作为国家低碳经济试点城市,应通过着力打造国家级碳排放交易市场,促进产业化、可视化、国际化、品牌化、惠民化低碳城市的发展,务实探索生态与经济融合的发展模式,为江西科学发展、进位赶超、绿色崛起作出应有的贡献。

南昌应当在以下三个方面下功夫:第一,发挥政府宏观引导作用,加快省内交易市场的建立。区域性、地方性的碳排放交易平台,是建立国家级碳排放交易平台的前提和基础。只有建立了省内市场,并积极对接省外乃至国家市场,才能逐渐成为有影响、有声望、有实力的国家碳排放交易市场。第二,完善信息化基础设施,引进培育专业人才,为做大、做强南昌碳排放交易市场提供智力支持。

2.加快绿色金融产品的创新,为低碳经济的发展提供资金支持

排污权交易平台建设离不开金融行业的支持。省内的金融机构要善于

捕捉低碳经济发展所带来的金融发展机会，在发展低碳经济的过程中，适时建立环境风险投资基金、环境产业投资基金、环境金融市场中的对冲基金，发行绿色金融债券，开展商业银行的绿色贷款以及环境信用风险评估，重点支持鄱阳湖生态经济区生态环境建设和环境经济发展，创新出环境与金融互动的金融工具。在具体运作中，建议选择若干个金融机构作为低碳经济发展基金的具体操作单位，通过政府特别投入、企业税务提取(如碳税)、社会公益充值等多种方式充实该发展基金。

四、理顺政府与市场的关系

市场机制是发展生态经济的重要途径和手段，但是由于生态资源的特殊性以及市场在解决环境资源配置方面的天然缺陷，使得生态市场机制并不能脱离政府规制而单独起作用。

在市场经济条件下，生态文明目标的实现既要遵从经济规律，充分发挥市场机制在资源配置中的基础作用，又要按照生态规律的要求，通过政府和制度的力量来限制和引导市场活动的范围和方向，实现经济活动的生态化目标。作为现实经济制度的主要提供者和监督者，政府在生态文明建设中的作用总的来说可以归结为两方面：一方面，建立实施限制和规范经济参与者行为的政策制度；另一方面，通过制定激励性的政策措施和手段来引导经济活动向着生态文明的目标发展。而市场的作用则是在这种限制下，如何更有效地组织和协调经济活动，按照生态效率的要求最大限度地实现资源的合理流动和利用。

结合生态文明自身的内涵和目标特征，生态文明建设实践中市场与政府的作用关系主要集中于三个方面：一是政府通过采用一些强制性的生态环境规划和环境标准等制度安排，为市场经济活动划定物理规模或者说生态边界；二是政府通过制度安排，建立生态文明发展的利益驱动机制，如通过征收资源税、环境税、对相关建设项目给予财政补贴或税收优惠等手段，重新构建中国经济的成本与价格形成机制，建立有利于生态文明发展的利益驱动机制；三是政府提供信息、技术与资金等支持，为企业提供良好的技术创新环境，提高市场运转效率。

报告二　生态开发与保护基本管理制度建设

江西在加快建设鄱阳湖生态经济区中，努力探索生态开发与保护的新路子，在水资源、湿地、林地等管理制度已经建立，但仍不完善，需要健全基本的管理制度。

一、建立开发与保护基本管理制度的背景

1.公共产品外部性理论

外部性（Externality）是指在市场活动中，一个经济主体的经济活动给第三方所带来的有益或者是有害的影响。也可以换种说话为:外部性就是指社会成员（包括个人和组织）在从事经济活动时，该行为人不完全承担其成本与后果，也即行为举动与行为后果的不一致性。

在市场经济的机制下，企业是以盈利为首要目的的，在目前部分生态和环境的收益无法得到体现。循环经济和可持续发展具有很强的外部性，但是企业的最终目标是为实现自身利益最大化，对实施这种循环经济缺乏积极性。市场的缺陷性和环境的外部性导致生态经济的发展不可能以单一的市场力量来调节，必须依靠政府通过宏观调控的手段来刺激和引导。而能把生态的理念以管理制度的形式表达出来并具有规范性和强制性，为生态经济的发展提供了制度保障。与此同时，通过制度建设，更明确了利益主体的责任。

2.绿色崛起的内生性需求

目前，生态被破坏导致的环境不断恶化正在严重影响着人们的生存和生活质量，并对经济发展产生日益增多的负面影响。江西省正处于工业化和城镇化加快发展的时期，需要良好的生态环境和充足的自然资源作保证。而从整体来看，当今我省所拥有的自然资源要少于发达国家乃至发达

地区开始快速增长时所拥有的资源，并且江西经济还是个以重型化工业为主体的格局，资源环境约束又不断强化，承担着做大总量与节约资源的双重压力。显然，靠资源依赖型的增长方式难以为继。江西要科学发展、绿色崛起，并与全国同步全面建成小康社会，必须从现状出发，对自然资源的利用要体现合理性和持久性，这就要有一种能够保证新的发展模式得以运行的管理体制。

3.现有的管理体制不适应绿色崛起的要求

现在的生态开发与保护的管理模式仍摆脱不了计划经济时期所形成的以资源生产为主的管理体制和经营机制，权责利不统一、管资产和管人、管事分离。这里的原因很多也比较复杂，但主要的原因有三：

一是法治管理模糊。所有的自然资源（部分土地集体所有）都归国家、全民所有。但是有些地方政府往往认为自己是当地生态资源理所当然的拥有者、管理者和使用者，是生态资源产权的代表。特别是各个市场行为主体的生态资源产权关系不明确和缺乏有效约束机制，导致滥用管理权，争夺使用权的现象，出现了地方与地方争夺；个人、集体与政府争夺；地方与企业争夺的"乱抢"现象。造成了对自然资源管理无规可循、有法不依的混乱局面。

二是行政管理缺位。江西省于2003年3月20日开始实施《江西省鄱阳湖湿地保护条例》，该条例是继《黑龙江省湿地保护条例》后我国湿地保护方面第二部地方性法规。该条例针对鄱阳湖湿地管理过程中存在的资源无序开发、生物多样性减少、湿地管理具体措施不到位等问题提出了很多有力的措施。2006年5月1日，《江西省水资源条例》正式施行。该条例是根据2002年颁布的《中华人民共和国水法》精神制订的地方性水法规，尽管上述两部地方性法规在生态开发与保护上取得了成效，但从管理层面上说，有局限之处。首先，鄱阳湖流域管理机构缺位或权利缺位。在《江西省水资源条例》中仅有处于管理层面的行政机构，却未体现这种独立的水资源管理机构；在《鄱阳湖湿地保护条例》中提到的"鄱阳湖湿地保护综合协调机构"范围太广，而且湿地自然保护区管理机构与其他部门的职责不清晰。

鄱阳湖水资源保护主要问题集中在流域管理与行政区域管理之间、水资源各管理部门和各县市政府之间。我国按行政区域划分的管理机制，使得各部门很容易从自身利益出发，缺乏全局观和协调观，从而阻碍了水资源流域的可持续发展。其次，《鄱阳湖湿地保护条例》和《江西省水资源条例》中规定多偏向行政责任，而对民事责任、刑事责任还未涉及。再次，具体制度不健全。生态补偿制度虽已提出，但具体的补偿主体、补偿对象、补偿方式、补偿标准内容没有明确。公众参与制度未体现，这对于生态经济区居民和一些民间组织参与水资源保护与发展的方式和地位都没有保障，严重制约了“第三部门”的作用发挥。

三是经济管理不强。江西省自 2012 年 5 月 1 日起开始实行《鄱阳湖生态经济区环境保护条例》和《江西省湿地保护条例》，明确了经济奖惩制度，无疑对于遏制生态环境恶化有效开发生态资源起到了很好的作用。然而，实施上难度较大，存在性质定位不合理、计费依据不合理、征收范围过窄、单位费额偏低等问题。另外，如何核定、监测、征收、使用、管理等不明确，造成不可避免地存在行政随意性的问题。

二、国内外生态开发与保护经验的启示

在生态开发与保护管理上，国内外有许多经验值得我们认真总结。

1.树立流域综合管理理念，制定区域协调机制

流域综合管理指通过协调经济、社会、环境三者关系，保证维护健康流域水环境基础上持续发展的管理理念，通过统一整个流域的环境保护和资源共同开发，制定统一的环境及经济发展规划，把流域作为一个完整的生态社会经济体系来发展。国内外流域经济发展经验表明，流域整体经济的发展和环境保护的协调，无不是在一个统一的发展理念下展开的，在发展过程中，需协调统一区域发展步伐和发展机制，把生态区当作一个完整的区域体，由具有协调权的职能部门协调和管理，重点就区域交通一体化、旅游合作、环境卫生、人力资源及区域整合规划等事项进行广泛而深入的探

讨，从而加强区域协调合作，增强生态经济区的整体竞争力。

2.优化调整产业结构，建立现代化生态开发与保护体系

生态开发与保护是生态经济区可持续发展的支撑，国内外流域地区生态经济发展的经验表明，根据本地区的产业现状，有重点地发展生态开发与保护，优化产业结构，是发展生态经济的必然途径。在生态开发与保护方面，鄱阳湖具有较好的基础和发展潜力。在生态农业方面，鄱阳湖生态经济区内有大米、中药材、蔬菜等十几个农业主导产业基地，农业资源丰富；工业方面，湖区的生态工业园较为集中，其他主要工业园区也相对具有一定集聚度，适宜进一步分工集聚发展；第三产业方面，湖区的生态资源优越，生态旅游产业的提升空间巨大，金融业、现代服务业等需求巨大，具有较大发展空间。为适应生态经济区的建设，必须对现有的产业结构进行调整，转变经济增长方法，重点发展绿色产业和生态旅游业，同时建立起安全的食品生产基地，构建以现代服务业为主的新型生态农业、工业和以生态旅游业为代表的第三产业。

3.完善交通基础设施建设，强化区域联动发展

日本通过搭建起以中心城市为核心的立体网状交通体系加强了中心城市与周边城市的经济合作和产业协作发展，使得地区间能够共享丰富的劳动力资源、生态资源及其他经济要素资源，为经济的协同发展提供保障。促进鄱阳湖生态经济区的协调发展必须充分发挥南昌、九江等中心城市的拉动作用，加强中小城市与周边城市的产业协作和经济合作。以中心城市为轴心，完善连接周边城市的交通网络体系，加强同区域外经济体的交通联系，同时建立起区域运输的协调机制，形成集公路、铁路、水运等为一体的综合交通网络，以缩短城市间通行时间，为形成区域一体化打下坚实的基础。为提高区域内分散的公共基础设施的使用效率，应统筹协调，优化鄱阳湖生态经济区城市的空间布局，加强区域性重大市政设施、道路交通的规划协调，优化区域内公共资源配置，加强区域性生态环境建设，引导城市群之间的对接发展。

4.完善法律法规，增强公众环保意识

完善的法律法规体系是生态经济发展的重要保障。美国通过一系列法律法规体系在经济快速发展的同时为自然环境的保护提供制度支持，实现了环境保护和经济发展的双赢机制。目前，鄱阳湖生态经济区还缺乏各类法律法规和制度，生态经济发展的"软环境"还不成熟，要建设和持续发展生态经济，就需健全生态区的法律保障。同时，大力提高公众的环保意识，鼓励公众参与到生态区的建设中来，形成生态经济发展的公众基础。

四、江西省生态开发与保护管理制度建设的建议

鉴于江西省管理存在的问题，学习国内外先进的管理理念和制度，特提出如下建议。

1.建立政府引导、企业主导和公众参与的生态开发与保护发展机制

生态开发与保护管理的建立应该是政府引导、企业主导和公众参与的机制。政府引导体现在三方面：一是重点放在公共品的扶持上，二是必须出台能得到国民支持的政策，三是扶持一批有竞争力的生态型企业。同时，要形成促进生态开发与保护发展的决策机制，以规章制度替代核定制度，消除核定过程中的主观性，实现依法决策的目标，在考核机制上要以自下而上的方式，实施民主监督。企业是生态开发与保护发展的主体，是区域生态开发与保护发展的重要支撑。通过政府的产业政策引导，企业从事生态产业空间加大，必然会增强企业生产技术和设备的生态化改造，提升企业发展循环经济、进行清洁生产的主动性。通过企业的生态化转变推动发展模式从先污染后治理向生态亲和型转变，使生态开发与保护逐渐成为国民经济中的主导力量，逐步形成区域特色产业体系的经济发展格局。目前生态环境保护有法不依、执法不严、理念不深都是生态开发与保护发展滞后的重要因素。拥有相对广泛的知情权是公众积极参与的重要前提条件。因此，在发展生态经济，建设生态经济区的过程中，应建立环境及经济信息的公开机制，构建公众了解政策、响应政策的畅通渠道，提高公众参与的积极性。

2.建立和完善支持生态开发与保护发展的法律体系

世界各国发展生态经济,实现生态开发与保护的出发点及立脚点各不相同,德国从垃圾处理和废弃物回收利用发展生态经济,日本从资源减量高效使用入手促进循环经济发展。但他们之间相同的是,各国都把立法作为有力推进生态产业的主要手段,并在实践过程中不断完善这些法律。我们虽然出台了一些指导保护生态、促进生态经济发展的法律,这为技术的创新新和转化提供了良好的法制环境。但存在的问题是,现行的法规制度偏重经济效益,而轻视生态效益,对于影响生态环境的因素没有足够重视,缺乏前瞻性和预警性,因此要大力注入生态理念,增加生态条款,使之成为生态工业园区和生态产业发展技术创新及推广的重要保障。

3.制定和完善支持生态产业发展的引导政策

一是构建产业共生网络平台。政府应设置旨在鼓励和支持企业以生态产业园区为平台构建产业网络激励机制和政策规章体系,研究制定鼓励企业进行产业升级改造、产业结构调整的创新鼓励政策,设立企业生态化改造基金,加快生态产业重点项目的落地实施。二是实施扶持生态工业园区技术创新的政策。发展生态工业园区,政府应明确自身的职能职责和扮演的角色。政府的主要角色应该是园区开发与发展的战略制定者,园区规划、许可证和相关法规的制定者。为企业提供技术、资金支持,加强园区之间的沟通和交流。支持生态工业园区的基础设施建设、科学研究和技术研究。三是实施“废旧产品再利用责任制”。可借鉴日本和韩国的经验,试点推广废旧品的科学再利用。日本的旧产品主要由企业负责回收和循环利用。在回收和利用的过程中,企业如达不到政府的规定,政府有权对相关企业以回收费用1.3倍左右的罚款作为警戒处罚。企业可采用自行回收、合作回收或与废旧产品再利用企业合作等形式对废旧品进行回收利用。韩国通过成立资源再生公社,采用抽查或现场调查的形式对企业的废旧品再利用进行监督,有力促进了企业废旧品再利用的效果。四是清洁能源使用引导、鼓励政策。目前,世界各国加速了新能源开发和推广使用的步伐,加快了新能开发战略。如德国为鼓励垃圾发电产业的发展,出台政策规定垃圾发电项目电网全权收购，且收购价远高于传统发电价格，极大地推动了这一新能源产业的发展的积极性。江西省发展生态产业，新能源产业应是其重要组成部分，应着手出台支持和引导政策，鼓励生态区内如光伏产业和太阳能产业等新能源产业的快速发展。五是完善征收税费制度。建立包括环境税费制度、财政信贷鼓励制度、排污交易制度等控制生态经济外部性的激励和约束机制。

4.建立支持生态开发与保护发展的财税创新体系

一是促进环境保护的财税政策。加大制度促进节能减排的税收和非税收政策，争取全国范围内的节能减排试点，向中央争取更加有利的优惠政策制度。建立排污交易制度，在污染总量控制的前提下，允许各个排污单位在有关政策和法规约束下对排污指标进行有偿转让，提高企业的减排技术和加大资金投入的积极性，以灵活的市场机制和相对较小的社会成本实现污染物总量控制的目标。二是促进产业发展的财税政策。积极研究通过税收政策，鼓励和支持绿色服务商贸的发展，借鉴高新技术企业税收优惠政策，研究适应于服务商贸的鼓励政策，鼓励企业进行技术开发和创新。三是促进科技进步的财税政策。确保财政科技资金支持的增长率不低于财政收入的增长幅度，研究探索对高新技术企业和生态环保企业所缴纳增值税适当比例返还用于企业研究和开发。完善技术创新体系，依靠科技创新解决资源短缺、环境污染、生态退化等问题。推进农业、工业、服务业生态化转型。以生态工业园区等组织形式为依托，以清洁生产和产业链技术研发和推广为手段，从产品结构、工艺技术、组织管理等层面对资源利用系统进行生态化改造和升级，实现资源高效利用和废旧物资元再生利用的有机统一。

5.建立支持生态开发与保护发展的市场体系

一是根据市场需求开发生态产品。考虑市场需求，进行市场调查，进行成本核算，在各种因素可控的条件展开生态产品的开发和推广。二是建立完整的生态开发与保护链。三是利用市场机制强化产业发展环境责任。建立资源有偿使用制度、排污交易制度和生态补偿制度，充分发挥市场机制和经济杠杆作用,使社会、企业、公众和政府通过市场调控的作用都能承担起发展生态产业责任。四是完善环保管理制度。环保部分研究建立体现循环经济观念的价格体系和返还制度确保产品价格中就能体现环境成本和回收成本。五是利用市场引导绿色消费。

6.优化生态开发与保护投资政策

一是加大特定地区基础设施投资力度; 二是加大环鄱阳湖生态城市群、工业园区和高新技术开发区内高新技术产业、新能源等产业的投资,促进环鄱阳湖生态城市群的产业结构优化和层次的提升;三是加大重大科技项目和技术转化的投资力度,鼓励企业技术创新和推广应用。合理引导社会投资。进一步放宽投资领域,实行更加开放的投资准入政策,将民间投资纳入到国民经济长期发展的规划中, 建立有效的信息传递和发布制度,及时发布政府对投资的调控及鼓励政策,引导社会资本向生态开发与保护集聚,形成产业发展合力。

报告三　资源有偿使用制度和生态补偿制度建设

十八大报告中指出,生态文明建设需要"深化资源性产品价格和税费改革,建立反映市场供求和资源稀缺程度、体现生态价值和代际补偿的资源有偿使用制度和生态补偿制度"。作为一个生态大省,江西省必须改变环境资源的无偿使用或廉价使用制度,引入市场机制,推进环境有偿使用制度,通过非行政化的方式解决资源与环境、经济社会发展和资源约束性限制的瓶颈问题。

一、资源有偿使用制度建设

资源有偿使用制度,指的是资源使用者在开发资源时必须支付一定费用的制度。资源有偿使用制度有利于资源的合理开发利用和整治保护,也有利于资源产业的发展。

我国的资源使用制度包括以作为原则的有偿使用为制度和作为该原

则例外的无偿利用两个方面。自然资源有偿使用制度，是指国家以自然资源所有者和管理者的双重身份，为实现所有者权益，保障自然资源的可持续利用，向使用自然资源的单位和个人收取自然资源使用费的制度。对自然资源的无偿使用必须严格遵守法律规定的范围和条件，发挥对自然资源有偿使用制度的有益补充作用。

江西省矿产资源丰富，是环太平洋成矿带的组成部分。江西在中国甚至在世界的有色金属、贵金属和稀有、稀土矿产资源方面都具有重要地位。江西拥有“世界钨都”、“稀土王国”等桂冠，并有“七朵金花（铜、钨、铀、钽、稀土、金、银）”的美誉。江西发现各种有用矿产187种，矿产地5000余处，查明有资源储量的133种。其中，包括5种能源矿产、4种黑色金属矿产、12种有色金属矿产、2种贵金属矿产，及29种稀有稀土金属矿产，保有资源储量居全国前十位的共有75种。79种非金属矿产、119处地热资源。全省已通过省级或国家级技术鉴定的饮用天然矿泉水产地有110处。2011年江西省水资源总量：1037.88亿立方米，蕴涵着巨大的水能资源。截至2012年江西省土地资源中全省耕地面积4229.7万亩，补充新增耕地15.84万亩。2012年全省共审批建设用地32.2万亩。土地使用权出让成交价款743.56亿元。

但近十几年中，随着江西工业化进程的快速发展，使自然资源消耗量不断增加。2012年，江西省煤炭产量预计2690万吨，煤炭消费量预计为6700万吨，全年长输管道天然气供应量5.15亿立方米，增长1.1倍。全省成品油消费量630万吨，增长4%。资源消耗量增加和资源相对的有限性不足成为突出的瓶颈问题。同时，江西省淡水资源需求量不断增加、土地资源的缺口也在不断增大。资源数量稀缺性且分布不均成为经济社会发展决定性要素，也是决定江西省经济社会发展水平的“短板”要素。补足资源“短板”正是建立资源有偿使用制度的现实意义所在，亟待开展资源有偿使用制度建设，形成一整套资源有偿使用管理措施，在保证经济又好又快发展的同时，使江西的山更绿、水更清、天更蓝、环境更优美。

1.明确资源所有权和使用权人的责任和义务

在当前的现实状况下，自然资源有偿使用制度主要依据是我国现行的物权法，土地资源、矿产资源、水资源等自然资源的使用和收益问题就是现代物权法的重要内容。土地等自然资源一方面是整个社会存续的共同物质基础，其利用具有社会性；另一方面又只能在具体的使用中实现价值，其使用具有排他性。由于存在社会性，即便是在资本主义私有制条件制度下，各国也都通过用益物权制度，使所有权人之外的权利人也可以就土地等自然资源进行使用并分享收益。由于存在排他性，自然资源的使用必须确定权属。我国是社会主义公有制国家，重要的自然资源主要归国家所有即全民所有。物权法的所有权部分的规定已经为自然资源利用的社会性提供的基础；与此相适应，在已经建立的自然资源使用制度的基础上，进一步通过用益物权将自然资源的使用确定，明确所有权人之外的权利人对自然资源资源利用的排他性，运用民事手段保护权利人合法取得的财产权利，既能保障自然资源物尽其用，又符合物权法体系划分的逻辑。

江西省石油、煤炭、天然气和各种有色金属等都是面临枯竭的不可再生的宝贵资源，因此资源开采者必须向资源所有者——国家及资源所属省份——江西省交纳相应的税费以获得开采权，明确资源所有权和使用权人的责任和义务，在一定范围内实施应彻底取消自然资源一级市场供给（行政无偿出让和有偿出让）的双轨制，使企业通过招标、拍卖等市场竞争手段公平地取得资源开采权。

2.建立真实反映资源稀缺程度、市场供求关系、环境损害成本的价格机制

社会主义市场经济是一个包括生产资料市场、消费品市场以及资金、劳动力、自然资源等生产要素使用权市场的完整体系。重要的自然资源作为基本的生产要素，如果其使用权不进入市场流通，社会主义市场体系就不完善，就难以充分发挥市场优化配置，公平竞争的作用。在过去的使用制度下，自然资源使用者既没有压力，也没有动力，多占少用、早占晚用、占优用劣、占而不用甚至乱占滥用，严重浪费了宝贵的自然资源。同时，占有资源较多且质量优越的企业，与占有较少、质量较差的企业、实际上处于不平等竞争的地位。通过有偿、能流动的自然资源使用制度，对资源作为生产要

素交给市场调节，才能合理配置自然资源，实现最大的资源利用效益。

按照维护自然资源可持续利用的原则要求，构建合理的自然资源价格的差比价关系，正确地处理自然资源与资源产品、可再生资源与不可再生资源、土地资源、水域资源、森林资源、矿产资源等各种不同资源价格的差比价关系；纠正原有的不完全价格体系所造成的资源价格扭曲，将资源自身的价值、资源开采成本与使用资源造成的环境代价等均纳入资源价格体系。通过完善资源价格体系结构，为资源有偿使用制度的实施提供体制保障。

首先，明确产权。对城市土地、森林、草地、水源和矿产资源等自然资源的无偿使用是对公有制合法权益的侵犯，是公有财产流失的一个巨大黑洞，必须通过明确产权，堵塞这个黑洞。第二，应明确资源是有价格的，资源的价格须通过市场机制形成。在经济建设的方方面面，都应将资源价格作为成本——效益分析的一个重要因素，坚决制止不讲资源成本的投资规模膨胀、导致产业结构趋同的重复建设、不考虑规模经济效益的无序竞争等不良倾向。第三，加强资源开发管理和宏观调控。营造公平、公开、公正的资源市场环境，形成统一、开放、有序的资源初始配置机制和二级市场交易体系，建立政府调控市场、市场引导企业的资源流转运行机制，通过市场对资源的有序配置，提高资源的利用效率，改变人们利用与消费资源的传统方式，以资源的永续利用保障经济社会的可持续发展。第四，改变以往资源无偿划拨、占用的不合理制度，消除资源使用方面的“大锅饭”现象。建立资源有偿使用和转让制度，使用资源按价付费，资源转让通过市场实现。第五，资源的有偿使用应当与环境保护结合起来。自然资源是在自然条件下生成、保存和储备的，对自然环境的破坏或污染，也就是对资源生成和再生、保存和储备的直接损害，应按照国际惯例和市场经济原则由污染者赔偿。

3.加快完善资源管理的法律法规，提高资源补偿费费率

目前江西省环境和生态税费尚未形成完整体系。2012 年省第十一届人民代表大会常务委员会第三十次会议通过的《鄱阳湖生态经济区环境保护条例》和《江西省湿地保护条例》是目前江西省保护水资源最高级别的地方性法规，以行政法规的形式确立了环境保护制度，进一步明确了环境保

护主体、对象、措施及法律责任,但仍存在着一些问题。(1)立法水平低,对破坏环境的处罚尚未形成统一的规范。(2)对拒不履行保护责任的约束过轻。(3)绿色税收的环保功能不强。这种环境保护制度,不仅难以形成政府、企业、个人珍惜资源、保护环境的压力和动力,也造成生态环境补偿机制缺失,生态保护者和破坏者、受益者和受害者之间的利益关系难以理顺,生态环境保护缺乏良性循环机制。

因此我们建议,在我国环境税还未实行的情况下,应提高江西省资源补偿费。资源补偿费作为基础权利金,采用从量计征方法以体现权利金征收的绝对地租性质,就是说,资源补偿费要根据产量、价格、生产条件等因素进行不同的调整,并明确地方分成所得权利金收入要重点向资源产地的县、乡倾斜,以促进资源开发地区可持续发展。同时,县级以上人民政府环境保护主管部门应当建立环境保护信用档案,记录其环境保护信用信息,将遵守环境保护法律、法规,承担环境保护社会责任等情况载入信用档案,并向社会公开。环境保护信用信息应当作为环境监督管理、财政支持、政府采购的参考依据,并按照有关规定作为银行信贷、外贸出口、企业信用评定和企业上市等方面的参考依据。

4.发挥财政职能,做好资源有偿使用收入的管理工作

发挥财政的配置职能,形成合理的资源成本分摊机制,将资源自身价值及开采费用、开采资源造成的环境恢复费用、资源开采生产的安全费用等共同成本合理地分摊到资源开采、资源产品和产品服务等产业链条之中;发挥财政的调节职能,将资源有偿使用的收入进行有效的分配,在按比例分成的基础上,实行"专款专用";发挥财政的监督职能,依据财经制度促使使用资源的经济成分准确、及时、足额地交纳有关税费,同时对造成资源有偿收入的税源和费源"跑冒漏损"现象进行检查验证。

二、生态补偿制度建设

建立生态补偿机制,是建设生态文明的重要制度保障。生态补偿机制

是指对损害生态环境的行为或产品进行收费,对保护生态环境的行为或产品进行补偿或奖励,对因生态环境破坏和环境保护而受到损害的人群补偿,以激励市场主体自觉保护环境,促进环境与经济协调发展,健全生态环境补偿机制,完善生态文明的制度体系。

1.完善法律体系,建立生态环境补偿的长效机制

鄱阳湖生态经济区建设三年多来,江西省先后建立了"五河"及东江源头生态补偿试点、矿山环境治理和生态恢复补偿、森林生态效益补偿机制;加强流域区域生态补偿资金管理,建立健全分类补偿与分档补助相结合的森林生态效益补偿机制;把公益林补偿标准提高到每亩 15.5 元,补偿面积达 5100 万亩,占全省林地面积的 32%,位居全国前列。同时,我们积极争取将东江源头和鄱阳湖湿地纳入国家生态补偿试点范围。

然而,生态环境补偿机制的制度化、规范化、市场化需要通过法律法规进行约束和支持。因此,要以鄱阳湖生态经济区为重点,积极推动开展生态补偿制度的试点工作,为完善生态补偿机制积累经验。要根据环境污染和生态破坏的实际情况,科学确定不同地区的补偿标准、补偿方式和补偿对象;突出重点,针对群众反映突出、严重影响生产生活和需要实行抢救性保护的区域,如自然保护区、饮用水源保护区、受野生动物危害人类难以生存地区开展补偿试点;在财政支付能力有限、政府控制力不足的条件下,加强产权改革制度的研究,调动民间参与污染治理和生态建设的积极性,将政府主导型生态治理模式逐步转变为民间主导型治理模式。

2.建立政府间财政横向转移支付制度

考虑不同区域生态功能因素和支出成本差异,通过提高转移支付系数等方式,加大对重点生态功能区特别是源头重点生态功能区、生态效益地区的转移支付力度,改进转移支付办法,突出对生态地区的转移支付;设立对重点生态区的专项资金支持模式。引导省级政府与长江下游地区省份进行对接,完善省级之间财政转移支付制度,如在长江下游保护地区向针对淡水资源保护作出贡献的县市予以各种形式的实物转移支付(如技术、设备、资产转移等)和价值转移支付。截至目前,江西东江源没有从广东和香

港特别行政区政府得到任何生态补偿经费。东江源区安远、寻乌、定南三县以大局为重，自我约束，采取严厉的生态环境保护措施，因此丧失了许多经济发展机会，使地方政府同时承受着发展经济、提高农民收入与保护自然生态环境的双重压力，尤以保护自然生态环境的压力更为突出。虽然从2008年开始，江西省财政每年安排专项资金5000万元，对“五河”和东江源头保护区内的崇义县、大余县、瑞金市、石城县等13个县(市)的生态环境保护工作给予奖励。但杯水车薪的奖励远不足以弥补他们因保护而付出的成本。通过协商，建议设立“赣粤港生态补偿与生态建设基金”。

3.建立生态补偿保证金制度

借鉴国外经验建立生态保证金制度。保证补偿资金长期稳定的来源，可以有效地解决生态补偿制度的缺失。所谓“生态保证金制度”，就是对新建或正在开采的矿山、林场等，应以土地复垦、林木新植为重点建立生态补偿保证金制度，企业须在交纳相应的保证金后才能取得开采许可，若企业未按规定履行生态补偿义务，政府可运用保证金进行生态恢复治理。

4.拓宽生态建设和环境保护资金筹措渠道

可利用国债这一有利的筹资手段，解决资金缺口问题。同时可以考虑发行中长期特种生态补偿债券或彩票，筹集一定的资金。提供各种优惠政策，鼓励私人投资到环保产业，争取在股票市场中形成绿色板块。提高金融开放度、资信度和透明度及加强投资制度的一致性和稳定性，创造良好的条件以引进海外资金，积极吸引国外资金直接投资于生态项目的建设。

5.建立生态保护职责和生态补偿对称的评估体系

加强生态基础科学研究，形成生态保护职责和生态补偿对称的科学评估体系。根据各领域、不同类型地区的特点，完善测算方法，分别制定生态补偿标准，并逐步加大补偿力度。切实加强监测能力建设，健全重点生态功能区、跨省流域断面水量水质国家重点监控点位和自动监测网络，制定和完善监测评估指标体系，及时提供动态监测评估信息。逐步建立生态补偿统计信息发布制度，抓紧建立生态补偿效益评估机制，积极培育生态服务评估机构。建立科学的生态环境评估体系，推动生态环境的定性评价向定量评价的转变，为生态环境补偿机制有效地完成实施目标提供相应的技术保障。将环境效益计量化，在环境资源的核算等技术层面进行深入研究，科学量化生态环境的补偿标准、计费依据以及如何横向拨付补偿资金等一系列问题，即解决生态保护职责和生态补偿对称的问题科学性与合理性。强化科技支撑，开展生态补偿理论和实践重大课题研究。

6.加强组织领导和监督检查

建立由发展改革委、财政厅、环保厅等部门组成的协调机制，加强对生态补偿工作的指导、协调和监督，研究解决生态补偿机制建设工作中的重大问题。加强对生态补偿资金分配使用的监督考核，加大对重点领域和区域生态补偿特别是试点工作的指导协调。

报告四　江西省生态环境责任制度研究

习近平同志在中共中央政治局就大力推进生态文明建设进行的集体学习中指出，在生态环境保护问题上，不能越雷池一步，否则就应该受到惩罚。要建立责任追究制度，对那些不顾生态环境盲目决策、造成严重后果的人，必须追究其责任，而且应该终身追究。

环境责任，是指行为人由于违反环境资源法律行为、违反环境资源合同行为或者由于资源环境法律规定而应承受的法律后果[①]。人与自然关系构成的社会是环境自由与环境限制、环境利益与环境责任、环境权利与环境义务相统一的社会。当环境权利被滥用，环境义务缺失，生态环境的问题就会随之产生。导致这一问题的本源是人类道德伦理的危机。由于人类道德范畴所具有的根本性，要使人们改变环境恶化状况需要一个长期、曲折

①本文的环境法律责任概念与法律责任的概念相对应。对于法律责任这一重要概念，目前存在着各种不同的定义。笔者赞同我国著名法理学家沈宗灵教授在其主编的《法理学》(北京大学出版社 2000 年版，第 505 页)中的定义，即“法律责任是指行为人由于违法行为、违约行为或者由于法律规定而应承受的某种不利的法律后果”。所述法律规定的不利法律后果，是指除违法行为、违约行为应承受的不利法律后果以外的其他法律后果，包括法律规定的无过错行为、违德(道德)行为、违纪(纪律)行为等应承受的不利法律后果。

的过程,如果仅仅依靠人们环境意识的提高和自我道德约束来落实环境责任,人类将付出沉重的时间成本。唯有法律制度,方可满足环境保护事业的紧迫性,又可以弥补环境道德的非强制性缺陷。

自环境保护制度系统化、法律化以来,责任追究机制就成了其核心范畴。1972 年召开的斯德哥尔摩人类环境会议及会议发表的《人类环境宣言》将环境责任写入其重要组成部分,《宣言》呼吁各国政府和人民为全体人民和他们的子孙后代的利益做出共同的努力,要求公民和团体以及企业和各级机关承担责任。此后的《世界自然宪章》《里约宣言》《约翰内斯堡可持续发展宣言》等国际环境法律文件也有类似规定,很多国家的环境基本法也肯定了这一点。自 20 世纪 80 年代至今,在可持续发展观念的指导下,不同于传统责任体制的新型的环境责任体制发展很快,它充实了原有的环境行政、民事、刑事责任,从"大生态"的角度,在责任性质、活动范围、责任范围、责任方式等方面有了全面的充实。我国从 1979 年颁布《环境保护法(试行)》至今,中国环境法律的数量大幅度增加,覆盖了水、大气、固体废物、噪声、放射性物质等领域,对相关法律责任的含义、构成要件、主要方式与免责事由,都做了厘定。

一、江西省生态环境责任制度现状

1.江西省生态环境责任制度

江西自然资源丰富、生态环境良好,多项生态环境指标位列全国前列。至新世纪以来, 我省生态环境责任制度伴随着国家环境制度发展的大趋势,得以不断的充实与完善,其成果有一下三个方面(参见表 1):

(1)地方性法规:2000 年 11 月与 2008 年 12 月省人大分别颁布与修订了《江西省环境污染防治条例》,这是江西省目前关于环境责任制度最高位阶的地方性法规。《条例》对水源、大气、固定废物噪声等污染的认定与监控流程做了较为详细的规定。对社会个体责任、地方各级政府执法权责,以及污染行为处罚与行政问责与考评做出了详细的规定。

表1　江西省生态环境责任相关制度一览表

名称	发布机关	位阶	时间	鄱阳湖生态环境责任专项制度
《江西省环境污染防治条例》	省人大	地方性法规	2000年11月制定2008年12月发行	
《鄱阳湖生态经济区环境保护条例》	省人大	地方性法规	2006年4	√
《关于加强生活饮用水水源污染防治确保生活饮用水安全的决议》	省人大	人大决议	2004年	
《鄱阳湖湿地保护条例》	省人大	地方性法规	2003年	√
《鄱阳湖自然保护区候鸟保护规定》	省政府	政府规章	1999年	√
《江西省生活饮用水水源污染防治办法》	省政府	政府规章	2006年	
《江西省排污费资金收缴使用管理办法》	省政府	政府规章	2003年	
《关于实施三江湖工程推进绿色生态保护若干意见》	省政府	政策性文件	2007年	√
《江西省突发环境事件应急预案》	省政府	政策性文件	2007年	
《江西省环境保护违法违规行为行政责任追究暂行规定》	省环保厅	政策性文件	2001年	
《关于在引进和建设工业项目中进一步防止环境污染和生态破坏的意见》	省环保厅、建设	政策性文件	2009年	
《江西省餐饮、娱乐等服务行业水污染物排放量核算暂行办法》	省环保厅	地方部门规章	2006年	
《关于加强鄱阳湖及其他重要湖泊水环境保护工作意见》	省环保厅、省发	政策性文件	2009年	√

资料来源：省人大新闻网

（2）政府性规范文件：在这一层级的政府规范多以针对性、专业性与可操作性较强的省人大决议与地方政府规章组成，集中在水源、大气、固体废物、噪声污染等方面的专项规定，主要有：

水资源方面，2004年省人大《关于加强生活饮用水水源污染防治确保生活饮用水安全的决议》与2006年省政府公布的《江西省生活饮用水水源污染防治办法》，其中对各种污染饮用水水源污染行为的法律责任与经济处罚做了详尽的规定。2006年省环保厅公布的《江西省餐饮、娱乐等服务行业水污染物排放量核算暂行办法》，对排污责任的核算标准做了系统的规定。排污管理方面，2003年江西省人民政府颁布的《江西省排污费资金收缴使用管理办法》，对排污资金的收缴、使用以及违规处理情形作出了规定。环境突发事件处理方面，《江西省突发环境事件应急预案》对引发突发环境事件的事前预警、事中应急以及事后追责的程序、方式与程度都进行规范。在责任管理方面，2006年江西省环保局发布了《江西省环境违法行为挂牌督办实施办法》，通过以挂牌督查制度化的方式来加大环境违法案件的查处力度，有效遏制环境违法行为，确保环境保护法律、法规的贯彻实施，以挂牌督查的方式加大对环境违法行为的追究强度。

(3)鄱阳湖生态经济区环境责任专项制度：2003年11月《鄱阳湖湿地保护条例》是省人大为保护鄱阳湖湿地资源，维护湿地生态功能和生物多样性，保障湿地资源的可持续利用，完善鄱阳湖湿地环境责任体系所制定的，第一部关于鄱阳湖湿地系统性地方法规。该条例首次以明文法规的形式，决定了鄱阳湖湿地的候鸟越冬期(每年10月1日至翌年3月30日)并重申了水域禁渔期(每年3月20日至6月20日)，并对违反越冬期与禁渔期的规定行为，制定了较为详尽的经济责任。2012年4月由江西省第十一届人民代表大会常务委员会第三十次会议通过的《鄱阳湖生态经济区环境保护条例》是江西省立法机关正对鄱阳湖生态经济区保护与发展的需求而制定的专项地方性法规，从环境责任的角度而言《鄱湖条例》明确了以下几点：一是县以上人民政府对鄱阳湖生态经济区环境保护的各项管理职责；二是明确了湖体核心保护区、滨湖控制开发带以及高效集约发展区的保护内容；三是明确了社会主体对保护区环境八种破坏行为的法律责任以及行政人员三项违规行为的法律惩罚。与此同时，江西省人大及政府还先后制定了,《鄱阳湖自然保护区候鸟保护规定》、《关于实施三江湖工程推进绿色生态保护若干意见》以及《关于加强鄱阳湖及其他重要湖泊水环境保护工作》等重要法规政策,丰富了鄱阳湖生态经济区环境责任制度的理论内涵与执法依据。

2.江西省在环境责任制度建设中的问题

(1)缺乏一个总体性、框架性政策文件全面考虑和有效追究环境责任。尽管江西省已出台了《江西省环境保护违法违规行为行政责任追究暂行规定》，但至今仍然没有追究环境责任的系统的、专门的环境政策和环境制度,这是造成江西省一些环境责任得不到及时而有效追究的重要原因。关于环境责任的规划都分散于各篇地方性法规与行政规章中(参见表2),如《江西省环境污染防治条例》关于基本环境责任的规定分散于《条例》的第4、11条(行政问责),第6条(企业排污责任),第16条(环境监测责任),第56~72条(基本法律责任、处罚标准),在《鄱阳湖生态经济区环境保护条例》中，关于鄱阳湖区环境责任制度主要分布于第9~15条（行政管理责任),第37条(行政区域水质管理责任划分),第49条("谁开发、谁治理"原则的事实细则),第50~56条(具体违规行为的处罚准则)。过于分散的环境责任制度,造成政处多门,在环境责任追究的执法实践中,执法依据与执法权限上的重叠与冲突。以污水处理的管理责任为例,《鄱阳湖生态经济区环境保护条例》中规定,以"发展改革主管部门负责产业布局规划和权限内建设项目的审批、核准、备案,指导工业园区污水处理设施的建设和管理,会同有关部门负责城镇生活污水处理设施、污水管网配套设施、生活垃圾处理设施的规划布局工作,鄱阳湖生态经济区建设办公室负责鄱阳湖生态经济区建设的综合协调及建设专项资金的筹集、安排和管理";而在《江西省环境污染防治条例》中,则是由"县级以上人民政府组织建设、城乡规划、发展改革、环保、水利、国土资源等部门编制本行政区域的城镇污水集中处理设施建设规划。县级以上人民政府建设行政主管部门应当按照城镇污水集中处理设施建设规划,组织建设城镇污水集中处理设施及配套管网,并加强对城镇污水集中处理设施运营的监督管理"。两个条例同属省人大地方法规，位阶相同，颁布时间相近，在没有说明优先适用前提下，容易造成责任划分上的冲突与歧义。

表 2　江西省生态环境责任制度条款出处一览表

名称	发布机关	所涉责任条款
《江西省环境污染防治条例》	省人大	第 4、6、11、16、56~72 条
《鄱阳湖生态经济区环境保护条例》	省人大	第 9~15、37、49、50~56 条
《关于加强生活饮用水水源污染防治确保生活饮用水安全的决议》	省人大	第二部分中对责任主体的规定
《鄱阳湖湿地保护条例》	省人大	第 6、8、45~51 条
《鄱阳湖自然保护区候鸟保护规定》	省政府	第 13~15 条
《江西省生活饮用水水源污染防治办法》	省政府	第 20~22、32~40 条
《江西省排污费资金收缴使用管理办法》	省政府	第 6、23、24、27 条
《关于实施三江湖工程推进绿色生态保护若干意见》	省政府	第 28、29 条
《江西省突发环境事件应急预案》	省政府	参照《江西省突发环境事件应急预案》、《江西省环境保护违法违规行为行政责任追究暂行规定》和《江西省环境保护局行政执法过错责任追究制度》等有关规定执行。
《江西省环境保护违法违规行为行政责任追究暂行规定(及标准)》	省环保厅	细则参见《江西省环境保护行政处罚自由裁量权细化标准(试行)》
《关于在引进和建设工业项目中进一步防止环境污染和生态破坏的意见》	省环保厅、建设厅	参照第 6 部分“实行环境保护违法违规行为行政责任追究制”
《关于加强鄱阳湖及其他重要湖泊水环境保护工作意见》	省环保厅、省发改委	第 10、11、12 条

此外，现有的、零散的有关处理环境纠纷和追究环境责任的政策和法律规定，有的缺乏系统的法理基础和科学的理论支撑，有的脱离实际、形同虚设，有的政出多门、相互矛盾，有的甚至完全是个别领导的未经深思熟虑的即兴讲话。由于政策上和理论上的分歧和不统一，导致江西省在处理一些环境纠纷和追究环境责任的工作效率低下，有关人民法院和行政主管部门处理环境纠纷和追究环境责任的伸缩性很大。不少因环境污染破坏而受害的公民和单位，往往因“上诉无门，争讼无据，无法可依”而四面碰壁、到处求援、疲于奔命。这导致江西省处理环境纠纷和追究环境责任的成本越来越高，环境污染纠纷行政处理难、打官司更难，难以甚至无法处理环境纠纷和追究环境责任，这一现象成为江西省环境资源法制建设中非常突出的问题。

此外，江西省法规、规章与政策性文件中规定的环境责任种类繁多，处理追究环境责任的途径和机构也很多，它们既有共性也有特性。有关部门在处理环境纠纷和追究环境责任方面曾走过“重行政处理，轻民事诉讼”、“重行政处理权，轻对行政处理权的监督”、“重政府作用，轻公众作用”、“重对人身权、财产权的保护，轻对环境资源权的保护”、“重赔偿损失，轻排除侵害”、“重立法途径，轻法理研究途径”的弯路。

(2)政府环境责任追究机制有待完善。造成环境问题的原因固然有很多，有人认为政府在环境保护方面不作为、干预执法及决策失误是造成环境顽疾久治不愈的原因之一。纵观近 20 年，江西省环境保护的历史变迁，不难发现江西省曾出现的一些重大环境问题①，与政府的监管机制与责任机制缺失存在一些联系。

一是整体环境法律政府环境责任的定位不当。从世界各国环境立法的实践来看，环境保护基本法主要是将职权和职责直接交给各级政府及其主要负责人，环境单行法则主要是将权责交给各行政主管部门。与之不同的是，我省乃至全国的环境责任的基本制度却将环境行政权责定位于各级政府的环保和其他相关部门，对于各级政府特别是政府主要责任人责任的规

---

①20 世纪 80 年代至就是年代由于缺乏监管与行政问责机制，导致滥伐承包山林，甚至哄砍盗伐国有林场林木，森林资源遭到一次重大的破坏。江西省森林覆盖率一度低于 33%。

定相对较少。在这种政府环境责任定位没有将环境责任明确赋予各级政府，而只是授权委任各政府行政主管部门的情况下，政府各部门之间关于环境与发展问题的所有矛盾或冲突最终将集中向政府及其主要负责人反映。如《鄱阳湖生态经济区环境保护条例》中，第二章第 9 条至第 15 条中将江西省鄱阳湖生态保护区的环保各项责任分配于区内 38 个县市区的环境保护、发展改革、财政、工业和信息化、农业、林业、水利、国土资源、住房和城乡建设、交通运输、科技、旅游、统计等主管部门，而并未对县以上政府本身环境责任做不明文的规定。如果政府的环境责任未通过立法予以明确，终将导致政府及其主要负责人在作出有关环境与发展关系的决策时出现“重经济增长，轻环境保护”的现象。当前环境问题依旧严峻的现状告诉我们，如果不能明确各级政府特别是其主要负责人的环境权责，之前已经出现的环境悲剧还会不断发生。

二是个别地方政府轻视对环境责任的自我追究。在政府环境责任关系中存在着两对法律关系，即政府的权力与相对人的义务以及权利人的权利与政府的职责。我国法律所呈现出的对待这两对法律关系的基本态度是重视政府的权力，轻视相对人的权利；轻视政府的义务，重视相对人的义务。这主要表现为环境法律法规中“治民”的条款多，“治官”的条款少且仅为原则性规定；重环境行政相对人的法律责任，轻追究政府的环境法律责任。以环境基本法《中华人民共和国环境保护法》为例，第四章“防治环境污染和其他公害”与第五章“法律责任”中共有 22 条，其中绝大多数都是对行政相对人环境义务的规定，只有 4 条(第 29、32、38、45 条)是关于政府环境责任的。这样的双重标准，不仅会使行政相对人对于法律本身的公平性和正义性产生怀疑，也会使执法者产生自身不受环境法律约束的官本位思想，从而使环境法律的实效性和正当性大打折扣。

在江西省的地方性立法与政策性文件中，在《江西省环境污染防治条例》72 条法规中，“责任”一词出现了 11 次，相关权责的厘定与叙述出现了 45 次。其中有 4 条厘定了政府自身的环境责任(第 4、6、11、70 条)，有 11 条离定了个人及企业对环境保护锁承担的责任(第 59~69 条，第 71 条)。在

《鄱阳湖生态经济区环境保护条例》的58条法规中，关于权责的厘定与叙述共有50次，其中关于政府自身责任规制的具体条款有4条（第9、37、42、43条），关于企业与个人的环境责任条款有25条（第22、49、50~56条）。此外，在对企业与个人的环境责任追究实施细则中江西省已陆续出台了《江西省环境保护违法违规行为行政责任追究暂行规定》、《江西省餐饮、娱乐等服务行业水污染物排放量核算暂行办法》以及《江西省环境保护违法违规行为行政责任追究暂行规定》三部具有代表性的实施细则，而对政府问责的详尽措施还有待出台。

（3）救济手段有待进一步充实。在江西省现在使用的关于环境责任追究制度中的地方性法规、行政规章以及政策性文件都很少使用诉讼这一最为重要的法律救济手段。而对于一个法治社会而言，诉讼应当是解决各类纠纷的最终途径，也是保障公民权利的重要手段。救济制度与处罚制度不成比例，是制度供给不均衡的表现。“重责任处罚，轻救济制度”是江西省环境责任制度现状的又一大特点。从全省环境保护责任制度体系中，我们不难发现，江西省没有一个完整的、全面的、系统的、结合江西省省情的环境责任救济制度。相关条文只是零星见于各项法规与政策性文件之中。如在《江西省环境污染防治条例》的倒数第二条——第72条中，才对环境责任的相关救济途径，依照国家法律的基本程序作了一个简要的规定。而《鄱阳湖生态经济区环境保护条例》甚至还未对救济途径做具体的规定。作为公民环境权利保障体系中的最后防线，在江西省恰恰就是对于政府环境责任甚至整个环境违法责任的诉讼制度缺少专门的程序性和制度性规定，立法工作的中心和重点放在实体权利的扩展上，而对于实体权利受到侵害时的救济制度与程序规定甚少。

二、完善江西省环境责任追究制度的路径

1.制定一个系统性的环境责任追究制度的政策框架

创建生态制度文明，是江西省与全国同步建成小康社会进程中，一个

不可或缺的部分。而制定一个系统性的环境责任追究制度的政策框架，是实现生态制度文明的先决条件。江西省应站在战略的高度，以构建富裕和谐秀美江西和鄱阳湖生态经济区建设为契机，从环境、经济、社会协调发展和可持续发展的高度，综合考虑建立科学而高效的处理环境纠纷和追究环境责任的法律机制和法律制度。综合考虑环境民事纠纷、环境行政纠纷和环境刑事纠纷，以及环境民事责任、环境行政责任和环境刑事责任，建立行政、司法处理环境责任追究的相互分工、补充、衔接的法律机制。并从立法、法律实务、决策理论和法学理论研究四个方面促成建立健全处理环境纠纷和追究环境责任的法律制度，既充分利用已有的、传统的立法资源、政策制度资源和法学理论资源，又积极稳妥地进行处理环境纠纷和追究环境责任的制度创新、理论创新。充分考虑环境纠纷和环境责任与其他纠纷和责任的联系和区别，针对它们的特点进行专门研究。

2.完善环境公益诉讼制度

环境公益诉讼制度是指任何组织和个人为了维护国家利益和社会公共利益，可以根据法律法规的授权，对违反法律、侵犯环境利益、社会公共利益的行为向法院起诉，由法院追究违法者法律责任的行为规范。20 世纪 60 年代以来，以美国为代表的西方发达国家在处理环境纠纷的过程中逐步酝酿形成了此项制度，并为世界各国所效仿。尽管江西省还没有专门的环境公益诉讼制度，而只是在《环境保护法》《民事诉讼法》《行政诉讼法》中有原则性规定，但随着我国社会主义法治建设进程的加快，环境公益诉讼制度一定会在不久的将来得以建立。江西要成为生态制度建设的全国先进省，就必须率先实践与完善环境公益诉讼制度。现有的制度可以从两个方面入手逐步向环境公益诉讼制度迈进：

一是扩大诉讼主体的范围。按照传统的行政诉讼法规定，向法院起诉要求政府承担责任的原告一定是与政府的行为有直接利害关系的人或组织。这种救济在性质上属于一种私益救济，不足以体现现代环境行政法追求社会和公共利益的价值目标。在这种情况下，有必要把政府环境行政行为的非直接利害关系人纳入原告的范围，即“任何人”只要受到其所指控的违法环境行政行为的“事实上的损害”，就可以以原告的资格对做出该行为的政府或其职能部门提出诉讼，无论他代表的是私人利益还是公共利益。正如伯纳得·施瓦茨所言：法律就是朝着允许公民起诉他们感兴趣的任何行政裁决的方向发展，原告资格的不断放宽使环境法发生了名副其实的革命。

二是使抽象行政行为可诉。对于省一级地方政府而言，可诉的行政行为主要是具体行政行为以及部分地方政府规定，对于抽象行政行为法律明确规定是不可诉的。但自从20世纪70年代以来，日本就出现了以抽象行政行为为诉讼对象的“制度诉讼”。这其中的道理不难理解，因为政府在环境领域的抽象行政行为（如环境行政法规、规章等）也会直接或间接地侵害相对人的合法利益；而且由于抽象行政行为具有反复适用性和一定范围的普遍适用性，其给相对人造成的利益侵害甚至可能大于具体行政行为。基于此，政府在环境领域做出的抽象行政行为也应该纳入可诉的范畴，这不但使受害人因为抽象行政行为而受到的损害可以得到司法救济，也可以从司法层面约束政府行政权力的滥用。

3.重视政府环境责任问责制

政府在环境领域的职责是为公民、社会提供和维护良好的环境，实现经济发展与环境保护的协调。如果轻视了对其环境责任的追究，政府很可能就会因为受到的约束少而放松环境保护工作，进而监管不力，导致环境问题的发生。重视对政府环境责任的追究不但是对政府的一种鞭策，也是从另外一个角度对环境的保护和改善。宏观上提高法律法规中“治官”条款的比重应通过对现行法律法规的修改、补充以及新法律法规的不断出台，增加追究政府环境责任的条款在我省环境法规及政策性文件中的分量和比重，增强环境法律法规规范政府环境行为和“治官”的功能。应将相对人的环境责任与政府环境责任结合起来，兼顾追究环境行政相对人的法律责任与追究政府的环境法律责任，充分发挥环境法律对政府环境责任的追究作用，通过严密的追究制度督促政府更好地履行其在环境领域的职责。应增强法律的公信力和权威性，抑制执法者原本产生的不受环境法律约束的官本位思想。

4.发挥民众在环保追责中的关键作用

世界环境保护事业的最初推动者是公众,公众的参与对于环境保护起到的巨大推动作用是毋庸置疑的。作为政府机关,要对大部分民间环保组织予以支持引导,如对各类环保组织进行专业培训,多层次地搭建政府和公众座谈与对话的平台,联合民间环保组织和各界人士共同参与社会公益活动,对重要的公共政策进行专门的解释与沟通等。世界各国的实践证明,民间环境保护组织可以在保护环境、促进环境问题的解决、监督政府履行保护环境的职能等方面发挥不可替代的作用。

报告五 生态文明考核评价制度建设

2012年江西省第十一届人民代表大会常务委员会第三十次会议通过的《鄱阳湖生态经济区环境保护条例》明确提出,在鄱阳湖生态经济区内应当逐步建立绿色国民经济核算考评机制,提高生态指标考核权重系数。作为生态大省,江西要实现科学发展、绿色崛起,建设美丽江西,就必须建立体现生态文明要求的干部考核评价机制,把生态文明建设的各项要求细化为各级领导班子的政绩考核内容和工作追求目标,最大限度地实现好、维护好、发展好人民群众的根本利益。

一、生态文明考核评价制度现状分析

生态文明的内涵,是人类遵循人与自然和谐发展规律,“推进社会、经济和文化发展所取得的物质、精神与制度成果的总和;是指以人与自然、人与人和谐共生、全面发展、持续繁荣为基本宗旨的文化伦理形态”。[①]生态文明评价是为实现经济与环境的双赢,探索经济有效、社会公正和环境友好的发展新模式而提出来的。

①傅先庆:《生态文明的理论内涵与实践方向》,《福建论坛》1997年第12期。

近年来,国内学者出现了大量对生态文明建设考核指标体系与方法的研究,生态文明建设规划实践在全国各大城市纷纷展开,取得了瞩目的成就。[①]但由于受当前认识水平所限,各地现有的生态文明评价体系在指标设置、统计算法及分析方法选择等方面尚不够成熟,基础数据的全面性和及时性亟待丰富和完善。

评价指标设置仍有缺陷。指标设置方面,部分评价体系还存在指标过于庞杂、指标选取不够全面等问题。选取指标过多,会增大统计分析难度,还易陷入主次不清晰、重点不突出的困境。指标选取不全面的问题体现在,有的评价体系只是对某几个方面有所侧重,而对其余方面则关注不够,未能全面地反映生态文明发展水平。

评价基础数据仍有缺乏。由于基础数据的不足,各评价体系普遍存在数据缺失问题,而不得不对有缺失数据的指标进行技术处理。还有部分评价体系所选取的指标,存在数据来源不统一、数据统计口径不一致的问题。此外,因为缺乏连续的权威数据支撑,一些有关生态文明建设的重要指标尚不能纳入当前的评价体系中,对评价的准确性造成一定影响。

评价单元标准仍有缺损。现有评价体系多以省级行政区域为评价单元,缺乏对市、县经济发展的评价。由于评价单元范围过大,各省各地区生态文明建设水平差异明显,导致其评价结果,难以直接指导基层生态文明建设具体实践,未能推广应用到其他地区。

现有的评价中,部分指标体系还处于理论探讨阶段,尚未对其评价对象的生态文明建设水平进行实际的测算、评估。而根据评价指标及相应算法计算出评价结果的指标体系,也多将关注点集中于各评价对象的得分及排名上,缺乏对生态文明发展规律,生态文明建设驱动因素、机制等的深入挖掘和探析。[②]

---

①白杨,黄宇驰:《我国生态文明建设及其评估体系研究进展》,《生态学报》2011 年第10期。

②严耕:《生态文明评价的现状与发展方向探析》,《中国党政干部论坛》2013 年第 1 期。

二、生态文明考核评价制度指标体系

生态文明考核评价制度是一个复杂的过程，需要有一套科学的指标体系来指导和评估规划方案和项目实施的效果，这套综合性的指标体系将贯穿于生态文明建设的全过程。生态文明城市是一个多功能、多层次、多目标的评价对象，其建设指标体系的构建也比较复杂。

（一）生态文明考核评价制度设计原则

“生态文明建设，关键要看落实。”“十二五”期间，江西省生态文明建设工程的目标、任务、保障措施要科学推进，就必须遵循科学设计原则，制定出有效的评价制度体系。

目的性与导向性相结合原则。目的性原则是指标体系设计的出发点和根本，是衡量指标体系是否合理有效的一个重要标准，并看它是否满足监测和评价的目的和要求。“生态文明指标体系作为一种绩效评价体系，其目的在于反映经济社会发展的最终结果。”[①]整个指标体系的构成，必须紧紧围绕着人们生活幸福的建设目标层层展开，结合经济社会发展和人民生活水平的提高，进行综合评价。与此同时，指标体系不仅要反映目前生态文明的发展程度，更要反映生态文明建设的努力方向。对生态文明建设进行测评，还在于引导、帮助实现其战略目标以及检验其实现的程度。在确立各项指标时，应统筹把握、全面评价，客观反映领导班子和领导干部的“绿色政绩”，既要综合地反映出比原有水平明显的进步与全面发展，又要保证与社会现代化目标的衔接性和连贯性。[②]

系统性与科学性相结合原则。生态文明建设是一个涉及经济、政治、社会、文化、自然等各方面的复合系统。因此，生态文明建设评价标准必须从整体出发，体现生态文明的综合性与整体性。指标体系可以说是对生态文

①杜 宇，刘俊昌：《生态文明建设评价指标体系研究》，《科学管理研究》2009 年第 3 期。

②王贯中：《生态文明城市建设指标体系构建的研究》，《污染防治技术》2010 年第 1 期。

明城市系统的总体描述和抽象概括，要求所选择的各个指标能够作为一个有机整体，在其相互配合中比较全面、科学、准确地反映和描述生态文明城市的内涵和特征。同时，所选择的各个指标必须相互独立，不应存在交叉及相互关联现象，要互补取代，尽量避免信息上重复。生态文明考核制度应把推动发展的立足点转到提高质量和效益上来，坚持 GDP 增长与经济发展的质量和效益“齐抓共管”，变“纯数字化”考核为“数字 + 质量效益”评价。必须注意的是，生态文明考核评价制度指标体系，一定要建立在对系统充分认识和研究的科学基础上。科学性原则要求，政绩考核还是要靠“硬数据”说话，寻求一个客观的标准，能比较客观和真实地反映生态文明建设状况，并能较好地量度生态文明建设水平，更重要的是确定一种对各种指标的取舍性原则。每个指标的名称、定义要有科学依据，每个指标的解释、计算方法、分类等，都要讲究科学、规范。[①]所选指标应该具有代表性，并使指标体系简明扼要，有说服力。

定性与定量相结合原则。科学评价要求将指标体系应尽可能地量化，通过计量性指标观测指标的数量化和数量变化的显著程度，在纵向与横向的比较中准确定位，并据以设计出发展战略。但不可避免的是，某些指标的获取对评价生态文明又比较重要，因此应采用定性指标进行描述。并且在实际评价时，应用一定方法对之进行量化处理。这就要求将定性与定量结合起来，尽可能选择计算简单、易于获得、有统计资料可查的指标。指标在数量上要少而精，在实际应用过程中要方便、简洁，即指标的数据必须能易于搜集和计算，以减少主观臆断的误差。指标的选取既要便于收集整理，又要与现行统计方法相衔接，尽可能采用相对成熟和公认的指标，以便于评价结果的比较与应用，以保证评价判定及其结果交流的准确性和高效性。

（二）考核评价制度的要素构成

生态文明是一个极其复杂的社会生态系统。在一定的社会形态中，生态社会的基本要素包括人的理念、人的行为、社会关系、行为规范、自然环

③覃玲玲：《生态文明城市建设与指标体系研究》，《广西社会科学》2011 年第 7 期。

表3　江西省生态文明考核评价制度指标体系

系统	指数	指标			单位	属性	指标值（2013年）	权重
生态价值文明（B_1）	生态认知指数	1	环境保护宣传教育普及率		%	参考性	≥90	Y_1
		2	受高等教育人数比例		%	参考性	≥6	Y_2
		3	公共文化设施免费开放程度		%	参考性	≥25	Y_3
		4	人均拥有公共图书藏书量		本	参考性	≥1	Y_4
	生态素质指数	5	生态教育基地数量		个	参考性	≥2	Y_5
		6	财政性教育经费占 GDP 百分比		%	参考性	≥2	Y_6
		7	生态环境保护课程设置	小学	课时/学期	参考性	≥4	Y_7
				初中			≥2	Y_7
生态产业文明（B_2）	生态产业指数	8	人均国内生产总值（GDP）		万美元	参考性	≥0.5	Y_8
		9	城镇居民年人均可支配收入		元/人	参考性	≥21000	Y_9
		10	单位 GDP 能耗		吨标煤/	约束性	<0.85	Y_{10}
		11	工业用水重复利用率		%	参考性	≥70	Y_{11}
		12	主要农产品中有机、绿色及无公害产品种植面积的比重		%	参考性	≥75	Y_{12}
		13	碳排放强度削减率		%	参考性	≥25	Y_{13}
		14	单位土地产出率		亿元/	参考性	≥850	Y_{14}
		15	服务业增加值占 GDP 比重		%	约束性	≥37	Y_{15}
		16	政府用于社会性公共服务支出占政府预算支出的比重		%	参考性	≥20	Y_{16}
生态制度文明（B_3）	文明制度指数	17	城乡居民人均收入比		——	参考性	2.0	Y_{17}
		18	恩格尔系数		%	参考性	35	Y_{18}
		19	基尼系数		%	参考性	0.47	Y_{19}
		20	社会保障覆盖率		%	参考性	98	Y_{20}
		21	就业率		%	参考性	97	Y_{21}
		22	主要企业环保信息公开率		%	参考性	≥70	Y_{22}
		23	公众对政府致力于环境保护的满意		%	参考性	≥98	Y_{23}
		24	环境保护投资占 GDP 的比重		%	参考性	≥4.0	Y_{24}
生态环境文明（B_4）	生态服务指数	25	地表水水质达标率		%	约束性	90	Y_{25}
		26	全年 API 指数<100 的天数		天	约束性	340	Y_{26}
		27	主要工业污染物排放强度	COD	千克/万元	约束性	<1.2	Y_{27}
				SO_2		约束性	<3.5	
		28	生态用地比例		%	参考性	55	Y_{28}

续表

系统	指数	指标			单位	属性	指标值（2013年）	权重
生态行为文明（B_5）	人类发展指数	29	人口密度		人/平方千米	参考性	<1200	Y_{29}
		30	人均住房面积		平方米/人	参考性	40	Y_{30}
		31	森林覆盖率		%	约束性	63.5	Y_{31}
		32	万人拥有卫技人员		人	参考性	60	Y_{32}
		33	生态村(社区)比例		%	参考性	≥37	Y_{33}
	绿色消费指数	34	政府无纸化办公率		%	参考性	≥41	Y_{34}
		35	节水器具普及率	市区	%	参考性	≥90%	Y_{35}
				镇区	%	参考性	≥78%	Y_{35}
		36	公交出行率		%	参考性	≥16	Y_{36}

境和生态系统等基本要素构成，并渗透在社会各类整体性层次和社会单位中。从生态文明的基本构成要素以及各要素之间的相互关系的角度进行分析，立足于生态文明内涵为基础，借鉴我国可持续发展考核指标等，从而可以将考核评价制度体系分为生态意识文明、生产行为文明、生活行为文明、生态制度文明、生态环境文明和生态人居文明六大系统和36要素构成（见表3）。

（三）考核评价指标的简要说明

根据江西各地区的实际发展情况，通过构建生态文明体系，形成最大程度节约能源资源和保护生态环境的产业结构、增长方式和消费模式，力求使生态文明行为方式成为公民的自觉选择，在任务分解时贯彻了分类指导的原则，既有共性目标，又有个性指标。同时，还要将生态文明建设工程监测指标与国家生态市建设指标、生态省监测指标进行统筹考量、有机衔接，力求使考核指标覆盖全面、内容扎实、有理有据，同时保证各项指标之间不因政出多门而互相“打架”。

在参考大量国际、国内有关法规政策和其他省份经验做法的基础上，我们从中归纳总结出体现生态文明建设内涵的指标，并赋予了相应的权重。其中34个为正指标，即数据值越大，得分越高。其余5个为逆指标，分别是单位 GDP 能耗和单位 GDP 二氧化硫排放量，即它们的原始数值越大,得分越低。

1.生态意识文明类

该类指标围绕“普及生态知识、强化生态意识、建设生态家园”主线，着力培育公众理性自觉的生态忧患、生态道德、生态责任和生态审美等生态意识，提高公众对地球生态环境的价值取向，使生态文明理念融入广大民众的日常生产生活之中。生态意识文明类可划分为生态认知指数和生态素质指数。

(1)环境保护宣传教育普及率。该指标指中小学开展环境保护知识讲座学校所占比例，包括其他科普宣传中涉及有关环境保护的内容，达标值为>85%。

(2)受高等教育人数比例。受高等教育人数比例指在一定区域的常住人口中，具有大学(指大专以上)文化程度的人口占总人口的比重，即高等教育入学人数与适龄人口之比，主要用于反映一个国家或地区高等教育的发展现状和比较不同国家的高等教育发展水平。

(3)公共文化设施免费开放程度。公共文化设施主要指文化广场、电影城、书城、博物馆、图书馆，由此形成多级公共文化设施网络。对公共文化设施实行免费开放，是推进大力创新公共文化服务运行机制和服务模式，探索创建一个由政府主导、社会参与、以“文化惠民”为宗旨的公益文化发展新格局。

(4)人均拥有公共图书藏书量。依据国际标准，平均 2 万人左右拥有一所公共图书馆图书馆，人均藏书量 2 册。该指标可以用来衡量人文素养。当前，我国人均藏书量 0.9 册。

(5)生态教育基地数量。国家生态文明教育基地是具备一定的生态景观或教育资源，能够促进人与自然和谐价值观的形成，教育功能特别显著，经国家林业局、教育部、共青团中央命名的场所。

(6)财政性教育经费。2012 年中央财政已按全国财政性教育经费支出占国内生产总值的 4%编制预算，地方财政也要相应安排，由此可知，财政性教育经费占 GDP 的百分比≥4%。

(7)生态环境保护课程设置。生态教育的理念渗透在学校教育中,环境保护课程要进入幼儿园、中小学生课堂,环境保护宣传教育普及率≥95%。

2.生产行为文明类

该指标设置主要以产业生态转型和结构升级为主线,以构建生态工业模式为抓手,充分发挥地区优势,通过体制机制创新、技术工艺革新、产品生态设计改造及新材料新能源等新兴产业发展,大力发展工业循环经济,转变经济发展方式,强化节能减排,促进传统产业的升级改造,以生态工业增强江西省的综合经济实力和整体竞争力。

(8)人均国内生产总值。人均国内生产总值(Real GDP per capita),也称作"人均 GDP",是将一个国家核算期内(通常是一年)实现的国内生产总值与这个国家的常住人口相比进行计算,得到人均国内生产总值。它是衡量各国人民生活水平的一个标准。2012 年 8 月 15 日,统计局报告称 2011 年中国人均 GDP 达 5432 美元。

(9)城镇居民年人均可支配收入。城镇居民人均可支配收入是指反映居民家庭全部现金收入能用于安排家庭日常生活的那部分收入。它是家庭总收入扣除交纳的所得税、个人交纳的社会保障费以及调查户的记账补贴后的收入。

(10)单位 GDP 能耗。指万元国内生产总值的耗能量。计算公式为:单位 GDP 能耗 = 总能耗(吨标煤) ÷ 国内生产总值(万元)。

(11)工业用水重复利用率。指在一定的计量时间(年或月)内,生产过程中使用的重复利用水量与总用水量之比。计算公式:工业用水重复利用率 = 重复利用水量 ÷(生产中取用的新水量+重复利用水量)× 100%。工业用水重复利用率应达到 70%。

(12)主要农产品中有机、绿色及无公害产品种植面积的比重。该指标指有机、绿色及无公害产品种植面积与农作物播种总面积的比例。计算公式为:有机、绿色及无公害农产品种植面积的比重 = 有机、绿色及无公害农产品种植面积 ÷ 农作物种植总面积 × 100%。主要农产品中有机、绿色及无公害农产品种植面积的比重≥60%。

(13)碳排放强度削减率。碳强度是指单位GDP的二氧化碳排放量,其高低不表明效率高低。一般情况下,碳强度指标是随着技术进步和经济增长而下降的。计算公式为:碳排放强度削减率=二氧化碳排放总量÷GDP。

(14)单位土地产出率。土地产出率是反映一个国家农业生产力水平的综合经济指标,指的是GDP与土地面积之比,反映单位面积的产出情况。土地产出率是指单位土地上的平均年产值,是反映企业土地利用效率的一个重要指标。

(15)服务业增加值占GDP比重。“十二五”期间服务业增加值年均增速超过GDP增速,到2015年服务业增加值占GDP的比重较2010年提高4个百分点。根据国家统计局数据,2010年比重为43.2%,意味着2013年该比重将超过45%。

3.生活行为文明类

该类指标通过制定“生态政策和推动措施”,加强政策层面的“疏”、“导”作用,推动全社会兴起“低碳、生态、和谐”的生态文明的生活方式。

(16)政府无纸化办公率。从倡导“简朴政府”理念出发,政府机构已普遍对信息化建设十分重视,致力于打造电子政务,力求在精简预算、支出的同时,仍做到办公高效务实。

(17)节水器具普及率。指在用水器具中节水型器具数量与在用用水器具的比率。公共场所用水必须使用节水型用水器具,居民家庭应当使用采取节水措施的用水器具。

(18)公交出行率。计算公式为:公交出行率=使用公共交通出行总人次÷出行总人次×100%。

4.生态制度文明类

该类指标设置通过强化生态为政的决策准则,形成政府自我约束机制;通过构建高效、廉洁的行政管理体系,加强政府的文明行政能力,形成政府指导企业、企业自我约束、公众依法监督的企业生态文明制度体系,逐步增强企业的责任意识和关怀义务,成为江西省生态制度文明建设的重要支撑。

(19)政府用于社会性公共服务支出占政府预算支出的比重。该指标主要用来测量政府民生投入的比重。

(20)城乡居民人均收入比。该指标主要用来测算城乡居民之间的收入差距。

(21)恩格尔系数。恩格尔系数是食品支出总额占个人消费支出总额的比重,即一个家庭收入越少,家庭收入中(或总支出中)用来购买食物的支出所占的比例就越大,随着家庭收入的增加,家庭收入中(或总支出中)用来购买食物的支出比例则会下降,这个比例呈下降趋势。

(22)基尼系数。该指标是比例数值,在 0 和 1 之间,根据劳伦茨曲线所定义的判断收入分配公平程度的指标,是国际上用来综合考察居民内部收入分配差异状况的一个重要分析指标。基尼系数是用来反映社会收入分配平等状况的指数。

(23)社会保障覆盖率。计算公式为:社会保障覆盖率 = 参保人数 ÷ 应保人数 × 100%。

(24)就业率。就业率指就业人口与劳动力人口的百分比。计算公式为:就业率 =(应就业总人数 - 未就业人数)÷ 总人数 × 100%。

(25)主要企业环保信息公开率。为切实保证公众的知情权、参与权、监督权,主要企业应从环保工作实际出发,编制本部门的环境信息公开目录,确定主动公开企业环境信息的具体内容。

(26)公众环保满意度。该指标主要通过问卷调查测量公众对环境保护工作额满意率。

(27)环境保护投资占 GDP 的比重。指用于环境污染防治、生态环境保护和建设投资占当年国内生产总值(GDP)的比例。计算公式为:环保投资占 GDP 的比重 = 污染防治投资 + 生态环境保护和建设投资 ÷ 国内生产总值(GDP)× 100%。

5.生态环境文明类

该类指标紧紧围绕江西省社会、经济和环境总体发展战略,以促进地方经济建设、改善区域生态环境质量和维护生态系统服务功能为目标，加强综合协调和分类管理，为江西省经济、社会、环境的协调发展和人民生活质量的不断改善奠定良好基础。

(28)地表水水质达标率。该指标是指区域地表水认证水体及断面监测结果按相应水体功能标准衡量，不同功能水域水质达标率的加权平均值。计算公式为：断面水质达标率 = 认证断面达标频次之和(次) ÷ 认证断面监测总频次(次) × 100%。

(29) 全年 API 指数。空气污染指数是一种反映和评价空气质量的方法，就是将常规监测的几种空气污染物的浓度简化成为单一的概念性数值形式，并分级表征空气质量状况与空气污染的程度。环境质量是影响居民生活质量的重要因素，也是衡量经济集约度和可持续发展的重要指标，该指标简明直观，使用方便，适用于表示城市的短期空气质量状况和变化趋势。

(30)万元工业增加值主要工业污染物排放强度。万元工业增加值主要工业污染物排放强度，系指每万元工业增加值主要工业污染物(包括二氧化硫)的排放量。计算公式为：万元 GDP 主要工业污染物排放强度 = 某工业污染物的年排放量(吨) ÷ 工业增加值(万元)。

(31)生态用地比例。城镇用地内部要控制生产用地、保障生活用地、提高生态用地比例。

6.人居环境文明类

该类指标以统筹经济社会协调发展为主线，以生态学和人居环境学理论为基础，以满足人的基本需求、完善人人享有基本服务为出发点，在经济持续、快速、健康、协调发展的基础上，促进江西省人与自然的和谐相处。

(32)人口密度。该指标是单位面积土地上居住的人口数，表示世界各地人口的密集程度，通常以每平方千米的常住人口为计算单位。

(33)人均住房面积。该指标指按居住人口计算的平均每人拥有的住宅建筑面积。计算公式：人均住宅建筑面积(平方米 / 人)= 住宅建筑面积 ÷ 居住人口，用于衡量人均住房状况。

(34)森林覆盖率。森林覆盖率通常是指森林面积占土地总面积之比，一般用百分数表示。但国家规定在计算森林覆盖率时，森林面积还包括灌木林面积，农田林网树占地面积以及四旁（村旁、路旁、水旁、宅旁）树木的覆盖面积。森林覆盖率，是反映一个国家或地区森林资源和绿化水平的重要指标。计算公式为：森林覆盖率 = 森林面积 ÷ 土地总面积 × 100%。

(35)万人拥有卫技人员。该指标指在一万人当中拥有的卫生技术人员数量，用于衡量居民享受医疗保障健康水准。

(36)生态村（社区）比例。生态村（社区）是运用生态系统的生物共生和物质循环再生原理及以系统工程方法，将传统农业精华与现代科技进行有机结合，因地制宜地配置农业各子系统的结构和比例，使生态、经济和社会发展进入良性循环及资源综合合理利用的村级行政区域。

按照考核指标的约束强度，可分为约束性考核指标和预期性考核指标。针对不同的考核指标，其考核方式及其权重也就不同。约束性指标是在评价考核中必须达到的指标，选择评价时，其中一项指标不符合即不得列为合格，目标评价时不能通过。此外，评价期间不得发生上级政府立案调查的生态环境事件。预期性指标采取加权平均打分的办法进行考核。在选择评价中，达到预期性指标选择标准的记满分，超过选择标准的视情况适当加分；未达到预期性指标选择标准的，按照指标实际值与其选择标准值之间的差距确定得分。定性指标由专家组成员予以评价并确定分值。

（四）生态文明评价制度考核计量模型

生态文明评价制度体系，主要利用矩阵模型通过集对分析方法，排除评估对象的大小次序，以此进行生态文明建设发展水平评估。

1.引入评价模型

“模型是对研究系统的数理性描述，理性模式使社会科学研究有可能具有自然科学研究的逻辑性和精确性。建模的任务是确定模型的结构和参数。”为达到科学评价的目的，在此引入评价模型。假设生态评价系统有 M_1，M_2，…，M_n 共 n 个待评价的生态系统对象组成被评价对象集，每个对象有

$X_1, X_2, \cdots, X_m$ 共 m 个评价指标，每个评价指标均有一个值标志，记为 $a_{i1}(i = 1,2,\cdots,n;j=1,2,\cdots,m)$。由此可知，在评价对象集中，正向型指标记为 I_1、逆向型就为 I_2，区间型指标则为 I_3，可得到基于生态评价系统集对分析同一度的多目标评价矩阵 M_v 为：

$$Mv=\begin{vmatrix} a_{11} & a_{12} & \cdots & a_{1n} \\ a_{21} & a_{22} & \cdots & a_{2n} \\ \cdots & \cdots & \cdots & \cdots \\ a_{m1} & a_{m2} & \cdots & a_{mn} \end{vmatrix}$$

理想方案 $M_0=[a_{01}, a_{02}, \cdots, a_{0m}]\times T$，其中 a_{0j} 为 M_0 方案第 j 个指标的值，其大小为 M_v 矩阵中的 j 个指标中的最优值或目标值。比较评价矩阵的指标值 a_{ij} 和理想方 M_0 中对应的指标值 a_{0j}，可形成被评价对象与理想方案中指标不带权的同一度矩阵 S_v 为：

$$Sv=\begin{vmatrix} d_{11} & d_{12} & \cdots & d_{1n} \\ d_{21} & d_{22} & \cdots & d_{2n} \\ \cdots & \cdots & \cdots & \cdots \\ d_{m1} & d_{m2} & \cdots & d_{mn} \end{vmatrix}$$

在上面的矩阵中，元素 d_i 代表被评价对象指标值 a_{ij} 与 M_0 对应指标 a_{0j} 的同一度，有：

$$A_{ij}=\frac{a_{ij}}{a_{oj}},(a_{ij}\in i_1)$$

$$A_{ij}=\frac{a_{Oj}}{a_{ij}},(a_{ij}\in i_2)$$

$$A_{ij}=\frac{a_{oj}}{a_{oj}+|a_{oj}-a_{ij}|},(a_{ij}\in i_3)$$

2. 测定指标权重

权重表明各个指标在指标体系中所占相应比重的重要度量单位，该值确定的科学与否，对评价结果精确性的影响至关重要。为最大限度地减少考核评价误差，本研究遵循客观性原则，力求将定性研究与定量研究结合起来，借鉴学术界成果，结合熵值赋权法和专家赋权法确定权重。根据生态评价指标体系的构成要素和上面的核算，可得生态文明建设评价指标体系的一级评价指标 B_i（i=1,2,3,4,5）的权重向量 C_i，二级评价指标 Y_i(i=1,2,…,36)的权重向量 C_{bi}。

3. 扩展评估模型

利用前面已确定的权数向量 C_v 及同一度矩阵 S_v，即可确定各评价对象 M_i 与预期目标值 M_0 带权的同一度矩阵 W_v:

$$W_b=C_b\times S_b=(C_{b1},C_{b2},\ldots C_{bm})=\begin{vmatrix} d_{11} & d_{12} & \cdots & d_{1n} \\ d_{21} & d_{22} & \cdots & d_{2n} \\ \cdots & \cdots & \cdots & \cdots \\ d_{m1} & d_{m2} & \cdots & d_{m3} \end{vmatrix}=(d_1,d_2,\ldots,d_n)$$

W_b 中的元素 $di(i=1,2,\cdots,n)$就是矩阵中第 i 个评价对象与理想方案的同一度表现值。根据同一度矩阵 Wv 中 di 值大小就可以确定出 n 个被评价对象的优劣次序。当然，dj 值越大，则表明评价对象的生态文明建设的效果就越好。

4. 绩效综合评价

在对第一级指标体系划分的基础上，可将上述评估模型扩展为双重层次集对分析评判模型。就是将初始模型应用在第二级指标体系上，第一级指标体系的评估结果就是第二级别指标体系评估的输入值。在对指标集 $Y=\{y_1,y_2,\cdots,y_m\}$ 作一次划分 f时，可得到二级集对分析评判模型，其算式为:$W_{综}=C\times S$。在这里，C 为 $y/f=\{y_1,y_2,\cdots,y_m\}$ 中 m 个因素 y_i 的权重分配；S 为 y/f 的被评价对象与理想方案指标不带权的同一度矩阵。W 综则同时为 y/f 和 y 的被评价对象与理想方案带权同一度矩阵。如此推算，就可以根据不同待评对象所得出的不同综合评价值 W 表示的评价生态系统对象与评价目标值的同一度大小，按次序综合排出各个对象生态文明建设水平绩效结果。

5.综合评价反馈

在对不同的评价对象完成优劣次序排序以后，考核评价工作还需要进一步加大跟进调查力度，以期修正生态评价考核模型的考核结果与实际情况的误差，在实际工作中不断完善评价机制的激励作用和执政导向机制。这就必须以更加坚定的决心、更加完善的制度、更加有力的举措，下大力气实实在在地将相关指标落到实处。

三、生态文明考核评价制度落实措施

建设生态文明，不同于传统意义上的污染控制和生态修复，而是要克服工业文明的弊端，探索经济发展与生态保护"双赢"的发展道路，大规模开发和使用清洁的可再生能源，实现对自然资源的高效、循环利用和各产业的绿色生产。这就要求生态文明考核评价制度，建立体现生态文明要求的目标体系、考核办法、奖惩机制，从如下方面采取切实可行的落实措施，把江西建设成为生态意识自觉、生产行为自重，生活行为自束、生态制度自律，生态环境优化、人居环境优美的生态文明模式。

树立生态文明理念，完善环境保护法规体系。全社会应该树立和弘扬生态文明理念，倡导全社会牢固树立"尊重自然、顺应自然、保护自然"的生态文明理念，构建以政府为主体推动产业结构调整、以行业为主体推动生产方式转变、以公众为主体推动生活方式转变。在此基础上，积极健全和完善环境保护法律法规体系，更多地通过司法途径追究污染环境者和破坏生态者的法律责任，建立司法与行政联动执法的环保机制，动用各种执法手段保护生态环境，维护公民环境权益。

评估收益成本分析，促进生态经济协调发展。在推进生态文明建设过程中，对未来预期成果进行成本—效益分析，权衡建设与发展的平衡点。在生态文明建设过程中不可避免地会出现利益的冲突和利益博弈，要弄明白不同群体对生态文明建设的需求差异，在明确生态文明建设机制和目标的基础上，探讨区域内多种生态文明建设的方法，协调区域内外各利益相关者的关系，促进区域协调发展。

反馈生态运行机制，提供科学管理决策依据。加强生态文明建设是实现科学发展的重要内容，而全面认识和了解生态文明建设的生态学机制又是生态文明建设的前提。在实践过程中，有必要从如下几个方面展开重点研究，以便为科学评估提供决策依据。一是以生态发展需求为目标，深入揭示和探讨生态文明建设和区域生态环境变化的生态学内在机理，为健全生态文明建设指标体系和生态文明建设评估指标体系，提炼翔实的经验材料；二是认识和分析生态文明建设的时空尺度特征，为生态系统可持续管理的有效性和完整性提供科学依据。三是通过对实践中呈现出的大量规律性的科学把握，积极推动构建生态文明建设的评估和预警模型，预测未来人口、经济、气候和土地利用变化，提出发展方向和速度。

健全评价档案制度，推进生态保护问责力度。客观公正地反映干部"绿色政绩"，是提高干部考核评价机制科学性和准确性的关键。要建立领导干部科学发展实绩档案，采取全程跟踪纪实的办法，全面准确记录领导干部职责范围内重大事项的实事和完成情况。坚持把资源消耗、环境损害、生态效益、节能减排纳入考核评价范畴，切实提高生态文明建设在考评中的比重。为贯彻评价落实力度，必须把生态文明考核指标作为主要推手，做到任务量化、数据硬化、绩效生态化。这就要在考核区域发展、官员政绩时，坚持以 GDP、失业率、物价指数、群众收入等一系列指标来综合评价经济发展状况。通过融入绿色绩效元素，将生态文明建设考核结果与干部使用、"评优树模"挂钩，通过奖优罚劣，树立鲜明导向，激发领导干部抓生态文明建设的活力。围绕实绩档案所记事项，组织考核组及知情群众进行集中评绩，切实把干部实绩与干部奖惩、教育管理、提拔使用有机结合起来，充分激发干部干事创业的主动性和创造性。

优化立体考核方法，凝心聚力建设秀美江西。衡量干部"绿色政绩"必须坚持群众路线，请群众参与、受群众监督、由群众评判、让群众认可，确保人民群众在生态文明建设考核评价中的知情权、参与权。要通过公开栏、报纸、电视等多种途径和方式向全社会集中"亮"政绩，将政绩指标体系、评价标准等向广大群众公示，坚持上级评价、部门评价、内部评价、群众评价相结合，通过公开评议、个别访谈、问卷调查等方式，充分了解群众对领导干部政绩的认可度和满意度，测准政绩的"含金量"。在考核方法上，充分考虑不同地区、不同层次的差异性，赋予不同的权重结构和侧重点，努力使考核内容和评价标准全面客观、科学合理，运用统计、抽查、空中遥感等规范化科学化手段，注重从经济指标、社会发展指标、人文指标、资源指标、环境指标等多方面综合评价政绩，引导各级领导干部树立经济、社会、生态环境可持续发展的政绩观，推动生态保护和节能减排从“软约束”向“硬约束”转变。

江西省与全国同步建成小康社会背景下加强“三型”党组织建设研究

吴晓敏 江泰然 卢文华 杨会清
杨泽娟 王永华 高继民 周福振 徐德莉

党的十八大对中国特色社会主义事业作出了新的全面部署，提出要在2020年实现全面建成小康社会，国内生产总值和城乡居民人均收入比2010年翻一番的宏伟目标。落实好十八大的战略部署，各级党组织和党员领导干部特别是主要领导干部责任重大，必须建设好“三型政党”。“三型政党”建设是一个有机统一的体系，三者统一于党的建设科学化的系统之中，服务于党始终成为中国特色社会主义事业坚强领导核心的命题。只有把学习型、服务型、创新型政党真正建设到位，才能不断提高党的建设的科学化水平，实现全面建成小康社会。江西省作为一个经济欠发达省份，更需要落实十八大精神，积极推进“三型政党”建设，与全国同步建成小康社会。

一、“三型政党”建设的理论基础与实践基础

政党政治是现代文明社会的基本特征，在国家政治社会生活中起重要的作用。在中国革命、建设和改革的过程中，党的历代领导集体都始终坚持把马克思主义的政党学说与中国具体实际相结合，实现了马克思主义政党理论的中国化，建立了中国特色社会主义的政党制度。随着中国特色社会主义政党制度的不断完善和发展，胡锦涛同志在中共十八大报告中第一次明确提出要建设“三型政党”，即“建设学习型、服务型、创新型的马克思主义执政党，确保党始终成为中国特色社会主义事业的坚强领导核

心。”[①]从学习型政党到“三型政党”的提出，进一步回答了建设一个什么样的执政党、怎样建设执政党的重大命题。这既是对党的建设的经验总结，又是对提高党的建设科学化水平提出的新要求，并明确载入十八大修正的党章。党章规定：“坚持立党为公、执政为民，坚持党要管党、从严治党，发扬党的优良传统和作风，不断提高党的领导水平和执政水平，提高拒腐防变和抵御风险的能力，不断增强党的阶级基础和扩大党的群众基础，不断提高党的创造力、凝聚力、战斗力，建设学习型、服务型、创新型的马克思主义执政党，使我们党始终走在时代前列，成为领导全国人民沿着中国特色社会主义道路不断前进的坚强核心。”毋庸置疑，建设“三型政党”具有深厚的理论基础和广泛的实践基础。

（一）“三型政党”建设的理论基础

任何政党制度都有一定的理论基础。“三型政党” 建设是马克思主义的政党学说与中国共产党领导的多党合作和政治协商制度相结合的产物。马克思、恩格斯和列宁等关于重视学习、服务、创新的思想，是“三型政党”建设的基本理论基础。以毛泽东、邓小平、江泽民、胡锦涛、习近平为代表的中国共产党人，在继承和发扬马克思主义关于学习、服务、创新的基础上所形成的一系列重视学习、服务、创新的思想，是“三型政党”建设的重要理论基础。

1.“三型政党”建设是马克思主义执政党本质的集中体现

党的先进性和纯洁性是马克思主义政党的本质特性，是马克思主义执政党的力量所在。十八大修正的党章明确规定，党要加强“先进性和纯洁性建设”[②]。党的先进性和纯洁性建设，离不开学习、服务和创新。学习是党的优势所在和一贯传统。建设学习型政党，有利于发挥党的优势，引导党员领导干部特别是主要领导干部加强党性锻炼，提高自身本领，增强自我净化、

①胡锦涛：《坚定不移沿着中国特色社会主义道路前进为全面建成小康社会而奋斗》，《人民日报》2012年11月18日。

②《中国共产党章程》，人民出版社2012年版，第17页。

自我完善、自我革新、自我提高的能力,完善和改进党的领导方式与执政方式。全心全意为人民服务是党的宗旨。建设服务型政党,有利于进一步整合执政资源,更好地发挥服务人民群众的巨大作用,从而赢得民心,不断巩固党的执政基础。创新是党的灵魂和党前进的不竭动力。建设创新型政党,有利于不断完善执政党的执政理念和行为方式,使党充满生机和活力,推进政党的现代化。

2.“三型政党”建设是马克思主义执政党提高执政能力的必然要求

十八大修正的党章规定,要“加强党的执政能力建设”,“适应形势的发展和情况的变化”,“增强执政能力”①。一般而言,党的执政能力就是党在整个体系中的功能体现。而这种功能既和党员个人能力有关,又和党组织的集体能力相关,但并不是两者的简单相加,而是两者相互合作中所体现出来的能力。党员个人与党组织合作得好,执政能力就强;反之,亦然。从世界范围来看,有的党在改革开放中获得了长足发展,增强了执政能力,而有的党则在改革开放中出现了四分五裂。这是党在改革和完善自身时必须注意的情形。党的执政能力建设是党的建设的主线。提高党的执政能力必然要求建设“三型政党”。建设学习型政党,可以使党的理论、路线、方针、政策坚持与时俱进,始终走在时代前列,解决一些党员领导干部特别是主要领导干部忽视理论学习、理想信念动摇等突出的问题,在理论创新与发展中提高党的执政能力。建设服务型政党,可以使党针对社会现实的新变化和新情况,在人民群众利益多元化的情形下,更好地为人民群众服务,在解决矛盾和问题中不断提高党的执政能力。建设创新型政党,可以提高党的执政效率,不断提高党的领导水平和执政水平,在完善执政体制中提高党的执政能力。

3.“三型政党”建设是马克思主义执政党改进领导方式的必然要求

马克思主义政党学说要求党不断提高和改进其领导方式。十八大修正的党章规定,“党必须适应形势的发展和情况的变化,完善领导体制,改进

①《中国共产党章程》,人民出版社2012年版,第22页。

领导方式”[①]。随着中国特色社会主义事业的不断推进，党迫切需要改变其传统的领导方式，实现从封闭型领导到开放型领导、从强权型领导到沟通型领导的转变。“三型政党”建设正是适应了这种要求。从学习型政党建设来看，党员领导干部特别是主要领导干部既要坚持学习马克思主义理论，学习党的理论、路线、方针、政策，又要坚持向人民群众学习，在政策的制定和执行过程中，不被条条框框所限制和束缚，积极解决人民群众关心的问题。从服务型政党建设来看，党员领导干部特别是主要领导干部要改变以个人为中心的传统思维，把服务与党的政策相结合，实现各种信息自上而下的流通与自下而上的流通相结合，真正实现和保障人民当家做主。正如邓小平所说：“领导就是服务”[②]。从创新型政党建设来看，党员领导干部特别是主要领导干部要在不走改旗易帜的邪路和封闭僵化的老路的基本前提下，重视工作方式方法特别是领导方式的创新，积极发挥党员个人优势和党组织的集体优势。

4.“三型政党”建设是马克思主义执政党更好地坚持中国共产党领导的多党合作和政治协商制度的必然要求

马克思主义认为，共产党人与其他无产阶级政党不同的地方就在于两个方面，“一方面，在各国无产者斗争中，共产党人坚持整个无产阶级和不分民族的共同利益；另一方面，共产党人始终代表整个运动的利益”。这就要求党必须保持自己的独立性和领导权，又要与其他党派通力合作，从而扩大党的群众基础。中国共产党领导的多党合作和政治协商制度是我国的基本政党制度，既是历史的选择，又是中国人民的选择。十八大修正的党章对党的性质进行了明确规定：“中国共产党是中国工人阶级的先锋队，同时是中国人民和中华民族的先锋队，是中国特色社会主义事业的领导核心，代表中国先进生产力的发展要求，代表中国先进文化的前进方向，代表中国最广大人民的根本利益。”[③]党的这一性质决定了党必须持续不断地推进

①《中国共产党章程》，人民出版社2012年版，第22页。

②《邓小平文选》第3卷，人民出版社1993年版，第121页。

③《中国共产党章程》，人民出版社2012年版，第1页。

"三型政党"建设,保持党的先进性和纯洁性。

5."三型政党"建设是马克思主义执政党全面建成小康社会的必然要求

十八大报告的主题是"高举中国特色社会主义伟大旗帜,以邓小平理论、'三个代表'重要思想、科学发展观为指导,解放思想,改革开放,凝聚力量,攻坚克难,坚定不移沿着中国特色社会主义道路前进,为全面建成小康社会而奋斗"。中国的事情关键在党,实现全面建成小康社会的关键在党。正如十八大报告所说:"我们党担负着团结带领人民全面建成小康社会、推进社会主义现代化、实现中华民族伟大复兴的重任。党坚强有力,党同人民保持血肉联系,国家就繁荣稳定,人民就幸福安康。形势的发展、事业的开拓、人民的期待,都要求我们以改革创新精神全面推进党的建设新的伟大工程,全面提高党的建设科学化水平。"这就是说,党必须通过建设"三型政党",全面提高党的建设科学化水平,才能领导全国人民全面建成小康社会。

改革开放之初,邓小平提出"让一部分地区、一部分人先富起来",通过"先富带后富,最终达到共同富裕"。通过三十多年的发展,现在已经到了实现共同富裕的条件,要改变不平衡发展的战略布局实现平衡发展。江西省作为欠发达地区要进位赶超,与全国同步建成小康社会,任重而道远。2007年到2012年,江西省生产总值五年增长1.2倍,年平均增长率12.8%,远远超过全国平均增长率,由2007年的5800亿元增加到12948.5亿元;人均生产总值在2010年突破3000美元大关后,2012年达到4562美元;财政收入由2007年的665.2亿元增加到2012年的2046亿元,年平均增长率为25.2%;三次产业结构由2007年的15.6∶51.3∶33.1变为2012年的11.7∶53.8∶34.5。可以说,这几年是江西省经济大发展时期。

(二)"三型政党"建设的实践基础

理论来源于实践,又推动实践的发展。"三型政党"建设是党的一项重大而紧迫的战略任务,不仅是党自身建设和发展的内在要求,也是时代发展的需要。当马克思主义的政党学说传入中国之后,党的历届领导人不断将其中国化。以毛泽东、邓小平、江泽民、胡锦涛、习近平为代表的中国共产党人，将其学习、服务、创新的思想应用于党建实践并推动了党建实践的发展，构成了“三型政党”建设的实践基础。

1.在革命、建设和改革时期，党都非常注重学习，最终经过长期的实践提出了建设学习型政党

以毛泽东为代表的党的第一代中央领导集体发表过很多关于学习的重要讲话，也做过很多关于学习的重要指示，促进了党内的学习，特别是关于马克思主义理论的学习。如，毛泽东说：“谢谢马克思、恩格斯、列宁和斯大林，他们给了我们以武器。这个武器不是机关枪，而是马克思列宁主义。”[①]刘少奇曾指出，“中国党有一极大的弱点”，“缺乏理论这个弱点，仍未完全克服”，因此“现在提倡党内的理论学习，就成为十分必要”。[②]以邓小平为代表的党的第二代中央领导集体也高度重视学习。1950年6月，邓小平提出要建立学习制度，指出：“要把学习搞好，认真建立学习制度。”[③]邓小平还指出要学习什么，说“学习什么？根本的是要学习马列主义、毛泽东思想，要努力把马克思主义的普遍原理同我国实现四个现代化的具体实践结合起来。”[④]以江泽民同志为代表的党的第三代领导集体继续推进学习。1996年3月，江泽民同志在《关于讲政治》一文中说：“全党同志首先是各级领导干部，必须坚持不懈地学习马列主义、毛泽东思想，特别是邓小平同志建设有中国特色社会主义理论。”[⑤]以胡锦涛同志为代表的党的领导集体同样重视学习。胡锦涛同志成为总书记后就致力于完善和践行学习制度，积极推进中央政治局集体学习及各级党组织学习活动的制度化。2002年12月26日，中共中央政治局进行首次集体学习，胡锦涛同志主持并发表了重要讲话，提出“不学习、不坚持学习、不刻苦学习，势必会落伍，势必难以胜任我们所肩负的重大职责”[①]。此后，中共中央政治局集体学习制度，已经成为一种党

---

①《毛泽东选集》第4卷，人民出版社1991年版，第1469页。

②《刘少奇选集》上卷，人民出版社1981年版，第220页。

③《邓小平文选》第1卷，人民出版社1994年版，第160页。

④《邓小平文选》第2卷，人民出版社1994年版，第153页。

⑤《人民日报》1996年3月3日。

内惯例。中共中央政治局集体学习的时间一般为120分钟,包括40分钟的讲解、30分钟的讨论和提问,最后由总书记作一个总结发言。学习的课程范围甚广,涵盖政治、经济、文化、军事、法律、社会、党建,以及国际等方面的重大问题。同时,党的十七届四中全会明确提出建设马克思主义学习型政党的战略任务,要求党员领导干部要勤于学习、不断学习、善于学习,特别是要重视马克思主义理论的学习。可以说,以胡锦涛同志为代表的中国共产党人在新时期非常重视学习,并且明确提出建设学习型政党,把学习推到一个新阶段。十八大后,以习近平同志为代表的党的领导人更加重视学习。2013年3月1日,中共中央党校举行建校80周年庆祝大会暨2013年春季学期开学典礼,中共中央总书记、中共中央军委主席习近平出席并发表重要讲话,指出:"好学才能上进。中国共产党人依靠学习走到今天,也必然要依靠学习走向未来。我们的干部要上进,我们的党要上进,我们的国家要上进,我们的民族要上进,就必须大兴学习之风,坚持学习、学习、再学习,坚持实践、实践、再实践。"②

2.在革命、建设和改革开放的新时期,党都非常重视服务,并将全心全意为人民服务作为党的宗旨,最终经过长期的实践提出了建设服务型政党

党的领导人很早就认识到了服务人民的重要性。毛泽东说:"人民,只有人民,才是创造世界历史的动力。"③邓小平说,"群众是我们力量的源泉,群众路线和群众观点是我们的传家宝",又说,"必须养成为人民服务、向群众负责、遇事同群众商量和同群众共甘苦的工作作风"④。江泽民同志在十六大报告中也指出:"正确决策是各项工作成功的重要前提。要完善深入了解民情、充分反映民意、广泛集中民智、切实珍惜民力的决策机制,推进决策科学化民主化。各级决策机关都要完善重大决策的规则和程序,建立社情民意反映制度,建立与群众利益密切相关的重大事项社会公示制度和社

①《人民日报》2002年12月27日。

②《人民日报》2013年3月3日。

③《毛泽东选集》第2卷,人民出版社1991年版,第1031页。

④《邓小平文选》第1卷,人民出版社1994年版,第217页。

会听证制度，完善专家咨询制度，实行决策的论证制和责任制，防止决策的随意性。”[①]胡锦涛同志指出，“党只有一心为公，立党才能立的牢；只有一心为民，执政才能执得好”，又说，“权为民所用、情为民所系、利为民所谋”[②]。简单地说，执政为民就是党要始终代表最广大人民群众的根本利益，全心全意为人民服务，千方百计地为人民解难题、办实事。十八大提出建设服务型政党，继承和发扬了党一以贯之的优良传统。习近平总书记也多次告诫全党，千万不要忘记群众，千万不要脱离群众。习近平总书记指出：“一个政党，一个政权，其前途和命运最终取决于人心向背。如果我们脱离群众、失去人民拥护和支持，最终也会走向失败。”[③]党员领导干部特别是主要领导干部如何对待群众，是一个根本的立场问题、世界观问题和党性问题。苏联和东欧共产党领导的社会主义国家的改旗易帜，以及世界上一些执政多年的大党老党政权的丢失，虽然有很多原因，最根本的是特权思想严重，失去了人民群众的支持和拥护，正是“水能载舟，亦能覆舟”。尽管党同人民群众之间没有根本性的利害冲突，但是如果党的工作做得不好，也会损害人民群众的利益，影响到党的执政地位。习近平总书记正是看到了这一点，才大力推进党的群众路线教育实践活动。

可以说，新中国成立后，执政为民始终是党的执政理念，但是关键的问题是如何将其化为党员领导干部特别是主要领导干部的行为规范和生活方式。建设服务型政党正可以解决这个问题。服务型政党不仅仅是服务，更重要的是形成一整套全心全意为人民服务的组织模式和运行机制。党在解决人民矛盾时，不是采用强权的办法，而是采用服务的办法，使党真正做到与人民群众同呼吸共命运。十八大修正的党章特别强调党的服务精神。一是党章明确规定了党的宗旨是全心全意为人民服务，并指出：“党除了工人阶级和最广大人民群众的利益，没有自己特殊的利益。党在任何时候都把群众利益放在第一位，同群众同甘共苦，保持最密切的联系，坚持权为民所

①《人民日报》2002年11月18日。

②《人民日报》2003年3月1日。

③《人民日报》2012年11月18日。

用、情为民所系、利为民所谋,不允许任何党员脱离群众,凌驾于群众之上。"[①]二是党章明确规定了党的群众路线,即"党在自己的工作中实行群众路线,一切为了群众,一切依靠群众,从群众中来,到群众中去,把党的正确主张变为群众的自觉行动。我们党的最大政治优势是密切联系群众,党执政后的最大危险是脱离群众"。三是党章明确规定了党风建设和廉政建设的问题,指出,"党风问题、党同人民群众联系问题是关系党生死存亡的问题。党坚持标本兼治、综合治理、惩防并举、注重预防的方针,建立健全惩治和预防腐败体系,坚持不懈地反对腐败,加强党风建设和廉政建设"。四是党章强调为共产主义而奋斗,指出,"中国共产党党员必须全心全意为人民服务,不惜牺牲个人的一切,为实现共产主义奋斗终身"。

3.在革命、建设和改革开放的新时期,党都非常重视创新,最终经过长期的实践提出了建设创新型政党

一个政党只有不断创新,才能充满生机和活力,才能不断向前发展。党非常重视创新工作,才使党发展到现在这样辉煌的程度。建设创新型政党不仅仅是一句口号,而是党执政理论日臻成熟的结果,是一次深刻的伟大实践,是提高党的执政能力和执政水平的必然要求。建设创新型政党,要在完善政党体制中实现领导方式和工作方式的创新,积极推进科学执政、民主执政和依法执政,解决好执政、掌权和用权的问题。

从新民主主义革命到社会主义革命,从改革开放到全面建成小康社会,党最重要的创新就是理论上的创新。自从七大修正的党章第一次明确将毛泽东思想作为党的指导思想后,通过党不断的创新,到现在已有四个一脉相承的指导思想。十八大修正的党章规定:"中国共产党以马克思列宁主义、毛泽东思想、邓小平理论、'三个代表'重要思想和科学发展观作为自己的行动指南。"[②]另外,党在其他组织、作风、制度、反腐倡廉建设方面都有很多创新。在革命战争时期,党创新了根据地抗日民主政权,实行三三制,使党的力量迅速发展,为夺取全国的胜利奠定了基础。改革开放以来,党不

①《中国共产党章程》,人民出版社2012年版,第19页。

②《中国共产党章程》,人民出版社2012年版,第2页。

断进行各方面的创新，使党的各项事业蒸蒸日上。习近平总书记在中央党校 2008 年春季学期开学典礼上的讲话中指出："历史和现实都告诉我们，只有创新型的国家才能实现繁荣富强，只有创新型的民族才能兴旺发达，只有创新型的政党才能永葆先进性"。实际上，一部党的发展史，实际上就是一部理论创新、制度创新、实践创新的创新史。

任何一个政党，如果因循守旧，墨守成规，不能创新，必然会被时代所淘汰。为了确保创新的不断开展，十八大修正的党章从多个方面保证创新。一是党章规定，"坚持解放思想，实事求是，与时俱进，开拓创新，认真调查研究"。二是党章规定，"促进工业化、信息化、城镇化、农业现代化同步发展，建设社会主义新农村，走中国特色新型工业化道路，建设创新型国家"[①]。三是党章规定，"加强社会主义核心价值体系建设，坚持马克思主义指导思想，树立中国特色社会主义共同理想，弘扬以爱国主义为核心的民族精神和以改革创新为核心的时代精神"[②]。四是党章规定，"加强和创新社会管理"[③]。五是党章规定，"中国共产党要领导全国各族人民实现社会主义现代化的宏伟目标，必须紧密围绕党的基本路线，加强党的执政能力建设、先进性和纯洁性建设，以改革创新精神全面推进党的建设新的伟大工程"[④]。六是党章规定，"全党必须坚持这条思想路线，积极探索，大胆试验，开拓创新，创造性地开展工作"[⑤]。七是党章在规定党的各级领导干部必须具备的基本条件时，指出"坚持解放思想，实事求是，与时俱进，开拓创新，认真调查研究，能够把党的方针、政策同本地区、本部门的实际相结合，卓有成效地开展工作，讲实话，办实事，求实效，反对形式主义"[⑥]。

党作为马克思主义政党，已有 90 多年的历史，执政也有 60 多年的历

①《中国共产党章程》，人民出版社 2012 年版，第 11 页。

②《中国共产党章程》，人民出版社 2012 年版，第 12 页。

③《中国共产党章程》，人民出版社 2012 年版，第 13 页。

④《中国共产党章程》，人民出版社 2012 年版，第 17 页。

⑤《中国共产党章程》，人民出版社 2012 年版，第 18 页。

⑥《中国共产党章程》，人民出版社 2012 年版，第 50 页。

史。在革命战争时期，党的主要任务是破坏旧世界，实现民族独立和人民解放的伟大任务，建立一个新世界。为了能在狭小的空间中生存发展，党的凝聚力和战斗力必须通过高度整合才能有效实现。正如毛泽东在《〈共产党人〉发刊词》所说："要建设一个全国范围的、广大群众性的、思想上政治上组织上完全巩固的布尔什维克化的中国共产党"。[1]因此，党逐渐形成了一元化的权威领导，有严格的组织纪律和绝对服从的模式。这是服从残酷的阶级斗争的需要。当新中国建立后，党成为全国的执政党。当时，由于党一直没能实现从革命党到执政党的深刻转变，导致阶级斗争不断扩大化。十一届三中全会以后，党开始积极转变执政方式和领导方式。邓小平说，要"把我们党建设成为有战斗力的马克思主义政党，成为领导全国人民进行社会主义物质文明和精神文明建设的坚强核心"。党的十五大又指出，"要把党建设成为用邓小平理论武装起来、全心全意为人民服务、思想上政治上组织上完全巩固、能够经受住各种风险、始终走在时代前列、领导全国人民建设有中国特色社会主义的马克思主义政党"。江泽民同志"三个代表"重要思想的提出，回答了在新时期"建设什么样的党、怎样建设党"的问题。十六大以来，党中央提出科学发展观，形成了党的思想建设、组织建设、作风建设、制度建设和反腐倡廉建设"五位一体"的总体布局，进一步加深了建设执政党的深刻理念。十八大报告提出建设学习型、服务型、创新型马克思主义执政党，为党建增添了新的内容。可以说，随着民主执政、依法执政和科学执政等一系列新措施的推进，党由全能党向"三型政党"转变，由过去更多地代人民当家做主，转向更多地领导和支持人民当家做主。

强卫在担任江西省委书记后，强调持续不断地推进"三型政党"建设，为促进江西省经济发展，全面建成小康社会而努力。截至 2012 年底，江西省全省党员总数达到 208.05 万名，基层党组织达 10.68 万个，其中党委达 0.44 万个，总支部达 0.63 万个，支部达 9.61 万个。江西省在 2012 年一年间发展党员 8.53 万名。只要按照建设"三型政党"的方向，苦练内功，一定能

⑦《毛泽东选集》第 2 卷，人民出版社 1991 年版，第 603 页。

够胜任江西省与全国同步建成小康社会的重任。

二、"三型"党组织建设的现状分析

2013 年 4 至 7 月，本课题组围绕"三型"党组织建设与江西省同步建成小康社会这一主题，分赴南昌、九江、赣州、鹰潭、上饶、萍乡、吉安、抚州、宜春等地进行了大量的调研。此次调研，主要采取开座谈会与深度访谈相结合、问卷调查和实地观察相结合的方式，全面了解当前"三型"党组织建设的总体情况，共召集座谈会 26 次，对基层党政干部和普通群众深入访谈 80 人，在基层党员干部中共发放调查问卷 400 份，收回 360 份，收回率 90%。调研的重点是：如何认识"三型"党组织建设与我省同步建成小康社会的内在关系？围绕江西省同步建成小康社会，"三型"党组织建设有哪些成功做法和存在哪些突出问题？围绕我省同步建成小康社会，如何在实践中进一步加强"三型"党组织建设？调研发现，基层广大干群普遍认为"三型"党组织建设与我省同步建成小康社会之间存在不可分割的内在关联；大家普遍认同，江西省同步建成小康社会关键在党、关键在人才、关键在实干加巧干。通过对座谈和访谈资料的整理、对有效问卷的分析，大致可以看出目前"三型"党组织建设所取得的成效以及存在的问题。

（一）加强"三型"党组织建设的主要成效

1.以学习提能力，在推动发展中见成效

第一，健全学习机制。调研显示，各地普遍坚持和完善"中心组学习"、"学习日"、"三会一课"等制度，经常开展各种学习教育活动，交流心得体会，使党组织成为党员相互学习的课堂、交流思想的精神园地。一是通过设立学习型党组织建设领导和工作机构，制定建设方案和计划，建立学习组织机制。许多地方根据《关于推进学习型党组织建设的意见》（中共中央办公厅 2010 年 2 月 8 日印发），制定了《关于推进学习型党组织建设的实施意见》等文件，以建设学习型党员为基础，以建设学习型领导班子为关键，以创新学习方式为动力,以全面提高党员干部的能力素质,明确学习目标、任务和要求,把学习制度化、规范化、常态化,通过提高学习力增强党组织的创造力、凝聚力和战斗力。二是通过健全党工团学习等制度,制定学习培训计划,建立学习管理机制,营造出了"互动式、互助式、互促式"的学习氛围,保证了"全员参与、互动学习、共同提高"。一些地方还积极探索完善领导讲学制度。领导干部每年至少为基层党员上一次党课。通过听辅导、谈体会、上党课等形式,使学习教育做到讲、听、评互动和学、研、干结合,不断提高党员干部理论联系实际的能力。三是通过设立党支部分级经费支持机制、内部培训师、培训学习积分制度,建立学习保障机制。

第二,搭建学习平台。许多地方在党校开办主体班、与国内外高校合作办学等办法的基础上,开设"干部大讲坛"、"周末大学堂",建好学习培训网络,为党员干部提供丰富多样的学习交流平台,全方位培训干部,开拓干部视野。有的地方还通过举办在职学历教育,组织参加各级各类职业资格考试,创办职工书屋,设立党员书架,开通党员短信平台,选派干部挂职交流等方式创造学习机会。

第三,拓展学习群体。领导干部是各地培训的主体,而且将学习培训重心下移。有的地方分批举办社区党组织书记、居委会主任(经济联社党组织书记、社长)培训班、非公有制企业党员(入党积极分子)、外来工骨干培训班;组织"理论宣讲团",送学到企业、到社区;发挥党员电教培训站点、和社区居民学校作用,促进全民学习。

第四,明确学习内容。调查结果显示:政治学习始终是当前党政机关学习的主题。对于"您所在的单位一般集中学习什么内容?"接受调查的官员中65.8%回答"时事政治",57.9%回答"跟工作有关的业务知识",仅有1.3%回答"其他"。可见,各地大多数能把党的基本知识和基本理论,特别是中国特色社会主义理论体系以及党风、党纪、党性、党章作为党员干部的"必修课",把本部门、本岗位的专业知识作为"专业课",着眼于改善党员干部的知识结构和综合素质为党员干部提供丰富"选修课",不断优化学习内容。

第五,创新学习方法。调研表明,各地普遍通过实行领导干部带头学习、专题报告辅导学习、专项课题调研学习、检查督促学习、党员干部交流学习、内网开辟专栏学习等有形有效的学习活动,使党员干部的学习变得更加生动丰富,通过自主选学、集体研学、活动助学、调研深学、典型引学、培训促学和领导讲学等形式,积极探索和构建学习型党组织。

第六,加强学风建设。调研中发现,各地注重通过以学风促进党风、工作作风的改进,来提升学习成效。一是带着问题学。一些地方开展“学习大讨论大交流”活动,邀请专家为发展把脉,发动党员干部结合实际找问题、寻对策,有力突破了一批产业结构升级、社会管理、拆迁纠纷等难点问题。二是在干中学、学中干。许多地方党员干部在干中学、学中干,践行“工作学习化、学习工作化”理念。三是学理论、用理论。各地始终把马克思主义理论的学习和运用作为关键点来抓,处级以上党员干部,每人每年撰写理论学习体会文章,每半年组织一次学习调研交流研讨会,强化运用理论指导工作实践,不断提高群众的满意度。通过广泛深入开展学习型党组织建设活动,使党员干部实现了从“要我学”到“我要学”、“敷衍学”到“自觉学”的转变,思想上有了新境界,理念上有了新突破,素质上有了新增强,创新能力上有了新提高。

2.以服务凝民心,在成果惠民上见成效

第一,把服务型党组织建设放到促进经济发展和社会和谐中去谋划和推进。各地在服务型党组织建设中,坚持以加强农村基层党组织建设为重点。农村基层党组织是发展农村经济社会的核心力量。农村基层党组织和党员的先进性,最终体现在落实科学发展观,促进农村经济发展和农民增收上。创建服务型党组织实现了农村党建工作和经济建设的有机结合。

一是多种方式建立党的支部,推进基层党组织动态延伸和全方位覆盖。许多地方在服务型党组织建设中,把支部建在产业链上,采取“支部+企业+基地+农户”、“支部+合作社”等方式,扩大农村党建工作的覆盖面,促进城乡统筹发展,实现党建工作大融合。近年来,永修县大力发展农民专业合作社,新农村专业合作社的迅速发展对基层党建提出了更高的要求。永修县在创新农民专业合作社党建工作方面进行了有益的探索。如永修县白槎镇龙井早熟梨专业合作社就是由白槎镇龙井村党员村干部牵头发起，以果业种植大户为主体联合成立。目前该早熟梨基地种植规模已达到3000多亩，其中已挂果2000多亩，加入合作社的农户有102户，每亩产量3000多斤，每斤市价2.3元，每亩产值近5000元，每户农民可增收近15000元。该县不少村党支部通过推动合作社发展，在群众中的威信有很大提高，向心力增强，党组织的战斗堡垒作用得到充分体现。即：把党员培养成社员，把社员培养成党员，把党员社员培养成合作社和党组织成员。

二是着力提高党建对经济建设发展的贡献率。各地普遍“把党员群众凝聚到经济发展大局上来”作为主要思路，组织党员干部、入党积极分子开展“突破会战”和“攻坚行动”。同时，探索服务非公企业、服务流动党员、服务外来务工人员的党群共同体模式，在“周末16点”学堂开设“实践课”、“体验课”，定期举办经理沙龙，实现“两新”组织党建工作新发展、新突破。

三是优化城乡基层党建资源配置，统筹推进城乡基层党建工作。一些地方在服务型党组织建设中，充分发挥农村基层党组织和金融机构党组织在优势上的互补性和资源上的共享性，实现了城乡组织资源、人才资源、物质资源、信息资源的共享。

第二，遵循党的基层组织建设规律，实现服务型党组织工作方式的转变。基层党组织建设科学化的一个基本要求，就是遵循党的基层组织建设规律。长期执政和改革开放与社会主义市场经济的现实条件，客观上要求基层党组织必须从单纯执行上级任务的管理型党组织，转向同时提供需求服务的服务型党组织。各地创建服务型党组织活动，是对这一客观要求和规律发展的响应。

一是实现工作形式的重大转变。一些地方在服务型党组织建设中形成四级网络服务平台，通过印制《便民服务指南》、开通便民服务热线电话、发放便民联系卡，下放管理权限、减少中间环节、简化审批程序、限定服务时限，“一门受理，窗口运作，统一收费，限时办结”的运作模式等措施，有效整合了各种资源，从一定程度上改变了过去“门难找，脸难看，多头跑，跑多回”的状况，提高了办事效率，方便了群众办事，密切了党群、政群、干群关系。有的地方着力探索网格化党建,形成社区—网格—楼宇纵向组织网络和区域化党建、网格化管理模式,有效提升社区服务水平和居民幸福指数;有的地方努力提升党组织服务功能,推行基层党员民情议事会,建立街道、社区、网格三级议事组织,形成"街道层面议事协调办好事、社区层面议事为民解难事、网格层面上门议身边事"的工作格局;有的地方推广"民情茶座"、"CEO 沙龙"等党群沟通、政企互动成功做法,提升服务企业、服务群众的成效。

二是实现工作手段的重大转变。许多基层党组织主动下沉重心、靠前服务,把党组织工作与事业发展、党员、群众的真实需求紧密结合起来,让党建工作有需求、有市场,从而提升党组织工作水平。创建服务型党组织以来,各地着力于为群众办实事、为群众解决困难。一些地方村党支部以服务群众"零距离"为目标,深入开展"四访四问"为载体的"进百家门、问百家情、解百家难"活动,积极帮助群众解决热点、难点问题。

在实现基层党组织工作方式的转变方面,南昌市的"民情夜访"是个典型。"民情夜访"由南昌市青云谱区率先启动。2007 年 4 月,青云谱区正式推出"民情夜访"制度。在深入开展创先争优活动中,南昌市委借鉴推广青云谱区"民情夜访"的经验做法,在全市开展"万名干部下基层,'民情夜访'促和谐"活动。"民情夜访"是指,每位市领导一月一次、县区领导一旬一次、乡镇和街道领导一周一次进行在规定的时间内主动到自身所辖各村庄社区去访谈群众,了解民情、收集民意、解决群众难题的常态化干部管理制度,其目的是通过解决群众关注的重点、热点、难点问题,变群众上访为干部下访,变群众"被动访"为干部"主动访",有效转变干部工作作风,不断夯实党的基层基础,为经济社会发展提供良好的外部环境。"民情夜访"建构了初访办结制度、领导督办制度、挂牌接访制度、协调报告制度等,其工作流程主要包括"民情收集—领导批示—民情整理—民情处理—民情督办—民情反馈"等环节,自开展此项活动以来,自开展"民情夜访"活动以来,初步呈现了"干部作风更加深入、群众诉求更加顺畅、党群关系更加密切、社会氛围更加和谐"的良好态势,生动地体现出 "重在联系群众,好在简便易行，贵在持之以恒，实在解决问题”。通过“民情夜访”，南昌市变“坐衙门”为进百姓门，变“上访”为“下访”，变“被动”为“主动”，及时解决了大量具体问题和日常矛盾，有效改善了党群干群关系，转变了干部作风，提高了广大市民对党和政府工作的满意度。

第三，建立健全服务型党组织建设的长效机制。党的先进性，必须靠不断焕发党的整体生机活力来体现，关键是要靠不断增强党员队伍生机活力来巩固。各地在服务型党组织建设中，坚持在服务中引领、在发展中管理，不断建立健全服务型党组织建设的长效机制。

一是健全党内激励、关怀、帮扶机制，关爱困难党员。创建服务型党组织，需要广大党员满腔热情的积极参与，建立健全党关怀、帮扶和激励机制，增强党组织的亲和力。一些地方创造了在服务型党组织建设的工作体系。如在党组织服务党员的工作体系中，许多地方普遍推行了党员患病受伤时必访、党员亡故时必访、党员家庭遭灾时必访、党员生产发展有困难时必访的“四必访”工作机制，开展了专访优秀党员问“绩”、回访违纪党员问“心”、家访流动党员问“情”、走访老弱党员问“需”的“四访四问”活动，让党员充分感受到党组织的温暖。调研中我们发现，一些基层党组织抓住服务群众这个根本开展创先争优活动，广泛开展“进村(居)夜访”和“访民问廉”、“访民问需”、“访贫问苦”、“访贤问计”的“四访五谈”活动。以党内关爱带动社会关爱，采取党员捐款、财政拨款等方式建立了党内关爱资金，完善“三点、四制、五定、六式”党内关爱机制，对困难党员进行关爱帮扶，实现以党内和谐带动社会和谐。

二是着力构建以人为本的党建工作理念，不断激发党员发挥作用的内在活力。有些地方的基层党组织贴近党员需要，为党员逐一设计“党员职业生涯规划”，对党员骨干“目标式”管理、对优秀党员“示范式”管理、对流动党员“跟踪式”管理、对困难党员“温暖式”管理、对党务干部“全程式”管理，帮助党员在价值自我实现的基础上，发挥模范带头作用。调研中发现，近年来赣州市开展的“送政策释民惑，送温暖聚民心，送服务解民难”活动，紧密保持了党与人民群众的血肉联系，转变了干部作风，维护了群众利益。

3.以创新应挑战，在推进发展中见成效

第一，树立创新理念。一些地方不断探索把组织需求、岗位需求和党员干部需求有机结合起来的学习方式，在创新学习理念的同时推动基层党建工作理念的创新，在创新学习方式的同时推动党建工作方式的创新，在创新学习制度的同时推动党建工作制度的创新，从而不断提高党建科学化水平和地方经济社会的发展能力。

第二，将创新贯穿在各项工作实践中。调研中发现，各地能够在坚持道路自信、理论自信、制度自信的基础上，以改革创新的精神，推动各项工作创新发展。以某市为例，该市创新社会服务管理体系，在全市率先完成了综合执法体制改革和政府绩效改革，率先建立企业评价政府工作机制。坚持党建工作重心下移，创新基层党建、干部、人才等工作机制，《共驻共建幸福家园》区域化大党建项目获全省首届组织工作创新项目奖；基层党建创新书记项目——“基层党员民情议事会”荣获全国党的建设研究会2012年度调研课题优秀成果奖；在全市率先实施了党政领导班子和领导干部落实科学发展观评价指标体系；实施了“三个五”大人才工程。在将党建工作重心下移时，创新创业体制机制。一是初步形成创业扶持体系。出台了《关于促进以创业带动就业的意见》的一系列配套政策，扩大创业培训补贴范围，创业实验基地建设安排专项经费，对市级创业型孵化基地和吸纳就业困难人员就业的自主创业企业给予奖励等。二是不断完善创业服务载体。在所有社区、村建立创业服务点，在全市形成了支持创业的四级服务体系，建立创业培训产业发展基地、创业贷款项目，建立“创业公共服务网”，成立创业指导专家委员会，为创业项目开发、评估、发布、跟踪等提供“一条龙”服务，方便创业人员上网查询各类创业信息。三是不断深化创业培训。确定定点创业培训机构和专兼职的创业培训师资队伍，组织开展了创业培训进社区、进企业、进农村、进校园、进监狱的“创业助推行动”，启动了以城镇失业人员、农村劳动力和在岗农民工为重点对象的“特别职业技能培训计划”。

（二）“三型”党组织建设中的突出问题

调研中，我们在看到“三型”党组织建设取得成效的同时，也看到了“三型”党组织建设任务依然艰巨。虽然“三型”党组织建设备受关注，但目前“三型”党组织建设的现状不容乐观。调研中，党员干部在被问及“您认为您所在的单位已经是“三型”党组织了吗？”56.6%回答“不是”，只有43.4%回答“是”。在被问及“您所接触过的党政机关中有建成‘三型’党组织的吗？”其中，59.2%回答“有一些”，14.1%回答“没有”，还有3.9%回答“不了解、不关心”，仅有22.8%回答“有很多”。可见，建设“三型”党组织的任务依然很艰巨。

1.部分党员干部对创建“三型”党组织的认识还不够到位

一是大部分人支持并积极参加学习型党组织创建活动，但也有个别人认为，基层党员只要听话、干好事就行，学习抓得好不好关系不大。从问卷结果上分析，大约10%的党员干部对建设学习型党组织缺乏比较全面的认识，基本上没有明确建设学习型党组织的目标任务、原则要求和方法举措。

二是部分人不能准确把握建设服务型党组织的任务要求。调研中，部分党员干部对服务型党组织的认识模糊、思路不清，并没有真正领会服务型党组织的内涵及其创建的重要意义，没有从根本上改变原有的工作模式和工作方法，还是习惯被动接受上级任务，缺乏创新意识和服务意识，工作缺乏责任感，甚至认为服务型党组织就是“集中几个部门一起办公”，创建工作流于形式。

三是部分人对在基层创建“创新型”党组织信心不大。调研中，40%的人认为，创新型党组织建设主要是中央的顶层设计，基层只要执行好、落实好中央决策就行了，对如何调动基层党员群众的积极性、大胆地去闯、去试，办法不够多，信心不够足。

2.党员整体队伍老化、人才贫血等因素，严重制约着基层的“三型”党组织创建工作

一是基层党组织缺乏高层次、专业性人才，创建活动缺乏人才支撑。调研中发现，各基层组织党员中，在岗职工党员少于离退休党员，本科以上学

历不多，研究生学历的党员更少。

二是基层党组织中老党员、困难党员较多，严重影响党组织活动正常开展，如××党总支56岁以上党员达67%；困难党员占6%；也有部分基层党员在思想观念、精神状态、知识能力上与创建“三型”党组织的要求还有一定的差距。

三是工作经费难保证。在一些“吃饭”财政的贫困县，“保工资、保运转、保稳定”是第一位的任务，尽管县里挤出部分资金开展“三型”党组织创建活动，但仍然是杯水车薪。部分村、居委会办公条件简陋，硬件设施缺乏，功能不够完善；在一些村级集体经济薄弱的地方，根本没有资金支撑相关工作的开展。

3.人民群众的期盼与现实生活的差距，一定程度上影响了群众对“三型”党组织创建活动的认可度和党员的积极性

通过访谈群众，大部分人对创建“三型”党组织是欢迎并抱有很高期望的，也有少部分人认为是搞形式、走过场。原因在于：当前，在推进新型城市化发展中，处理旧城改造拆迁补偿、改制破产企业职工安置、早期下岗人员社保问题、城市管理中的小商贩管理等问题时，还存在一些这样那样的难题，有些老大难问题是政策性层面的，但也有些是人为因素造成的。大部分群众反映的老大难问题的解决不是一蹴而就的，甚至作为基层根本就难以解决，这从客观上影响到群众对各级党组织的看法，影响基层党员群众对创建“三型”党组织的认同和参与的积极性。

4.形式主义是建设学习型党组织最关键的问题

学习型党组织建设存在着诸多问题，但最为突出的问题是什么呢？接受调查的党员干部中，认为“领导不重视”的比例为7.8%，认为“制度不健全”的比例为15.6%，认为“学习方式太死板”的比例为33.8%，认为“形式主义，没有针对性，为学习而学习”、“学习没有动力”的比例为54.5%，还有11.7%认为“业务工作太忙”。由此可见，要建设学习型组织，克服形式主义最为关键。

5.学风不正现象仍然存在

当前党员干部的学习状况主流是好的，但学风不正现象仍然存在。调

查结果显示，当前学风不正主要表现在“缺乏学习的兴趣和热情，陷于具体事务或不必要的应酬，静不下心来学习”，此赞同比例在党员干部中高达50%；另一个主要表现是“学习不刻苦、不钻研，甚至敷衍了事，浅尝辄止，满足于一知半解”，此赞同比例为34.2%；另外，“把学习当做装点门面，摆样子，做表面文章”的认同比例为19.7%，“理论与实践脱节，不会或不愿意学用结合”的认同比例为30.3%。

学风问题是一个重大的政治问题。学风正，学以致用；学风不正，贻害无穷。建设学习型党组织，一定要树立正确的学风。那么当前学风建设的关键是什么呢？在调查中发现，认为“理论联系实际，学以致用”的赞同比例最高，在党员干部中达到了74%；其次是“克服形式主义，为学习而学习”，此赞同比例高达32.5%；另外认为“建立健全规章制度”的认同率为14.3%；最后认为“领导带头做表率”的比例为16.9%。可见，当前学风建设的关键是理论联系实际，即把学习理论同研究解决人民群众最关心、最直接、最现实的利益问题，同本地区本部门改革发展稳定的重大问题，同党的建设突出问题结合起来，切实增强工作的原则性、系统性、预见性、创造性。

6.服务理念不强是建设服务型党组织最突出的问题

服务型党组织建设存在着诸多问题，但最为突出的问题是什么呢？接受调查的党员干部中认为“服务理念不强”的比例为60%，认为“服务作风不好”的比例为15%，认为“服务质量不高”的比例为10%，认为“服务机制不健全”的比例为15%。由此可见，要建设学习型组织，强化服务理念最为关键。

7.资源难整合是服务型党组织创建中的主要困难

服务型党组织建设在一定程度上摆脱了以往管理体制不顺、职能重复、资源浪费等问题，但在调研中发现，一方面，部分基层党组织反映由于市、区一些部门要求基层上挂函牌和上墙资料太多，也不统一，导致基层无所适从。个别乡镇、村没有将民政、计生等工作纳入服务型党组织创建规划；另一方面，由于基层党建工作经费不足，特别是一些贫困县乡统筹城乡资源难度较大，使得城乡党建一体化工作开展缓慢。在个别乡镇和村，服务大厅建立起来后运转不规范，工作流于形式，对窗口人员配备不够重视，个别窗口无人办公。

8.守旧的习惯有影响是建设创新型党组织最突出的问题

创新型党组织建设存在着诸多问题，但最为突出的问题是什么呢？接受调查的党员干部中认为“创新本身有难度”的比例为30%，认为“实施创新有风险”的比例为10%，认为“团队内有阻力”的比例为13%，认为“守旧的习惯有影响”的比例为47%。由此可见，要建设创新型组织，除掉守旧的习惯影响最为关键。

三、“三型”党组织建设的对策建议

十八大提出全党要增强紧迫感和责任感，牢牢把握加强党的执政能力建设，加强党的社会主义核心价值观的凝练明确提出建设学习型、服务型、创新型的马克思主义政党，既充分体现了我们党重视学习、善于学习的优良传统，凸显服务人民、造福人民的政治责任以及与时俱进、改革创新的政治品格，进一步丰富了党的建设的总体目标；又科学揭示了党的建设规律、领导规律、执政规律的内在要求，为不断提高党的执政能力与执政水平，将党建设成为学习型、服务型、创新型的马克思主义政党，确保党始终成为中国特色社会主义事业的坚强领导核心。江西省作为一个欠发达的中部省份，要实现与其他较发达的省份同步进入小康社会，不仅需要付出更多的努力，而且需要全省上下一起来凝聚力量、攻坚克难。而要增强对全省人民的凝聚力量和领导力量，就必须根据党的十八大精神，围绕着“学习型、服务型、创新型马克思主义执政党”的目标与任务，进一步加强江西省党组织的建设。

（一）必须把“三型”党组织建设置于党建中的战略地位

2004年9月，党的十六届四中全会在《中共中央关于加强党的执政能力建设的决定》中第一次明确以党的中央全会决定的方式提出“努力建设学习型政党”的要求。在党的十七届四中全会上正式提出的“把建设马克思主义学习型政党作为重大而紧迫的战略任务抓紧抓好”的要求。党的十八大特别强调要“学习马克思列宁主义、毛泽东思想、中国特色社会主义理论体系，深入学习实践科学发展，推进学习型党组织创建，教育引导党员、干部矢志不渝为中国特色社会主义共同理想而奋斗”。我们党历来非常重视党的理论建设，积极推进党员干部的学习与教育，注重党性教育这个核心环节，特别注重党史学习，强调党员干部的道德建设，教育引导党员干树立正确的世界观、权力观、事业观。为此，中共中央办公厅曾专门印发了《关于推进学习型党组织建设的意见》，提出建设学习型政党充分反映了中国共产党一贯重视学习、善于学习的优良传统。建设“三型”党组织，既是我们党实践探索的结果，又是理论创新的提升，内涵丰富。学习型政党建设过程中要特别重视以马克思主义理论为指导，用马克思主义的理论与方法来指导与教育党员、干部。20 世纪 40 年代初期，毛泽东在延安整风学习阶段时就特别强调“普遍地深入地研究马克思列宁主义的理论任务，对于我们，是一个亟待解决并着重地致力于才能解决的大问题”。胡锦涛说过“加强党员理想信念和思想道德建设，使广大党员做共产主义远大理想和中国特色社会主义共同理想的坚定信仰者、科学发展观的忠实执行者、社会主义荣辱观的自觉实践者、社会和谐的积极促进者”。向广大党员干部指明了学习与建设的目标与意义。坚持中国特色社会主义共同理想，确定社会主义核心价值体系在意识形态中的主体地位，是我们立党之根本，为党的学习型政党建设提供了科学的指导思想，为我党的建设科学化注入了先进的指导思想。

学习，可以说是中国共产党成长壮大、取得新民主主义革命胜利与社会主义建设伟大胜利的重要武器。无论是在战火纷飞的革命年代，还是在建设、改革的和平时期，我们党从来都没有放松过学习，这也是我们党始终保持先进的重要原因。正是通过不断学习，我们党找到了一条将马克思主义理论与中国革命实践相结合的道路；正是通过不断学习，我们党在战火纷飞的革命时期就掌握了“战争的艺术”和“治国安民的艺术”。如土地革命战争时期,“党开辟了人民政权的道路,因此也就学会了治国安民的艺术。1938 年,党的六届六中全会在全党、特别是在党的高级干部中掀起了学习马克思主义理论运动,延安学习运动从 1938 年 10 月毛泽东在党的六届六中全会向全党发出开展学习竞赛号召开始,到 1942 年 2 月整风运动全面发动后转入整风学习。1939 年 10 月 4 日毛泽东在《〈共产党人〉发刊词》中再次指出:“大批的新党员还没有受到教育,他们对于中国的历史状况和社会状况、中国革命的特点、中国革命的规律还不懂得或懂得不多。他们对于马克思列宁主义的理论和中国革命的实践之完全的统一的理解,还相距很远。”①1940 年 1 月 13 日,中共中央做出《关于干部学习的指示》,要求全党干部都应当学习和研究马列主义理论及其实践中的应用。当今世情、国情、党情发生了深刻变化,世界多极化、经济全球化深入发展,科技进步日新月异,诸多因素给我国发展带来新的机遇和挑战。同时我国发展呈现一系列新的阶段性特征,出现一系列新情况新问题,增加了推进改革开放和社会主义现代化建设的艰巨性、复杂性和任务的繁重性。党内也存在不少不适应新形势新任务要求,也出现一些新问题新情况。因此,学习是为了适应不断变化的形势。党的十七届四中全会指出:“世界在变化,形势在发展,中国特色社会主义实践在深入,不断学习,善于学习,努力掌握和运用一切科学的新思想、新知识、新经验,是党始终走在时代前列引领中国发展的决定性因素。”②也正是因为如此,党的十八大修正的党章将学习作为所有共产党员的第一义务。十八大修正的党章关于党员义务的第一条即规定:“认真学习马克思列宁主义、毛泽东思想、邓小平理论、‘三个代表’重要思想和科学发展观,学习党的路线、方针、政策和决议,学习党的基本知识,学习科学、文化、法律和业务知识,努力提高为人民服务的本领。”①当今世界是一个全球化、信息化的时代,知识更新的周期大大缩短,各种新知识、新情况、新事物层出不穷,更需要我们不断去加强学习。江西省要想与全国同步实现全

①《毛泽东选集》第 2 卷,人民出版社 1991 年版,第 612 页。

②《中共中央关于加强和改进新形势下党的建设若干重大问题的决定》,人民出版社 2009 年版,第 10 页。

面小康社会，就必须把建设学习型党组织放在党建中的战略地位，只有这样，才能促使党员干部自觉地提高知识素养，自觉学习各种科学文化知识，主动加快知识更新、优化知识结构、拓宽眼界和视野，才能不断增强本领，赢得工作的主动权，推动工作和事业发展。

服务，是我们党的宗旨，也是维持中国共产党区别于其他政党的重要标志。90多年发展历程告诉我们，来自人民、植根人民、服务人民，是中国共产党始终立于不败之地的根本所在。在革命时期，我们正是因为始终能够服务人民，因而获得人民的支持。人民即使牺牲一切，也要去支持共产党，拥护共产党。回顾我们党90多年的辉煌历史，全心全意为人民服务的群众路线是最成功的经验，是立党之本，治政之基。毛泽东把人民利益放在第一位，与人民同呼吸共命运的群众观一直成为我们党建设的根本宗旨。胡锦涛强调"以人为本、执政为民是检验党一切执政活动的最高标准。因此，代表人民群众利益，实践为人民服务的宗旨是我们党最根本的群众观。李维汉回忆："那时政治思想工作做得好，那样艰苦的条件，毫无怨言，一心为革命。老百姓分到革命胜利果实，得到了利益，也积极拥护革命。我亲眼看到扩大红军的情景，参加红军的，大多是基干民兵。到处出现父母送子、妻子送郎当红军的盛况。参加红军的人，背上还背着布单子和草鞋。那时党和红军与群众关系十分亲密，在群众中威信很高。"②在社会主义建设时期，我们始终强调党员干部必须不断增强宗旨意识，提高服务意识，始终把人民群众放在心中最高位置，怀着对人民群众的谦卑与敬意执政用权，以自己的一言一行赢得人民群众的拥护和爱戴。在江西，要与全国同步实现小康，就必须将服务型党组织建设置于党建中的战略地位，才能系统地、长效地做好服务工作，才能不断深入研究和把握新形势下为民服务的新特点、新任务、新要求，综合运用政策、法律、经济、行政等手段和教育、协商、疏导等办法，改进群众工作方法。只有这样，才能在市场经济的大潮中更好地应对群众利益多元化、诉求多元化等问题，才能更好地凝聚群众的力量。我们党历

---

①《中国共产党章程》，人民出版社2012年版，第23页。

①李维汉：《回忆与研究》(上)，中共党史资料出版社1986年版，第342页。

经两个历史方位的转换，从革命政党向执政党转换，从计划经济向市场经济转换的过程中，在一定程度上模糊了一些党员干部正确的群众观，由革命年代不拿群众一针一线的好干部蜕化变质为蛀虫、硕鼠，成为人民不齿的贪官，完全背离了为人民服务的宗旨，严重影响了干群关系。为此，为了进一步加强党群关系，十八大要求“坚持以人为本、执政为民，始终保持党同人民群众的血肉联系”。要保持党的先进性和纯洁性，在全党深入开展以为民务实清廉为主要内容的党的群众路线教育实践活动，着力解决人民群众反映强烈的突出问题，提高做好新形势下群众工作的能力。完善党员干部直接联系群众制度。坚持问政于民、问需于民、问计于民，从人民伟大实践中汲取智慧和力量。社会主义核心价值观既是呈现“中国特色”的，又是作为代表人类社会文明发展方向与趋势的“社会主义”，更应是属于“人类”共同精神财富的有机组成部分，为实践服务型政党建设提供内在力量。

创新，是一个民族进步的灵魂，是一个国家兴旺发达的不竭动力，也是一个政党永葆生机的源泉。中国共产党在风雨如磐的道路上，之所以能够走到这一步，是因为自己在理论、制度和实践上的不断创新。随着世情、国情与党情的变化，以改革创新精神全面提高党的建设科学化水平，不断推进党的建设新的伟大工程是一项重要而伟大的任务。任何改革与创新都需要一种精神与信念来支撑，我们党的建设与改革同样需要理念来建构，社会主义核心价值观正为党的创新型建设提供了精神力量。

我们可以看一看中国特色社会主义的发展脉络。首先是以毛泽东同志为核心的党的第一代中央领导集体创造性地将马克思主义与中国革命实际有机地结合起来，完成了新民主主义革命，进行了社会主义改造，确立了社会主义基本制度，成功实现了中国历史上最深刻、最伟大的社会变革，为当代中国一切发展进步奠定了根本政治前提和制度基础；其次是以邓小平同志为核心的党的第二代中央领导集体深刻总结社会主义建设正反两方面经验，毅然作出把党和国家工作中心转移到经济建设上来、实行改革开放的历史性决策，并科学回答了建设中国特色社会主义的一系列基本问题，成功开创了中国特色社会主义；再一个，则是以江泽民同志为核心的党的第三代中央领导集体在国内外形势十分复杂、世界社会主义出现严重曲折的严峻考验面前捍卫了中国特色社会主义，确立了社会主义市场经济体制的改革目标和基本框架，确立了社会主义初级阶段的基本经济制度和分配制度，开创全面改革开放新局面，成功把中国特色社会主义推向二十一世纪；而在新世纪新阶段，党中央又抓住重要战略机遇期，在全面建设小康社会进程中推进实践创新、理论创新、制度创新，强调坚持以人为本、全面协调可持续发展，提出构建社会主义和谐社会、加快生态文明建设，形成中国特色社会主义事业总体布局，着力保障和改善民生，促进社会公平正义，推动建设和谐世界，推进党的执政能力建设和先进性建设，成功在新的历史起点上坚持和发展了中国特色社会主义。正是通过一以贯之的接力探索和改革创新，我们党才取得中国特色社会主义的理论、制度、实践成就。当然，在其他各个领域，我们同样是依靠创新，圆了我们的一个又一个梦想，像航天梦、两弹一星梦等。在当今世界，拼的不仅是综合国力，同时拼的是人才，拼的是创新能力。习近平同志指出："要在全社会大力弘扬创新精神、提高创新能力，为坚持走中国特色自主创新道路、建设创新型国家奠定坚实的群众基础。"①

作为一个经济欠发达地区，江西省在思维方式与发展模式必须要有一个实质性的跨越和突破，需要建构创新模式，植入创新理念，推行创新机制。要做到这一点，就必须把创新型党组织建设置于党建中的战略地位。只有如此，才能让我们的党员在创新、创造、创先中充分迸发出活力，才能点燃党员干事创业的激情和自信，使大家始终保持探索创新的蓬勃朝气，始终保持那么一股子冲劲、闯劲、拼劲、韧劲，只有这样，才能把"三型"党组织建设不断推向新高度，为全面建成小康社会提供新动力。坚持解放思想、改革创新是全面推进党的建设新的伟大工程、不断提高党的建设科学化水平的内在要求。创新是一个国家和民族发展的不竭动力，也是一个政党不断前进的动力。在革命与改革的伟大实践中，坚持解放思想、实事求是、与时俱进、求真务实，大胆探索治理国家与建设政党的规律，坚持实践创新、理

①习近平：《全社会要弘扬创新精神提高创新能力》，新华网2009年9月20日。

论创新、制度创新相结合，建构了一套中国特色社会主义理论体系，丰富了马克思主义政党建设思想，不断提高党的建设科学化水平与政党执政能力。党的十八提出的“必须增强创新意识，坚持真理，修正错误，始终保持奋发有为的精神状态”的新要求，以党的建设科学化为总统领，不断在解放思想、改革创新中提升党的建设科学化水平。

过去，我们依靠学习、依靠服务、依靠创新，从而获得了今天的成就。对于江西省来说，在全面实现小康的过程中，我们将会面临许多新情况、新问题，这就要求我们必须以“三型”党组织建设来引领党的建设，并将其置于党的建设的战略地位进行系统的规划，扎实推进，才能够把党建设成为全省人民的坚强领导核心。党的力量加强了，才能加强党对全省人民的领导力量和凝聚力量，从而推动战略目标的实现。

（二）必须正确处理好“三型”党组织在建设中的内在关系

在“三型”党组织建设中，学习型、服务型、创新型这三者之间是一个紧密联系、相辅相成、有机统一的目标体系。在这个体系中，学习是前提和基础，创新是升华和动力，服务是目的和落脚点，加强学习、创新的目的，都是为了更好的服务。在“三型”党组织建设中，我们必须正确把握这三者关系，推动党建工作更好地发展，推动江西省小康社会的顺利实现。

首先，要充分认识到学习型党组织建设的前提和基础地位。这实际上是由学习本身的重要性决定的。当前江西省已经进入新的发展阶段，经济社会发展呈现出一系列阶段性的特征，前进道路上新问题、新情况、新矛盾不断涌现，我们不熟悉、不了解、不懂得的东西还很多。正因为我们不了解、不熟悉、不懂得，就更需要我们的党员干部党去学习，去思考，去集中凝聚党员干部的智慧，寻找探索解决问题的新思路、新办法。而学习型党组织建设的目的，就是要通过学习，使所有的党员在学习和探讨当中进行思想碰撞，形成新的观点，对问题的认识达到新的层面，从而为解决问题打开新的思想空间，打开新的思路。值得注意的是，学习本身并不是目的，其目的在于更好地创新，更好地为人民群众服务。所以，加强学习型党组织建设必须紧紧围绕着服务、创新来展开。学习型党组织建设如果脱离服务、创新这个实际，学习就会失去方向和目标。反之，离开学习，服务、创新也就成了无源之水、无本之木，就不能很好地研究新情况、解决新问题。作为前提条件和基础工程，学习型党组织建设状况极大地影响着服务、创新的水平。对于江西省来说，要与全国同步实现小康，要学习的东西很多。这就要求我们必须坚持"学习是第一义务"的原则，加强科学理论与科学知识的学习。在科学理论方面，就是要把理论武装摆在突出位置。党员干部要深入学习马克思列宁主义、毛泽东思想和中国特色社会主义理论体系，牢固树立辩证唯物主义和历史唯物主义的世界观和方法论，不断提高党员的马克思主义理论水平；在科学知识方面，要不断地学习历史经验，学习人民群众的实践经验，学习世界各国包括资本主义创造的人类文明的优秀成果，努力掌握和运用新思想、新经验，以解决实际问题，不断推动社会发展进步。只有以学习为前提、为基础，才能够让我们的党员干部不断地提高思想政治水平，掌握和运用一切科学的新思想、新知识、新经验，从而为江西省与全国同步实现小康这一伟大目标作出贡献。

其次，要充分认识到服务型党组织建设是党建工作的归宿点与落脚点。建设服务型党组织具有直接而深刻的价值取向，这是因为，无论是掌握科学理论和丰富知识，还是培养创新意识、提高创新能力，最终目的都是为了更好地服务人民。从这个意义上说，学习型、创新型党组织建设要服从服务于服务型党组织建设，要以服务型作为价值取向。学习型、创新型党组织建设的成效，也要通过服务型党组织建设的成效来检验。也就是说，为人民服务是我们一切工作的归宿点和落脚点。在过去，我们正是依靠人民、服务人民，因而获得了人民的支持和拥护。现在，我们不能丢掉这一法宝，必须始终坚持为人民服务这一宗旨。对江西省来说，党员干部必须始终坚持党的宗旨思想，坚持问政于民、问需于民、问计于民，多办顺民意、解民忧、增民利的实事。要着眼于科学发展，把服务群众贯穿到整个工作实践。在这一过程中，各级政府要坚持继续简政放权的改革方向，着力转变政府职能、提高工作效能，努力改进政府提供公共服务的方式。要不断优化组织结构，加快形成政府主导、覆盖城乡、可持续的基本公共服务体系,全面推进依法行政。要完善公共财政体系,把更多财政资金投向公共服务领域,投向基层和困难群众,增强基层政府提供公共服务的能力。要完善考核体系,在考核指标设计中增加服务型党组织建设比重,将服务人民群众和区域发展情况作为考评领导班子及选拔任用干部的重要依据。同时,各级党组织要牢固树立服务科学发展的意识,不断丰富服务内容、完善服务机制、提升服务效果,切实把服务落实到履行职责的具体工作之中、落实到长期为民服务的习惯养成之中。

再一个,要充分认识到创新型党组织建设的升华和动力作用。创新能力是马克思主义政党必须具备的内在素质,也是马克思主义政党保持先进性的必然要求。当今社会是知识爆炸、信息爆炸的时代,这就对我们党的创新能力提出了新的更高要求。不创新,我们的党就无法走在时代前列;不创新,我们的国家就难以获得发展的不竭动力。所以,建设创新型党组织的着力点就在于:强化创新意识,提升创新能力,形成创新机制。事实上,学习型、服务型党组织建设本身就是一个全新课题,是一个不断创新的过程。其中,学习什么、怎样学习和服务什么、怎样服务等重大问题在不同历史阶段有着不同的内涵,学习和服务在内容和方式上的变化内在地包含着创新要求,都需要通过创新型党组织建设加以破解。只有将创新融入学习型、服务型执政党建设之中,不断推动理论创新、实践创新、制度创新,才能用发展着的马克思主义指导新的实践,才能善于发现新情况、总结新经验、破解新难题,才能改革完善党的领导方式和执政方式,从而把党的建设科学化水平提高到一个新的层次。对于江西省来说,要与全国同步实现小康,就必须坚持实践创新、理论创新、制度创新相结合。在这一过程中,要着力推进党员干部创新思维、创新观念、创新意识的培养,大力营造开拓进取、勇于探索、改革突破、提质提效的工作氛围,使创新成为广大党员干部的一种责任、一种追求、一种境界,成为党的事业又好又快发展的助推器和动力源,以创新理念引领科学发展。此外,要着眼于创新发展、和谐发展、科学发展的需要,充分调动广大党员干部的主动性、积极性和创造性,整合各种有效资源，畅通渠道，借助各种社会力量，全力推进科学发展的创新力。只有不断解放思想、开拓创新，才能有效破解改革开放和现代化建设中遇到的各种难题，才能破除江西省固有的陈旧思维，才能实践真正意义上的党组织创新型建设。

在“三型”党组织建设过程中，学习型是基础，是“三型”党组织建设的前提条件。服务型是核心，也是“三型”党组织建设目标的深入实践。而创新型，则是动力，是“三型”党组织建设的有力保障。这三者之间相互作用，相互促进，共同服务于确保党始终成为中国特色社会主义事业坚强领导核心。对于我们来说，只有正确把握学习型、服务型、创新型三者之间的内在关系，才能真正引领和带动各项工作的协调健康发展。

（三）必须充分发挥领导干部在“三型”党组织建设中的表率作用

作为公共资源的管理、分配者，领导干部的一言一行、一举一动，都会对党风和社会风气产生引领效应。正如孔子所说：“其身正，不令而行；其身不正，虽令不从。”这就要求领导干部必须通过示范引领，通过上下互动，逐渐营造一个人人重视学习、重视服务、重视创新的环境。

一是领导干部要带头学习。作为中国特色社会主义事业的中坚力量，也是团结党员和人民群众共同奋斗的领导骨干，领导干部应比普通党员有更高的理想目标，更强的进取精神，更多的奉献。教育者应先受教育，所以，各级领导干部必须切实认清自己肩负的政治责任，以高度的使命感、强烈的求知欲和积极的进取精神，在建设学习型党组织中承担精心组织者、积极促进者和自觉实践者的职责。同时，作为领导干部，也必须拥有更宽阔的视野，更深入的思考，更高远的立意，更合理的知识结构和能力结构。但要做到这一点，就必须通过不断学习。要让别人学习，领导干部必须率先垂范，善于抓住和用好工作外的时间，善于从繁忙的接待、应酬和管理中来“挤”时间，把更多的时间和精力放在学习上，带动党组织形成良好学习的风气和求真务实的作风。在带头学习过程中，要掌握好两点：第一，学什么。作为党员干部，加强理论学习非常关键，所以要求领导干部带头学经典、学中国特色社会主义理论、学习中央的精神。当然,也向历史学,向实践学,向群众学,向先进地区学。作为欠发达地区,江西省尤其要重视学习借鉴沿海发达地区在推动科学发展、率先转型跨越等方面的好经验、好做法,不断增强自己的理论素养、学习能力和解决实际问题、服务群众的能力。第二,怎么学。学习本身并不是目的,而是为了更好地解决问题。学习的成效怎样,要在实践中检验。要以我们今天正在做的事情为中心,着眼于对理论的运用,着眼于对现实问题的思考,着眼于新的实践创新和发展,来摆脱惯性思维的影响,不断自我超越,真正提高驾驭复杂局面、解决复杂矛盾的能力。这就要求领导干部在学习过程中将理论学习和解决问题结合起来,将省外先进经验与本省的实际有机结合起来,要引导党员干部"跳出江西看江西",找标杆、寻差距、创一流。当然,在学习过程中,要注意引导领导干部通过思考、讨论达成正确的认识,尤其是在重大问题上达成共识。只有这样,才能营造一个崇尚学习、受学习的浓厚氛围,使各级党组织成为学习型党组织,领导班子成为学习型领导班子。

二是领导干部要带头服务。近年来,江西省一些多地方作了一些探索。如江西吉安县,建立"基层调研周"制度,由县四套班子领导干部牵头,每月紧扣基层工作中出现的难点、热点问题,集中 1 周时间,深入到结对联系的乡村、社区和企业进行调研,帮助查找问题根源、理清发展思路。健全结对帮扶机制,要求每名科级干部带头与 1 名以上困难党员或"低保"家庭结对子,年内实现脱贫致富目标。到目前为止,全县共建立了帮扶对子 1172 对,资助资金 94.7 万元,解决生产生活困难 1380 余件。而在江西赣州,则持续开展"送政策、送温暖、送服务"活动。通过机关干部挂点联系、下派干部驻村联系、乡镇干部分片联系,做到干部人人都有联系户、群众户户都有结对干部、村村都有驻村工作队,实现干部直接联系服务群众"双向全覆盖"。为保障"三送"工作常态化、可持续,赣州市围绕"怎么服务"、"怎么监督"、"怎么评判"等关键环节,完善工作机制,创新工作方法。每年度在群众中对干部进行群众工作满意度测评,测评结果记入个人档案,干部选用考察,必须延伸到驻村点,过群众关。正是因为领导干部带头,上述工作得到相当的成绩，也给服务型党组织的建设提供了借鉴启示。

领导干部率先垂范，可以教育引导广大党员干部在思想上充分认识到建设学习型、服务型、创新型党组织的重要性、紧迫性，牢固树立党组织全员学习、党员终身学习的理念，自觉地把为人民服务作为行动准则，把创新作为促进事业科学发展的推动力量，不断提升组织工作科学化水平。在领导干部率先垂范和引领之下，也会逐渐形成一个加强学习、创新、服务型组织建设的合力和党员干部全员学习、创新、服务的生动局面。

三是领导干部要带头创新。一方面，领导干部以身作则，坚持创新、打破一些框框。在以身作则的基础上，也要充分尊重基层首创精神，要鼓励党员干部积极探索新方法、开辟新途径、建立新机制。同时，通过开展创新型党组织的建活动来强化广大党员干部的创新理念、创新思维、创新意识。另一方面，要重视宣传和推广创新典范，并在具体落实创新中，加强对典型人物、典型事迹、典型做法的线索收集，建立典型资料库，及时提供给新闻媒体，适时举办典型事迹报告会、巡回图片展等，有效增强落实创新的动力。对江西省来说，要建设创新型党组织，除领导干部的引领作用外，还需要通过创新型思想的建构，创新型机制的推进，创新型典型范的培养，来实现党建设理论与实践的紧密结合，全面提高党的建设科学化水平，切实推进江西省党创新型组织建设。如赣州，即开展了一个"创新型科室、创新型干部"活动，针对当前党建存在的薄弱环节，采取每一项目明确一名部领导领题，带领党建口相关科室和干部开展创新攻坚，每月进行一次情况通报，每季进行一次工作调度，每半年进行一次专题小结，年终进行党建创新型项目评比，推动党建项目创新发展。

（四）必须建立和完善"三型"党组织建设的制度保障

不断推进党建工作的实践创新、理论创新、制度创新，是使我们党永葆生机活力的根本前提，也是实现理论自信、道路自信、制度自信的基本保障，建构创新机制是推行党组织建设的重要步骤。但是，如果没有完善的制度保障，"三型"党组织的建设有可能流于形式、流于表面化。所以，要保证

“三型”党组织建设的顺利进行,必须建立和完善相关制度。

一是建立“三型”党组织建设的长效机制。建设学习型、服务型、创新型党组织不是一朝一夕的事,而是一项长期的工作。要做到“三型”党组织建设工作能够长抓不懈,就需要在机制和制度安排上有长远规划,使“三型”党组织建设从“搞活动”到“抓常态”,形成长效机制。这就要求我们在认真总结过去经验的基础上,进一步明确学习、创新、服务的内容、目标、责任,推进党员干部在学习、创新、服务上的科学化、制度化、规范化。在这方面,江西上饶做得比较好。为了确保学习成效,上饶建立健全了党委(党组)中心组学习制度、党员干部全员培训制度、专题调研制度、党员干部学习制度、学习成果转化制度、述学评学考学机制和激励保障机制等一系列学习制度,保障和推动各级党组织和领导干部学习的自觉性、经常性、常态化,并形成了长效机制。而江西广昌,为保障干部的学习,深入开展了“四个一”的学习活动,即“日学一时”,每日进行自助式学习至少1小时;“每周一课”,围绕着政治理论、政策法规、市场经济、业务知识等方面的内容,采取党员干部自主选题、轮流授课、组织收看现代远程教育相结合的方式进行,并适时邀请县委党校教师开展专题讲座;“月读一书”,每月在县委推荐的50本经典书目中自主挑选并精读完1本书;“季写一文”,结合自身的学习心得和实践体会,每季写1篇调研报告、理论文章或读书体会,使党员干部养成良好的学习习惯。通过制度的建设使学习、服务、创新成为常态。当然,建立和完善制度是一方面,认真贯彻执行又是一方面。如果不贯彻的话,必然会导致形式主义。

二是建立对“三型”党组织建设的考核评价体系。学习、创新、服务的长效机制能否真正地发挥作用,需要切实有效的考核机制做保障,而考核的效果又取决于指标体系是否科学合理。如江西上饶,为推动干部努力学习,建立健全了干部学习督学机制,对学习内容、学习制度、学习档案、学习效果进行全面督学,做到年初有安排、平时有督查、年终有总结。每年不定期地对各地、各单位的学习情况进行考核考评,评出年度学习先进集体和个人。这是考核的一方面。另一方面,还要建立科学、合理、实用、规范的学习、创新、服务成果评价体系，即用科学的标准对党员干部开展学习的基本情况、具体内容、制度落实、实际效果、存在问题进行检测和评价。这是因为，没有科学的量化标准、明确的工作要求，创建学习型、服务型、创新型党组织就缺少有效抓手。在这方面，江西广昌作了一些探索。该县专门制定了《关于党员干部教育培训工作实行学分制考核的意见》，将干部在线学习、集中研讨、参加培训、理论测试等实行学分制管理，每年年终对党员干部进行一次年终检查评估，成绩记入党员干部学习档案和信息库。通过这一制度，确保学习、创新、服务效果落到实处。当然，在建立科学的评价体系时，还要根据本地区、本部门、本单位党组织建设的实际，认真研制考核办法及评价指标体系。同时，评价体系的建立也要突出可操作性，处理好定性指标和定量指标的关系，避免烦琐和形式主义。对相关指标的设定要有一定的拔高，使建设目标要求与党组织实际保持必要的距离，发挥出评价指标体系的引导作用。

三是建立推动"三型"党组织建设的激励制度。没有规矩，不成方圆，对学习不够、创新不足、违背根本宗旨、漠视群众疾苦、严重损失群众利益的党员要及时予以惩处，警戒，促使其他党员逐渐调整步伐，不敢再为。但同时，也要形成一种激励机制，可以强化党员干部的学习、创新和服务意识。这就要求我们建立一种机制，定期组织部门对党员的学习、创新、服务质量进行评定，综合评定党员学习、创新、服务状况，并把奖惩制度与年度考核晋升评优紧密结合起来，强化奖惩的导向作用。当然，在领导干部政绩考核、干部选拔等制度上也可以做一些工作。我们知道，选什么人、用什么人，就会有什么样的干部作风乃至党风。如果在领导干部选拔和考核过程中，把学习、创新、服务情况纳入到干部考核评价体系中去，并将其作为干部任用的重要依据，这样也可以形成一种导向。党的十七届四中全会就曾经指出，"把理论素养、学习能力作为选拔任用领导干部的重要依据。"[①]江西广昌是个典型，为鼓励党员干部参与学习，即按照鼓励学习、鼓励创新、鼓励实干的原则，将学习成效作为干部评优评先和提拔任用的重要依据，科学运用马斯洛的需求层次论寓于"三型"党组织建设学激励机制建设中去，实行物质奖励与精神鼓励相结合的原则，为真正提高干部组织建设植入科学理念。例如江西省吉安县，他们一方面是通过发现、树立和培育在“三型”党组织建设活动中涌现的先进典型，并打造创建活动的先进品牌，把它作为精神激励机制中最基础的工作。例如，党委积极培育“创业创新创先”标兵，把“三创”十佳单位和标兵作为党委考核表彰的最高奖项，鼓励和引导广大党员干部靠创业构筑发展优势，靠创新激发内在动力，靠创先提升工作水平。组织开展创业、创新、创先“十佳”镇干部，兴村、实干、争先“十佳”人民满意村官，兴业、建家、办企“十佳”致富能人争创活动。另一方面是通过创新宣传手段，通过编印先进事迹汇编、制作电教片、组织宣讲等多种形式，对“三创”典型进行集中宣传。各种媒体开办创先争优要闻、先进典型等专栏，及时报道好的做法和经验，营造比学赶帮超的浓厚氛围。特别是充分利用新兴媒体，采取灵活多样形式，广泛深入地宣传先进典型，拓展先进品牌的品牌价值和存在空间。另外，也采取行政和法律手段，充分发挥道德的力量，不断扩大和强化先进典型和品牌的示范效应，在全社会都形成崇尚先进、学习先进、赶超先进的良好氛围。这对于“三型”党组织建设也是一个启示。如果把学习、创新、服务能力作为选拔任用领导干部的重要依据，把那些善于学习、注重创新、真心服务的干部选拔到领导岗位上，就会形成一个注重学习、创新、服务的用人导向，从而激励和带动广大党员干部重视学习、创新和服务。

根据2008年6月国家统计局正式印发的《全面建设小康社会统计监测方案》，要全面建设小康社会必须在经济发展、社会和谐、生活质量、民主法制、文化教育、资源环境六个方面23项指标都要达标，也就是说江西省在23项指标上都达标了才算是建成小康社会。根照国家统计局的监测，2010年江西省全面建设小康社会的总体实现程度为76%，当时全国实现程度为80.1%。2000年到2010年江西省平均每年以2.29个百分点推进，按照此发展进度，到2020年，江西全面建设小康社会的实现程度为98.9%。可见，只要江西省全面推进“三型”政党建设，与全国同步建成小康社会的愿望是完全能够实现的。

图书在版编目(CIP)数据

筑梦江西：确保江西与全国同步建成小康社会研究 /舒仁庆主编.

-- 南昌：江西人民出版社, 2014.5

ISBN 978-7-210-06461-9

Ⅰ. ①筑… Ⅱ. ①舒… Ⅲ. ①小康建设-研究-江西省

Ⅳ. ①F127.56

中国版本图书馆 CIP 数据核字(2014)第 116118 号

筑梦江西——确保江西与全国同步建成小康社会研究

主编:舒仁庆

责任编辑:邓丽红

封面设计:同异

出版:江西人民出版社

发行:各地新华书店

地址:江西省南昌市三经路 47 号附 1 号

编辑部电话:0791-86898702

发行部电话:0791-86898815

邮编:330006

网址:www.jxpph.com

E-mail:jxpph@tom.com　web@jxpph.com

2014 年 5 月第 1 版　2014 年 5 月第 1 次印刷

开本: 787 毫米× 1092 毫米　1/16

印张:16.75

字数:240 千字

ISBN 978-7-210-06461-9

赣版权登字—01—2014—235

定价:28.00 元

承印厂:南昌红星印刷有限公司